教育部人文社科研究青年基金项目"发达国家环境金融法律政策研究及中国的选择"（15YJCZH050）、广东外语外贸大学广东法治研究院课题"深化绿色金融发展法律政策研究"和广东外语外贸大学广东省地方立法研究评估与咨询服务基地课题"粤港澳大湾区生态环境保护制度衔接研究"的研究成果

绿色可持续金融
法律政策研究

古小东 著

人民出版社

目　　录

自　序

　　金融是现代市场经济的核心,环境与可持续发展为全球共同关注。运用金融机制助力解决资源危机、环境污染、生态退化、生物多样性减少、气候变化等在内的一系列资源环境生态问题乃至社会与治理问题,是绿色可持续金融的重点和价值所在。绿色可持续金融作为一种新的范式,考虑了传统上未纳入金融和经济参数的环境、社会和治理(ESG)问题。其在早期一般称相对狭义的"环境金融",我国目前使用较多的是"绿色金融"。如何在国际视域下、从法律政策的视角、以跨学科交叉综合的方法对绿色可持续金融进行系统分析研究,从而构建绿色可持续金融的长效机制,是本研究的目的所在,也是研究的重点和难点。本书主要包括以下内容。

　　一是绿色可持续金融法律政策的基础理论研究。本书第一章分析阐述了绿色可持续金融的缘起、相关概念、内涵特点、法律政策体系内容,以及金融机制运用于资源环境保护法的意义与环节,为进一步分析研究国内外绿色可持续金融法律政策提供基础理论。

　　二是发达国家或地区绿色可持续金融法律政策的实践与经验研究。选取了欧盟、卢森堡以及我国香港地区作为研究对象,为我国完善制定绿色可持续金融法律政策、进一步深化发展绿色可持续金融提供经验借鉴。本书第二章主要结合《欧洲绿色协议》《欧盟可持续增长金融行动计划》《分类法条例》《授权法案》等法律政策文件,对欧盟绿色可持续发展的目标举措以及欧盟实施绿色可持续金融的方向、行动计划、分类标准等内容进行了分析研究。本书第三章主要对卢森堡发展绿色可持续金融的基础条件、目标、战略、关键举措、贡献成效、路线建议等进行介绍和分析研究。本书第四章主要对我国香港地区实施绿色可持续金融的背景、工作机制、策略计划、政府示范引领、激励机制、标准认定等法律政策与实践进行了分析研究。

三是对我国内地绿色可持续金融发展的现状与问题进行分析检视。本书第五章主要对我国内地绿色金融发展的相关法规政策进行梳理分析,以及重点以国家绿色金融改革创新试验区的广东省广州市和浙江省湖州市为例,通过社会调查、数据分析等对广州市、湖州市的绿色金融创新发展的现状进行分析。本书第六章以广东省广州市为例,对绿色金融支持绿色低碳循环发展的关联性进行了分析,并对我国绿色可持续金融发展存在的问题进行检视。

四是对我国绿色可持续金融法律政策的完善构建提出建议。本书第七章主要结合前文的分析研究,从目标内涵、供给需求、责任约束机制、激励动力机制、标准认定、评估认证、规则对接、国际合作等方面,对我国绿色可持续金融法律政策的完善构建提出建议,以期对保护资源环境、应对气候变化和推进绿色可持续发展有所裨益。

感谢人民出版社刘敬文老师和其他编辑老师一丝不苟的审阅校正,感谢有关文献与资料的提供者。

绿色可持续金融法律政策研究涉及多学科知识,部分资料是作者对英文文献的翻译整理。由于作者学识与水平有限,错误与不足之处在所难免,有关认识和结论也只是一家之言、可能不够成熟,有待实践的进一步检验,衷心期望广大读者不吝赐教、批评指正。

古小东

2022 年 12 月

第一章 绿色可持续金融的缘起及其法律政策体系

本章主要阐述绿色可持续金融的缘起、相关概念、内涵特点、法律政策体系内容,以及金融机制运用于资源环境保护法的意义与环节,为进一步分析研究国内外绿色可持续金融法律政策提供基础理论。

第一节 绿色可持续金融的缘起

资源环境是人类生存和发展的基础,生态安全已成为各国国家安全战略的重要内容。面对资源环境的严峻形势,运用金融手段助解资源环境问题已成为各国理论研究和实践应用的热点。尤其是在2009年哥本哈根谈判失败后,环境金融、绿色金融、可持续金融成为引领全球金融发展的新理念和新举措。绿色可持续金融的产生和发展既有全球绿色可持续发展的背景、社会责任运动的推动,也是政府治理环境政策工具的更新,是实现碳中和目标与经济转型的重要途径,以及金融业自身规避环境责任风险、创造商机发展的需要。①

一、全球绿色可持续发展的背景

面对工业化发展带来的资源枯竭、环境污染、生态恶化等问题,美国海洋生物学家蕾切尔·卡逊(Rechel Carson)于1962年出版《寂静的春天》(*Silent Spring*)②一书,美国前副总统戈尔评价认为"该书的出版应该恰当地被看成是现代环保运动的肇始"。1972年,环境保护运动的先驱组织罗马俱乐部出版研究报告《增长的极限》(*The Limits to Growth*),认为"增长的极限来自于地球的有限性",给人类社会的传统发展模式敲响了警钟;并提出"全球均衡状态是解决全球性环发问题的最终出路"。③ 联合国世界环境与发展委员会于1987年发表了影响全球的报告《我们共同的未来》(*Our Common Future*)。报告认为,环境危机、能源危机和发展危机不能分割,地球的资源和能源远不能满足人类发展的需要,必须为当代人和下代人的利益改变发展模式。该报告正式提出了"可持续发展"的概念,受到全世界各国的积极倡导。

全球环境持续恶化的主要原因是生产和消费的不可持续模式。基于保护资源生态环境、节能减排和应对气候变化的迫切需要,各国相继提出循环发展、生态发展、低碳发展、绿色发展等发展理念并制定实施相关的法律法规或政策。笔者认为,这些都是在可持续发展理念下的具体细化,只是在发展方向、发展方式、发展路径、发展内容上各有侧重。

卢森堡金融推广署(Luxembourg for Finance)发布的报告《可持续金融路线图》(*Luxembourg Sustainable Finance Roadmap*)指出,目前关于可持续发展的辩论起源于20世纪70年代,并随着日益严重的社会和环境危机而变化。与此同时,金融市场试验了不同的方法(使用了"道德""社会责任""可持续投资"等几个标签)将非金融问题纳入资产管理的过程。尤其是在2015年

---

① 古小东:《绿色信贷制度的中外比较研究》,《生态经济》2012年第8期。
② Rechel Carson,*Silent Spring*,Boston:Houghton Mifflin Company,1962.
③ [美]德内拉·梅多斯等:《增长的极限》,李涛、王智勇译,机械工业出版社2013年版。

发生了一些划时代的"政治气候(political climate)"的事件:一是《联合国大会关于可持续发展目标的决定》(the UN General Assembly Decision on the SDGs);二是《气候变化巴黎协定》(the Paris Agreement on Climate Change);三是《联合国亚的斯亚贝巴发展融资问题会议》(UN Conference in Addis A-baba on Financing for Development)。① 联合国等国际组织为推动全球可持续发展一直在做不懈的努力。

二、社会责任运动的推动

企业是否应负社会责任(Social Responsibility)?赞成和反对者均有。一般认为,企业除了追求股东(stockholder)"利益最大化者"(profit maximization)外,还应当考虑相关利益人(stakeholder),包括企业职工、消费者、企业债权人、中小竞争者、当地社区、社会弱者、资源环境以及整个社会公共利益。② 此外,股东利益分为短期利益和长期利益,企业善尽社会责任应有利于企业长期之发展。③ 社会责任亦分为法律意义上的责任(liability)与道德意义上的责任(responsibility),就后者而言,其性质更多的是属于一种倡导、建议和宣示。④

就资源环境问题而言,早期的金融界一般认为,金融服务活动与工业不同,其不会对资源环境造成影响。但实际的情况是,金融体系、银行和养老金等投资了大量的环境破坏性项目,仅有小部分投资于绿色项目;社会责任运动要求正确处理金融与可持续发展的关系,呼吁重视可持续金融项目、重塑国际金融体系,即鼓励投资绿色项目,并限制或禁止投资污染型和自然资源密集型项目。

联合国环境规划署(UN Environment Programme)于 2018 年发布的报告

---

① UNEP Finance Initiative, *Luxembourg Sustainable Finance Roadmap*, Luxembourg, October 2018, p. 10.

② 刘俊海:《新公司法的制度创新:立法争点与解释难点》,法律出版社 2006 年版,第 555 页;常凯:《经济全球化与企业社会责任运动》,《工会理论与实践》2003 年第 4 期。

③ 刘连煜:《公司治理与公司社会责任》,中国政法大学出版社 2001 年版,第 1—7 页。

④ 古小东:《公司社会责任的理论迷思与立法比较》,《商业时代》2010 年第 3 期。

《掀起浪潮：让金融体系与可持续发展保持一致》(*Making Waves*：*Aligning the Financial System with Sustainable Development*)指出，公民的偏好和期望被转化为购买和投资的选择，但这也会导致政治倾向(political orientation)。在过去五年里，许多机构开始着手解决市场和政策失灵问题，试图重新定义金融体系的"游戏规则"。总的来说，这些干预措施的理由与改善价格外部性(price externalities)、促进创新、确保金融稳定和确保政策一致性的需要有关。①

三、政府治理环境政策工具的更新

环境和自然资源的政策工具有多种分类。一是"两分法"，即分为命令—控制式工具(Command - and - Control Instruments)和市场化工具(Market - based Instruments)两大类。前者如法律法规、标准等，后者如税收、金融、交易、补贴等。也有学者将解决环境问题的手段表述为"传统手段：行政管制办法"和"经济手段：市场方法"两种。② 二是"三分法"，即分为经济激励("胡萝卜")、法律工具("大棒")和信息工具("说教")三种。③ 三是"四分法"，即分为利用市场(using market)、创建市场(creating market)、环境规制(environmental regulations)和公众参与(engaging the public)四种。④ 四是"五分法"，即分为物质的、组织的、法律的、经济的、信息的。⑤ 以上分类均有一定的科学性，有利于从不同的角度对各种政策工具进行区分和评估。

就"两分法"的政策工具而言，传统命令—控制式工具（或称"环境规制""行政规制"）是各国普遍使用的主流政策手段，但存在成本较高、经济效

---

① UNEP Finance Initiative, *Luxembourg Sustainable Finance Roadmap*, Luxembourg, October 2018, p.10.

② Scott J. Callan and Janet M. Thomas, *Environmental Economics & Management*：*Theory*, *Policy and Application*, Stamford, CT：Cengage Learning, 2013.

③ Evert Vedung, *Public Policy and Program Evaluation*, New Brunswick, NJ：Transaction Publishers, 1997.

④ ［瑞］托马斯·思德纳：《环境与自然资源管理的政策工具》，张蔚文、黄祖辉译，上海三联书店、上海人民出版社 2005 年版，第 101—106 页。

⑤ Lennart J. Lundqvist, "Implementation from Above：The Ecology of Power in Sweden's Environmental Governance", *Governance*：*An International Journal of Policy*, *Administration*, *and Institutions*, Vol. 14, No.3, 2001, pp.319—337.

益较低、持续性不强等缺陷。而作为经济激励政策的市场化工具则具有成本较低、效率较高、灵活性较大、长效性等优势,日益成为国内外研究的热点。此外,在制定和执行政策工具时,经常是多种政策工具的结合。① 卢森堡金融推广署发布的报告《可持续金融路线图》指出,胡萝卜、大棒、布道都不能独立地改变现状。我们必须平衡地使用所有这些手段。我们不能仅仅依靠具有前瞻性的少数派的热情,也不能仅仅依靠监管的力量。成功的转型需要公共和私营部门同时采取一些连贯一致的行动。②

四、实现碳中和目标与经济转型的重要途径

气候变化、资源趋紧、环境污染、生态退化、生物多样性减少以及公共卫生疾病是人类福祉的巨大威胁。全球积极倡导绿色、低碳、循环、可持续发展的理念,并获得广泛共识和普遍认同。为应对气候变化与资源环境的挑战,芬兰、冰岛、瑞典、奥地利等国宣布在 2035—2045 年间实现零碳(Zero carbon)的目标,即"碳中和"(carbon neutrality)目标。英国、韩国、日本等国则宣布在 2050 年实现零碳目标。我国宣布二氧化碳排放力争 2030 年前达到峰值,力争 2060 年前实现碳中和。我国香港地区宣布在 2050 年前实现碳中和的目标。

绿色可持续金融是绿色可持续发展理念与金融的结合,是一种向更可持续(sustainable)、包容(inclusive)、公平(fair)和公正(just)的经济发展转型提供融资活动的"转型金融"(Transition Finance)。欧盟 2021 年 4 月发布的《可持续金融分类方案—气候授权法案》(EU Taxonomy Climate Delegated Act)也指出,COVID－19 大流行病对经济的影响使人们更加意识到可持续发展的重要性,以及将资本流动转向可持续项目(sustainable projects)的必要性,以便使经济、企业和社会,包括卫生系统,更能抵御气候和环境的冲击与

---

① 古小东:《环境保护法中的金融机制——以土壤立法为例》,《金融与经济》2015 年第 7 期。
② UNEP Finance Initiative, *Luxembourg Sustainable Finance Roadmap*, Luxembourg, October 2018, p. 22.

风险。[1]

五、金融业自身规避经营风险和创造商机发展的需要

首先是规避经营风险的需要。从域外法律的考察来看,法律责任的加大促使金融机构关注其经营风险。以土壤污染的清理修复责任为例,根据1980年美国制定的《超级基金法》(*CERCLA*)和司法实践,其对"土地所有人"的范围进行扩张解释。贷款人、受托人在一定条件下可能导致承担"土地所有人"的污染修复责任。为那些引起环境破坏的公司提供贷款的银行,可能会被认为对清理成本负有责任。因此,这些银行扮演了额外的保险公司的角色。[2] 美国法院形成的"贷方责任原则"意指以银行为主的贷方在某种条件下对债务企业应支付的治理费用负责,从而规制其对企业管理的参与或干涉行为。[3] 此外,一旦金融机构提供融资的项目对资源环境造成重大影响,则可能遭致重大抗议而被政府撤销、停止建设,进而给金融机构产生重大的经济损失和声誉损失,萨哈林2号油气项目即为典型案例。[4]

其次是创造商机发展的需要。从全球发展趋势来看,为推进绿色低碳发展和可持续发展,各国纷纷制定有利于节能环保的法律政策,通过补贴、利率、税收等经济激励措施,支持绿色投资。金融机构开展有利于环境的金融业务,创新绿色金融产品,将为其带来巨大的商机和发展机遇。卢森堡金融推广署发布的《可持续金融路线图》(*Luxembourg Sustainable Finance Road-map*)也指出,可持续发展具有商业意义。将涉及环境、社会和治理(ESG)的因素纳入财务决策过程的做法越来越普遍。有确凿的证据表明,企业的ESG与财务绩效之间存在正相关关系,专业投资者和"传统"投资者都在系统地利用可持续性分析来管理他们的资产。更重要的是,投资者现在认识

---

① 古小东、郑泽华:《我国内地与香港绿色金融的激励政策》,《环境保护》2021年第14期。

② Marcel Boyer and Jean – Jacques Laffont, "Environmental Risks and Bank Liability", *European Economic Review*, Vol. 41, No. 8, 1997, pp. 1427—1459.

③ 汪劲等:《环境正义:丧钟为谁而鸣》,北京大学出版社2006年版,第330—357页。

④ 陈胜、冯守尊:《赤道原则:商业银行项目融资的行业基准——来自萨哈林2号油气项目终止的启示》,《中国发展观察》2009年第6期。

到了可持续发展作为一个战略竞争因素的重要性。投资者正在推动被投资方定义并讨论那些长期计划涉及的新的挑战,并且被投资方还需要解释其将如何应对这些新的挑战。从金融中心的角度来看,随着与可持续金融相关的市场机会的发展,可持续金融是一个在短期内可以逐步成为主流的额外市场(additional market)。①

基于以上分析可以看出,我国进一步深化发展绿色可持续金融,将有助于加快构建绿色低碳循环发展的经济体系,推动绿色低碳发展、可持续发展和生态文明建设,应对资源环境危机,实现"碳达峰、碳中和"目标,并实现金融机构、政府环境管理和全社会生态环境的"多方共赢"。

第二节　绿色可持续金融法律政策体系

如果资源枯竭、生态环境恶化的形势得不到遏制和解决,建设幸福美丽中国将无法实现。环境金融、绿色金融、可持续金融、ESG 金融、碳金融、气候金融、转型金融、ESG 投资、影响力投资等概念密切相关、意义相近,在内涵上也有一些区别,关注重点也有所不同。

一、绿色可持续金融的相关概念

(一)环境金融

Eric Cowan 指出,环境金融(Environmental Finance)处理的是为达到环境保护水平或社会已决定的环境倡议而支付费用(paying for)的实际问题。它本身并不关心社会如何、为什么或者决定了什么。相反,它关注的是为已经设定的任何目标支付费用的现实问题。环境经济学有助于决定社会将做

---

① UNEP Finance Initiative, *Luxembourg Sustainable Finance Roadmap*, Luxembourg, October 2018, pp. 11—22.

什么,环境金融解决的是接下来如何支付费用的问题。环境保护的议题包括减少污染、供水、自然资源保护等。[①] 也有学者认为,环境金融主要研究如何运用多样化的金融产品与投融资手段来保护环境,是循环经济背景下进行的金融创新。[②] 笔者认为,环境金融是指为保护资源和生态环境提供的相关金融产品服务、金融交易活动和金融制度安排。

(二)绿色金融

绿色金融(Green Finance)是金融与绿色发展理念的结合。绿色是大自然的底色,也是生命的象征。针对高能耗、高污染的发展模式,习近平总书记提出"既要金山银山,又要绿水青山""绿水青山就是金山银山"的"两山论",要求调整优化经济结构、转变经济发展方式。在党的十八届五中全会上,习近平总书记进一步提出创新、协调、绿色、开放、共享的"五大发展理念"。在绿色发展理念引领下,也提出了具体的绿色生产、绿色流通、绿色服务、绿色消费等要求。绿色发展理念与可持续发展理论、科学发展观、生态文明建设、美丽中国建设的内涵相近、一脉相承。有学者认为,绿色金融具有三重含义:一是其行为必须是绿色的,以遵守生态运行规律为基本前提;二是其目标是获取经济效益和生态效益的双丰收;三是主要通过环境风险防控技术和生态价值评价技术实现绿色金融,包含保护生态环境和支持生态环境改善。绿色金融是金融业一种全新的业态。[③] 也有学者认为,绿色金融应是绿色金融一级市场(绿色资产资源动员)和二级市场(绿色资产资源流转)的综合。其中,一级市场包括环境技术发明类(比如节能减排技术)和环境保护类(比如排污权、捕捞使用权等)的资产证券化类业务(例如确权、授权、评估、授信、担保、增级、托管、置换等)。[④]

2016 年 8 月 31 日中国人民银行等七部委联合印发的《关于构建绿色金

---

① Eric Cowan, *Topical Issues in Environmental Finance*, Research Paper Commissioned by the Asia Branch of the Canadian International Development Agency (CIDA), International Development Research Centre, Ottawa, Canada, 1998, p. 2.

② 朱家贤:《环境金融法研究》,法律出版社 2009 年版,第 25 页。

③ 王小江:《绿色金融关系论》,人民出版社 2017 年版,第 30—40 页。

④ 曹和平:《绿色金融的两级市场和三重含义》,《环境保护》2015 年第 2 期。

融体系的指导意见》(银发〔2016〕228 号)指出,绿色金融是指为支持环境改善、应对气候变化和资源节约高效利用的经济活动,即对环保、节能、清洁能源、绿色交通、绿色建筑等领域的项目投融资、项目运营、风险管理等所提供的金融服务。① 笔者认为,绿色金融是指为绿色发展提供的相关金融产品服务、金融交易活动和金融制度安排,其与环境金融的内涵基本一致。

(三)可持续金融

可持续金融(Sustainable Finance)是金融与可持续发展理念的结合。1987 年联合国环境与发展会议(UNCED)在《我们共同的未来》报告中第一次明确阐述了"可持续发展"的内涵。2015 年 9 月召开的联合国大会第七十届会议通过了《2030 年可持续发展议程》,自 2016 年 1 月 1 日正式启动。新议程呼吁各国采取行动,为今后十五年实现十七项可持续发展目标(SDGs)而努力。十七项可持续发展目标包括了消除贫困、消除饥饿、性别平等、教育公平、清洁水、清洁能源、应对气候变化、生物多样性保护等内容,涉及经济—社会—资源环境三大系统的可持续发展。

欧盟委员会发布的《可持续增长金融行动计划》指出,可持续金融通常指在投资决策中适当考虑(taking due account of)环境和社会因素的过程,从而增加对长期和可持续活动的投资。② 在卢森堡金融推广署发布的报告中,可持续金融是指将环境、社会和治理(简称为 ESG)标准整合到业务运营或投资流程和决策中的任何形式的金融服务,以实现客户和整个社会的持久利益。可持续金融不仅仅涉及气候变化。这是一个为未来融资的过程,企业为所有利益相关者的利益而行动,而不仅仅是股东的利益。COVID - 19 大流行使我们全球经济的可持续性成为焦点,随之而来的问题是金融如何在创造可持续的经济未来中发挥更大的作用。③ 可持续金融作为一种新的

---

① 中国人民银行等七部委联合印发:《关于构建绿色金融体系的指导意见》(银发〔2016〕228 号),2016 年 8 月 31 日。

② European Commission, *Action Plan*: *Financing Sustainable Growth*, Brussels, March 8, 2018 COM (2018) 97 final, p. 2.

③ Luxembourg for Finance, *Sustainable Finance*, Luxembourg, October 2020, p. 5.

范式,考虑了传统上未纳入金融和经济参数的环境、社会和治理(ESG)问题。新的国际共识是,盈利应该符合我们经济的可持续增长、社会的包容性和生态系统的保护。① 换言之,以牺牲环境为代价获得的利润收益不过是短期的利润收益,长期而言是弊大于利。

笔者认为,可持续发展的内涵除了环境保护、绿色发展等资源环境系统外,还包括经济系统和社会系统中的消除贫困、消除饥饿、性别平等、教育公平等问题。可持续金融是指为可持续发展提供的相关金融产品服务、金融交易活动和金融制度安排,其内涵包括但不限于环境金融和绿色金融。

(四)ESG金融

ESG的全称是环境、社会和治理(Environment, Social and Governanc),早期在2004年联合国全球契约组织发布的一份具有里程碑意义的报告《有心者胜:连接金融市场与变化中的世界》(*Who Cares Wins*)中出现,后由联合国原秘书长安南牵头发起的联合国责任投资原则组织(Principles for Responsible Investment,PRI)中提出,旨在帮助投资者理解环境、社会和公司治理等要素对投资价值的影响。其中,环境(Environment)标准考虑的因素包括气候变化、自然资源、污染和废弃物、环境机会等;社会(Social)标准考虑的因素包括人力资本、产品责任、利益相关者的反对、社会机会(social opportunities)等;治理(Governanc)标准考虑的因素包括公司治理、公司行为、高管薪酬和税收策略等。笔者认为,ESG金融是指融合ESG标准而提供的相关金融产品服务、金融交易活动和金融制度安排,其内涵与可持续金融相近,但在对象和考量因素上偏重于公司企业。

商业经济不考虑外部性,而ESG投资却相反,其相信并重视公司的正外部性,即公司对周边环境带来正外部性的可能性,尤其是千禧一代。被称为"新兴市场投资教父"的马克·墨比尔斯认为,如果要解决"公地的悲剧",对人类良性行为的奖励比使用难以监管的罚款或者制裁体系进行惩罚更有

---

① UNEP Finance Initiative, *Luxembourg Sustainable Finance Roadmap*, Luxembourg, October 2018, p. 6.

效。典型的案例是 ESG 投资者在电动汽车厂商特斯拉公司前期亏损情况下的积极投资。①

（五）转型金融

由于绿色金融对产业项目的环境标准要求较高,而传统的钢铁、水泥、铝业、基础化工、能源、交通、农牧等产业还有相当比例属于资源消耗型、较大污染、较高碳排放的项目急需大量的资金支持,推动其向资源节约、环境友好和低碳排放的产业项目有序转型。2019 年 3 月,经合组织(OECD)正式提出了转型金融的概念。2020 年 3 月,欧盟在"可持续金融"概念的基础上进一步提出"转型金融"概念,定义是"为应对气候变化影响,运用多样化金融工具对特别是传统碳密集型的经济活动或市场主体向低碳和零碳排放转型的金融支持",并将"转型金融"与"绿色金融"相区分。在国际资本市场协会(ICMA)《气候转型金融手册》中,气候转型金融是指"针对市场实体、经济活动和资产项目向低碳、零碳排放转型的金融支持,尤其是针对传统的碳密集和高环境影响项目、经济活动或市场主体"。

有学者指出,国际市场上发行的支持企业高碳排放活动脱碳的债券,例如 2019 年意大利国家电力公司发行的 15 亿美元可持续挂钩债券和 2020 年意大利天然气分销公司发行的 5 亿欧元气候行动债券,尽管不一定明确使用"转型"的标签,但其本质上属于"转型金融"。在国内市场上,有中国银行 2021 年发行的用于天然气热电联产、余热回收等转型项目的全球第一笔金融机构公募转型债券。②

此外,由于各国产业结构和发展阶段的差异性、动态性、复杂性,如何精确区分重点行业的转型经济活动是一个难点,需要倡导"兼容性"和"技术中性"的原则。欧盟 2021 年 4 月发布的《可持续金融分类目录》涉及的转型经济活动主要集中在钢铁、铝业、水泥、基础化工、部分非煤能源、传统交通工具和农牧领域,转型的界限由具体的技术指标进行界定。中国人民银行、国

---

① ［美］马克·墨比尔斯等:《ESG 投资》,范文仲译,中信出版集团 2021 年版,第 24—27 页。
② 高波:《推动转型金融在我国实施有必要性》,《清华金融评论》2021 年第 11 期。

家发展改革委、中国证监会于 2021 年 4 月联合印发的《绿色债券支持项目目录(2021 年版)》对低碳转型产业项目也作了一定的指引。[①]

2022 年 1 月 30 日,国家发展改革委和国家能源局发布《关于完善能源绿色低碳转型体制机制和政策措施的意见》(发改能源〔2022〕206 号),提出"建立支撑能源绿色低碳转型的财政金融政策保障机制"等要求。[②] 2022 年 2 月 18 日,国家发展改革委、工业和信息化部、财政部等十二个部门联合发布《关于印发促进工业经济平稳增长的若干政策的通知》(发改产业〔2022〕273 号),提出"落实煤电等行业绿色低碳转型金融政策,用好碳减排支持工具和 2000 亿元支持煤炭清洁高效利用专项再贷款"等要求。[③] 2022 年 1 月,浙江省湖州市在国内率先出台了《深化建设绿色金融改革创新试验区探索构建低碳转型金融体系的实施意见》。该《意见》以碳密集行业低碳转型、高碳高效企业发展、低碳转型技术应用的金融需求为重点,确立了探索转型金融标准、完善政策激励机制、创新转型金融服务、打造数智支撑平台、构建开放合作生态、防控转型金融风险、实施示范引领工程等七项重点工作,推动金融与碳密集行业良性互动。

从上述欧盟和国际资本市场协会的定义可见,其对转型的关注重点是碳排放和应对气候变化。笔者认为,转型金融是指为支持传统的资源消耗型、污染型、高碳排放的产业项目向资源节约型、环境友好型和低碳排放的产业项目转型而提供的相关金融产品服务、金融交易活动和金融制度安排。转型金融可以理解为是绿色金融的补充和延伸,但两者存在本质的不同,因为转型金融侧重于对"棕色"产业项目向绿色可持续转型进行金融支持,而绿色金融侧重于对"绿色"产业项目进行金融支持。

[①] 王博璐、陆文钦:《制定转型金融管理框架建议》,《中国金融》2021 年第 11 期;中国人民银行、国家发展改革委、中国证监会:《绿色债券支持项目目录(2021 年版)》,2021 年 4 月。

[②] 国家发展改革委、国家能源局:《关于完善能源绿色低碳转型体制机制和政策措施的意见》(发改能源〔2022〕206 号),2022 年 1 月 12 日。

[③] 国家发展改革委、工业和信息化部、财政部等十二个部门:《关于印发促进工业经济平稳增长的若干政策的通知》(发改产业〔2022〕273 号),2022 年 2 月 18 日。

(六)碳金融

有学者认为,碳金融包括降低温室气体排放的排放权交易,以及以商业银行为主体的金融机构推动低碳经济发展的信贷规则的制定与实施。前者可以称之为狭义的碳金融,或者市场层面的金融,后者是机构层面的碳金融。[①] 也有学者认为,碳金融的概念还没有形成统一、权威的界定,可以概括总结为:为减少温室气体排放、减缓和适应气候变化相关的金融交易活动和各种金融制度安排。碳金融市场包括碳排放交易、碳期货、碳基金等一系列产品,其中,碳排放权交易目前在我国的发展最为迅速。[②] 笔者认为,碳金融是指与碳排放相关的金融产品服务、金融交易活动和金融制度安排。碳排放属于环境问题、可持续发展问题之一,但其内涵更小。

(七)气候金融

气候变化是我们时代的挑战,其后果是全球性的,将影响我们所有人。根据世界经济论坛(World Economic Forum)于2020年1月发布的《全球风险报告2020》(The Global Risks Report 2020),在影响人类的全球五大风险中,环境风险占了其中的三个。只有每个国家、公司、政府和家庭都准备好为实现低碳全球经济作出贡献,对抗气候变化的斗争才能取得成功。对气候变化不采取行动比采取行动代价更高。2015年由185个国家签署的联合国气候变化框架公约第21届缔约国大会(COP21)《巴黎协定》(Paris Agreement)是这场气候变化斗争的转折点。该协议旨在使所有资金流与低排放(low - emission)和适应气候变化(climate - resilient)的发展道路保持一致。政府无法单独为这些目标提供资金,而这正是金融部门可以发挥重要作用的地方。通过致力于可持续金融,金融部门是将资本重新分配到最需要的地方的关键乘数(crucial multiplier),金融将在向"净零碳"(net - zero carbon)、"气候智慧"(climate - smart)[③]和可持续未来的转型中发挥关键作用。[④] 笔者认

[①]　雷立钧:《碳金融研究——国际经验与中国实践》,经济科学出版社2015年版,第19页。

[②]　马骏:《中国绿色金融发展与案例研究》,中国金融出版社2016年版,第28、270—272页。

[③]　气候智慧,英文为climate - smart,又译为"智慧气象""气候适应性"。笔者注。

[④]　Luxembourg for Finance, *Sustainable Finance*, Luxembourg, October 2020, p.5.

为,气候金融是指为应对气候变化问题提供的金融产品服务、金融交易活动和金融制度安排。

（八）影响力金融、影响力投资和负责任投资

与绿色可持续金融、ESG 金融、ESG 投资相近的概念还有"影响力金融""影响力投资"和"负责任投资"等。卢森堡金融推广署认为,影响力金融（Impact Finance）"不同于 ESG 投资,它倾向于关注受资助活动的有意的、可测量的结果"。① 全球影响力投资网络（Global Impact Investing Network）指出,影响力投资（Impact Investment）是指"对公司、组织和基金进行的投资,目的是在获得财务回报的同时产生社会和环境的影响力。影响力投资可以在新兴市场和发达市场进行,并根据投资者的战略目标,可以在一定范围内低于市场回报率。不断增长的影响力投资市场为解决可持续农业、可再生能源、保护（conservation）、小额贷款（microfinance）,以及包括住房、医疗和教育等在内的负担得起和可获得的基本服务提供了资金"。② 2017 年由联合国环境规划署金融倡议组织（UNEP Finance Initiative, UNEP FI）牵头的"积极影响力倡议组织"（The Positive Impact Initiative）是工商界和金融界实现可持续发展目标应采取的典型范例之一。③ 联合国负责任投资原则组织（UN Principles for Responsible Investment, UN PRI）则将负责任投资定义为"将环境、社会和治理（ESG）因素纳入投资决策和积极所有权（active ownership）的投资策略和实践"。

综上可以概括为,环境金融、绿色金融、ESG 金融的内涵意旨相近;可持续金融的内涵更宽更全,涵盖了环境金融、绿色金融、ESG 金融、转型金融、碳金融、气候金融等。G20 也指出,可持续金融在相关概念中最宽,包括了

---

① UNEP Finance Initiative, *Luxembourg Sustainable Finance Roadmap*, Luxembourg, October 2018, p. 11.

② GIIN（全球影响力投资网络网站）, what – is – impact – investing（影响力投资是什么?）, https://thegiin. org/impact – investing/need – to – know/#what – is – impact – investing,2021 年 6 月 10 日访问。

③ UNEP Finance Initiative, *Luxembourg Sustainable Finance Roadmap*, Luxembourg, October 2018, p. 11.

ESG 责任投资、绿色金融、普惠金融等。其中,影响力投资拟整合金融与慈善,企业社会责任拟整合商业与伦理责任,普惠金融拟整合金融与社会发展,均属于跨领域。①

转型金融与绿色金融存在本质的不同,转型金融可以理解为是绿色金融的补充和延伸,转型金融的尽头是绿色金融。此外,绿色、社会、气候或其他类型金融之间的界限不是特别明确,因为各个 ESG 领域间存在着相互影响,如果其他 ESG 领域表现不佳,那么仅在某一个 ESG 领域表现良好是不足以实现可持续发展的。我国近年出台的政策文件以及地方性法规中使用较多的是"绿色金融",基于此,本研究将绿色金融与可持续金融相融合为"绿色可持续金融",包含了 ESG 金融、气候金融等相关概念的内涵。

二、绿色可持续金融法律政策的特点

绿色可持续金融法律政策是指运用金融工具来保护资源环境以及推进绿色可持续发展的法律政策的总称,其具有以下主要特点。

(一)以金融为手段

狭义的金融手段主要指银行信贷;广义的金融手段包括信贷、证券、基金、保险、信托以及期货、排污权交易等金融衍生产品。绿色可持续金融法律政策的"金融"属于广义的金融手段,旨在充分利用金融风险管理技术和市场机制作用,重在通过经济利益调控而不是直接强制各市场主体的行为,并具有预测性、灵活性、效率高等特点。

(二)以法律政策为表现形式

资源环境问题的解决需要综合运用金融经济、法律、政策、技术、行政、教育等多种手段措施。法律与政策虽然在制定主体、制定程序、权威性、稳定性、实施方式、强制执行力等方面有所不同,但在尚未制定法律的情形下,国家乃至地方的政策作为实现管理者既定目标所采取的策略发挥了极大的作用,包括经济政策、金融政策、资源环境政策、气候变化政策等。我国自

---

① 邱慈观:《可持续金融》,上海交通大学出版社 2019 年版,自序。

2015 年中共中央、国务院发布的《生态文明体制改革总体方案》中首次提出"建立我国的绿色金融体系"以来，陆续发布了多项绿色金融政策，为我国发展绿色金融提供了根本方向和基本要求，尤其要对相关的责任机制、激励机制、信息机制等进行规范和指引。

《深圳经济特区绿色金融条例》于 2020 年 10 月 29 日深圳市第六届人民代表大会常务委员会第四十五次会议通过，自 2021 年 3 月 1 日起施行，共 73 个条文，以经济特区法规的立法形式对绿色金融的制度标准、产品服务、投资评估、环境信息披露、促进保障、监督管理、法律责任作了明确的规定。①《湖州市绿色金融促进条例》于 2021 年 8 月 26 日湖州市第八届人民代表大会常务委员会第三十六次会议通过，2021 年 9 月 29 日经浙江省第十三届人民代表大会常务委员会第三十一次会议批准，共 45 个条文，以地方性法规的立法形式对绿色金融的产品服务、碳减排与碳金融、标准与数字化改革、激励与保障、法律责任等作了明确的规定。②

（三）以保护资源环境和推进绿色可持续发展为目的

绿色可持续金融法律政策的最终目的是为了保护资源、能源、生态、环境，推进绿色发展、低碳发展、循环发展、可持续发展，建设绿色文明、生态文明。资源环境保护与绿色发展、低碳发展、循环发展、可持续发展在内涵上虽有一定的区别，但密切相关、一脉相承。绿色可持续发展是绿色发展与可持续发展的融合，要求以生态环境容量和资源承载力为基础，以绿色化、公平性、协调性、持续性为原则，以产业发展方式和生活方式的"绿色化""低碳化""生态化"为主要抓手，以人与自然和谐、人与人和谐为价值取向，既满足当代人的需要又不对后代人满足其需要的能力构成危害，最终实现经济、社会和环境的可持续发展。

（四）具有跨学科交叉性和综合性特点

绿色可持续金融法律政策属于典型的交叉学科，其研究包含了法学（资

---

① 深圳市人民代表大会常务委员会：《深圳经济特区绿色金融条例》，2020 年 10 月 29 日通过。

② 湖州市人民代表大会常务委员会：《湖州市绿色金融促进条例》，2021 年 8 月 26 日通过。

源环境法、经济法、金融法等)、经济学(金融学、财政税收学、产业经济学、可持续发展经济学等)、管理学(资源环境管理、公共政策等)、环境科学等跨学科的知识和内容,尤其需要借助可持续发展理论、法学理论、金融创新理论、公共政策理论等,不是某个传统学科所能涵盖,而是相互渗透、相互影响、相互促进,有所突破和创新。

(五)兼有国内法和国际法属性

国际上越来越重视资源环境的国际保护与治理问题,尤其是在气候变化、生物多样性等领域,例如联合国气候变化大会及其框架公约、联合国生物多样性大会及其公约等。随着国际经济的全球化,金融活动国际化已越来越频繁。

国际上近年关于可持续金融的主要行动包括:一是 1995 年的《京都议定书》(Kyoto Protocol),其宣告了碳减排金融机制的诞生;二是 2000 年由全球投资机构合作发起的"碳排放信息披露项目(Carbon Disclosure Project)组织"成立,其每年都会要求世界上的大企业公开碳排放信息及为气候变化所采取的具体措施,致力于建设真正可持续的经济,成为倡导透明度和环境足迹计算的先驱组织;三是 2006 年成立联合国负责任投资组织(UN PRI),其将 ESG 纳入金融部门并推进负责任投资原则(Principles for Responsible Investments);四是 2014 年国际资本市场协会(International Capital Market Association,ICMA)发布《绿色债券原则》(Green Bond Prinicples),这是由金融市场发布的绿色债券最佳实践指南;五是 2014 年的《蒙特利尔碳承诺》(Montreal Carbon Pledge),120 家机构投资者首次同意测量他们的碳足迹;六是 2015 年的《联合国 2030 年可持续发展议程》,为全球所有人设定了一个联合国框架下的 17 个可持续发展目标;七是 2015 年由 185 个国家签署的联合国气候变化框架公约第 21 届缔约国大会《巴黎协定》(COP 21 Paris Agreement),签署协定的所有国家都同意将全球变暖限制在 2℃以下,并使资金流向与气候目标保持一致;七是 2018 年的《欧盟可持续增长金融行动计划》(EU Action Plan on Financing Sustainable Growth),从而为金融部门建立了一个法律框架;八是 2020 年欧盟推出的《绿色新政》(EU Green New Deal)。①
上述国际公约、区域性协定、全球性倡议等均属于绿色可持续金融法律政策
的研究范畴。

三、绿色可持续金融法律政策体系

分析绿色可持续金融法律政策的内容体系,有助于深化绿色可持续金
融法律政策的研究,推进绿色可持续金融法律政策的制度构建。有学者提
出,环境金融法的主要框架包括排放权等金融衍生品及其交易的法律制度、
银行类环境金融产品及其业务的法律制度、基金类环境金融产品的法律制
度、环境项目融资的法律制度和环境保险的法律制度。② 也有学者认为,环
境金融法由碳金融法律制度、排污权交易法律制度、绿色信贷法律制度、环
境保险法律制度、绿色证券法律制度、环境基金法律制度和其他环境金融衍
生品法律制度构成。③

笔者认为,绿色可持续金融法律政策的体系框架可依据不同标准进行
研究分析。首先,以具体的金融产品服务为分类依据,绿色可持续金融法律
政策的体系框架主要有绿色信贷法律政策、绿色证券法律政策、绿色基金法
律政策、绿色保险法律政策、绿色信托法律政策、绿色租赁法律政策、环境权
益交易法律政策等。其次,以具体的制度内容为分类依据,可以分为绿色可
持续金融的法律责任机制、绿色可持续金融的经济激励机制、绿色可持续金
融的标准评估机制、绿色可持续金融的信息披露机制、绿色可持续金融的监
管机制等。最后,以具体的资源环境问题为分类依据,典型的有气候金融法
律政策、生物多样性金融法律政策等。

就绿色可持续金融的产品服务而言,绿色信贷、绿色证券、绿色基金、绿
色保险和环境权益交易的概念内涵如下。

---

① Luxembourg for Finance, *Sustainable Finance*, Luxembourg, October 2020, p. 6.
② 朱家贤:《环境金融法研究》,法律出版社 2009 年版,第 32—37 页。
③ 蔡文灿:《环境金融法初论》,《西部法学评论》2012 年第 1 期。

(一)绿色信贷

一般认为,绿色信贷(Green Credit)是指以信贷方式支持绿色经济、低碳经济、循环经济,促进发展方式转变,推进建设资源节约型和环境友好型社会的金融服务活动。简言之,绿色信贷是指银行业金融机构信贷业务的绿色化,也有称之为"环境贷款"或"可持续贷款"。

国际上银行业的绿色信贷主要参考的是"赤道原则"(the Equator Princi-ples,EPs)。形成于 2003 年的"赤道原则",是由全球主要金融机构参照世界银行下属国际金融公司(IFC)的可持续发展政策与指南建立的一套自愿性金融行业基准。"赤道银行"是指已宣布在项目融资中采纳赤道原则的银行。"赤道原则"主要适用于总投资 1000 万美元及以上的新项目和现有项目的扩建与更新,倡导金融机构对该项目融资的环境和社会问题尽到审慎性核查义务。该原则确立了项目融资的环境与社会最低行业标准,并将其应用于国际融资实践中,在国际金融发展史上具有里程碑的意义,成为各国银行可持续金融运作的行动指南。

"赤道原则"属于风险管理原则,由环境与社会评估、整改方案、申诉机制、独立审查、纳入合同等十项具体的原则形成,用于筛选大型贷款及相关的环境与社会风险,适用于专项融资、企业放款、并购咨询服务等,属于强调底线的风险防范工具。[1] "赤道原则"的官方网站显示,来自37 个国家的116家金融机构已采用了赤道原则。在我国则有相关部门制定印发了《绿色信贷指引》。

(二)绿色证券

一般认为,绿色证券(Green Securities)是指募集资金用于支持绿色产业项目的证券,主要包括绿色债券、绿色资产支持证券等绿色基础证券,以及基于绿色基础证券的绿色指数与绿色基金产品等。发展绿色证券,有利于发挥资本市场优化资源配置、服务实体经济的功能,支持和促进生态文明建设,贯彻和落实绿色发展与可持续发展理念。

---

[1]　邱慈观:《可持续金融》,上海交通大学出版社 2019 年版,第26—27 页。

　　根据《绿色债券支持项目目录(2021 年版)》的定义,绿色债券(Green Bond)是指将募集资金专门用于支持符合规定条件的绿色产业、绿色项目或绿色经济活动,依照法定程序发行并按约定还本付息的有价证券,包括但不限于绿色金融债券、绿色企业债券、绿色公司债券、绿色债务融资工具和绿色资产支持证券。①

　　我国债券按照信用风险可以分为利率债和信用债。利率债包括财政部发行的国债、地方政府发行的地方政府债以及政策性金融机构发行的政策性金融债。信用债包括商业银行、债券公司和其他金融类机构发行的金融类信用债,以及非金融企业发行的超短期或短期融资券、中期票据、定向工具(PPN)、企业债、政府支持机构债、公司债、集合票据、可转债、可交换债、资产支持证券等非金融类信用债。② 中国金融学会绿色金融专业委员会发布的《绿色债券支持项目目录(2015 年版)》将绿色债券的资金用途分为六大类,分别为节能、污染防治、资源节约与循环利用、清洁交通、清洁能源、生态保护和适应气候变化。③ 中国人民银行、发展改革委、证监会印发的《绿色债券支持项目目录(2021 年版)》则将绿色债券资金支持的领域分为节能环保产业、清洁生产产业、清洁能源产业、生态环境产业、基础设施绿色升级和绿色服务六个大类以及多个小类。④ 与 2015 年版相比,新版本增加了二氧化碳捕集、利用与封存的绿色项目以及农村地区清洁供暖的绿色项目,删除了涉及煤炭等化石能源生产和清洁利用的项目类别。

　　有研究认为,我国绿色债券以是否被官方贴上"绿色"标签区分为"贴标"绿色债券和"非贴标"绿色债券,后者是指没有被官方贴上"绿色"标签而实质资金募集用途是"绿色"的债券。笔者认为,我国绿色债券标准比国

---

　　① 中国人民银行、发展改革委、证监会印发:《绿色债券支持项目目录(2021 年版)》(银发〔2021〕96 号),2021 年 4 月 2 日。
　　② 史英哲:《中国绿色债券市场发展报告(2019)》,中国金融出版社 2019 年版,第 3—4 页。
　　③ 中国金融学会绿色金融专业委员会:《绿色债券支持项目目录(2015 年版)》,2015 年 12 月 22 日。
　　④ 中国人民银行、发展改革委、证监会印发:《绿色债券支持项目目录(2021 年版)》(银发〔2021〕96 号),2021 年 4 月 2 日。

际绿色债券相对更为宽松,如果同时把没有经过严格认证的"非贴标"绿色债券统计为绿色债券,更有"泡沫""漂绿"之嫌。

国际市场普遍接受的绿色债券自愿性指引是由国际资本市场协会(IC-MC)联合多家金融机构于 2014 年推出的,并经多次更新修订。目前最新发布的是 2021 年版《绿色债券原则》(Green Bond Principles)、《社会责任债券原则》(Social Bond Principles)、《可持续发展债券指引》(Sustainability Bond Guidelines)和 2020 年 6 月版《可持续发展挂钩债券原则》(Sustainability – Linked Bond Principles)。绿色债券(Green Bond)是指将募集资金或等值金额专用于为新增及/或现有合格绿色项目提供部分/全额融资或再融资的各类型债券工具。社会责任债券(Social Bond)是指将募集资金或等值金额专用于为新增及/或现有合格社会责任项目提供部分/全额融资或再融资的各类型债券工具。可持续发展债券(Sustainability Bond),是指将募集资金或等值金额专项用于绿色和社会责任项目融资或再融资的各类债券工具。其中《绿色债券原则》适用于底层绿色项目,而《社会责任债券原则》则适用于底层社会责任项目。可持续发展挂钩债券(Sustainability – Linked Bond,SLB),是为了进一步促进、鼓励对于可持续发展(从环境及/或社会及/或公司治理的角度,亦称为"ESG")作出贡献的公司进行债务资本市场融资的一个债券种类。可持续发展挂钩债券具有一定财务和/或结构特征,该财务和/或结构特征将会根据发行人是否实现其预设的可持续发展/ESG 目标而发生改变。这意味着,发行人须明确(包括在债券文件中)承诺在预定时间内改善其在可持续发展方面的绩效表现。可持续发展挂钩债券是前瞻性的、基于绩效指标的债券工具。[①] 根据全球著名的债券评级机构穆迪公司统计,在欧洲可持续金融相关债券的发行量中,绿色债券占比为 59%,社会责任债券占

---

① 国际资本市场协会(ICMC):《绿色债券原则》(Green Bond Principles),2021 年 6 月;《社会责任债券原则》(Social Bond Principles),2021 年 6 月;《可持续发展债券指引》(Sustainability Bond Guidelines),2021 年 6 月;《可持续发展挂钩债券原则》(Sustainability – Linked Bond Principles),2020 年 6 月。

比为21%,可持续发展债券占比为12%,可持续发展挂钩债券占比为8%。[①]

（三）绿色基金

绿色基金（Green Fund），也称为环境基金，一般是指应国家绿色低碳发展战略的目的而设立的专项投资基金，以及以绿色可持续发展为投资方向的普通投资基金。其中，绿色专项投资基金包括但不限于绿色产业基金、绿色担保基金、碳基金、气候基金等，绿色产业基金要求基金资产总值的60%以上投资于绿色环保领域。绿色普通投资基金按照资金募集方式，分为绿色公募基金和绿色私募基金。绿色公募基金向不特定投资者公开发行，主要投资于已经上市的绿色标的，受严格监管；绿色私募基金向合格投资者非公开发行，投资于未上市的绿色标的股权或者上市公司非公开交易股权，监管要求较低，方式较灵活。[②]

也有研究认为，绿色基金是指将资金注入能够开展绿色项目但不具备公开上市资格的中小企业的金融工具，包括绿色投资私募基金和绿色风险投资基金。绿色基金一般是以入股的形式参与项目投融资，提供企业所需要的财务和运营指导，并通过证券市场转让股权的形式获得收入和退出。[③]

就绿色基金的类型而言，也有研究将我国国内的绿色基金分为以下三种。一是交易所环保主题基金，属于契约型开放式基金，主要投资于从事或受益于环保主题的上市公司，包括股票型、指数型和混合型。其特点是比较灵活，但稳定性较低，且操作较为复杂，有财产混同的风险。二是环保产业并购基金，主要在环保领域进行投资，组织形式上以有限合伙制为主，设立上主要采用"上市公司＋PE"模式。其特点是相对稳定，但灵活性有欠缺，流程相对复杂，且面临多重征税的问题。三是PPP模式环保产业基金，模式包括：（1）环保产业母基金，即通过"财政出资＋社会出资"设立环保产业母基金，再通过母基金出资设立子基金投入到环保领域；（2）环保产业子基金，即

① 杨健健：《目标驱动视角下的可持续金融内涵及欧盟实践》，《清华金融评论》2022年第1期。

② 安国俊等：《国内外绿色基金发展研究》，中国金融出版社2018年版，第5—6页。

③ 马骏：《国际绿色金融发展与案例研究》，中国金融出版社2017年版，第97页。

通过"政府引导基金＋社会出资"设立;(3)政府投资基金,即由各级政府财政出资并撬动社会资金参与设立投资基金。其特点是稳定性与灵活性兼具且适中。[①]

(四)绿色保险

绿色保险是指与环境风险管理有关的各种保险安排,包括保险风险管理服务以及保险资金支持等,其将保险作为一种保障经济绿色可持续发展的金融工具。

绿色保险在早期主要指环境责任保险(Environmental Liability Insurance),即以企业发生污染事故对第三者造成的损害依法应承担的损害赔偿和治理责任为标的的责任保险。环境责任保险制度产生的理论依据包括环境污染成本外部化(externality)问题、服务行政理论的兴起、风险责任的社会化思想、环境正义的要求。[②] 环境责任保险作为民事责任的一种分散和防范侵权损害风险的法律技术,包含了保险合同契约、侵权赔偿责任和保险赔付责任三层法律关系,实现环境损害赔偿的社会化。环境责任保险依据不同的标准有不同的分类。依据保险关系的设立是法律强制或企业自愿,可以分为强制责任保险和任意责任保险;依据合同对环境污染责任的约定,可以分为环境损害责任保险和自有场地治理责任保险;依据污染损害发生索赔的时间是否在保险合同期间内,可以分为事故型责任保险和索赔型责任保险。[③]

绿色保险在后期扩展到支持绿色农业、绿色工业、绿色出行、绿色可再生能源、应对气候变化等保险,例如农作物气候指数保险、洪水指数保险、干旱指数保险、飓风指数保险、绿色车险、混合动力车优惠车险、可再生能源建设险、碳减排信贷保证险等。

---

① 王遥、马庆华:《地方绿色金融发展指数与评估报告(2019)》,中国金融出版社 2019 年版,第 82—86 页。

② 贾爱玲:《环境责任保险制度研究》,中国环境科学出版社 2010 年版,第 56—63 页。

③ 游春等:《绿色保险制度研究》,中国环境科学出版社 2009 年版,第 14—26 页;贾爱玲:《环境责任保险制度研究》,中国环境科学出版社 2010 年版,第 68—69 页。

就内涵扩大后的绿色保险产品服务而言,根据中国保险学会的相关文件,可以分为以下四大类。一是参与环境风险管理类,例如环境污染责任险、船舶污染责任保险、养殖业保险等。二是服务绿色产业发展类,例如新能源保险、环保技术装备险、耕地地力指数险等。三是参与生态环境保护类,例如森林保险。四是参与因极端天气导致自然灾害的保险风险管理类。[1]

(五)环境权益交易

环境权益交易是指对环境类的权益进行交易活动,通过市场化方式解决环境问题促进可持续发展,具体包括碳排放权交易、碳源碳汇交易(例如林业碳汇、海洋碳汇、湿地碳汇、土壤碳汇等)、排污权交易、固体废弃物交易、危险废弃物交易、污染许可证交易、环境使用权交易、水权交易、用能权交易等。其中,目前实施运用较多的是碳排放权交易和排污权交易。

碳排放权主要来自免费发放或者拍卖获得的碳配额和核证自愿减排量(Certified Emission Reduction,CER)。企业每年需要向气候变化主管部门清缴碳配额,配额不足时,需要通过交易市场购买其他企业富余出售的碳配额或者购买 CER,以抵消自身的超额排放量,由此产生了碳排放权交易市场。碳排放权交易是指在一定区域、一定时限内的温室气体二氧化碳排放总量,以配额或者排污许可证的形式分配给个体或者组织,使其具有合法的碳排放权利,并允许这种权利像商品一样在市场参与者之间进行交易。[2] 碳排放权交易的基本原理是,碳排放权是一种具有价值的资产,可以作为商品在市场上进行交换,由碳配额不足的企业向碳配额富余的企业购买,从而实现前者完成减排目标以及后者在完成减排目标的同时获得收益的目的。

典型的国际碳排放交易市场包括欧盟碳排放交易体系(EU Emissions Trading System, EU ETS,属于强制性质)、美国芝加哥气候交易所(Chicago

---

[1] 王遥、马庆华:《地方绿色金融发展指数与评估报告(2019)》,中国金融出版社 2019 年版,第 87 页。

[2] 王遥、马庆华:《地方绿色金融发展指数与评估报告(2019)》,中国金融出版社 2019 年版,第 92 页。

Climate Exchange,CCX,属于自愿参与性质)以及澳大利亚新南威尔士州温室气体减排体系(New South Wales Greenhouse Gas Abatement Scheme,NSW GGAS,属于强制性质)等。[1]

我国碳排放交易试点于 2011 年正式开始,北京、上海、天津、重庆、湖北、广东、深圳成为首批碳排放交易试点,2013 年 6 月深圳碳市场在全国率先启动线上交易。我国生态环境部于 2020 年 12 月 31 日公布《碳排放权交易管理办法(试行)》,自 2021 年 2 月 1 日起施行。[2]生态环境部于 2020 年 12 月 29 日印发《2019—2020 年全国碳排放权交易配额总量设定与分配实施方案(发电行业)》,[3]正式启动全国碳市场第一个履约周期。2021 年 7 月 16 日,全国碳排放权交易市场启动上线交易。发电行业成为首个纳入全国碳市场的行业,纳入重点排放单位超过 2000 家。

排污权是指相关排污企业经过有权部门核定和许可,允许排污单位在一定范围内排放污染物的种类和数量。排污权交易(Pollution Rights Trading)是指在一定区域内,在污染物排放总量不超过允许排放量的前提下,以合法的排污权作为一种无形财产权,允许内部各污染源的主体之间通过交易的方式相互调剂排污量,从而控制和减少排污量并保护环境。

排污权交易的前提是污染物总量控制,而污染物排放总量应根据当地环境容量予以确定。其最早起源于美国,美国国家环保局(EPA)用于大气污染源以及河流污染源的管理,现已成为全球各国普遍关注和采用实施的环境经济政策之一。在我国,国务院办公厅于 2014 年 8 月 6 日印发的《关于进一步推进排污权有偿使用和交易试点工作的指导意见》提出"建立排污权有偿使用制度"和"加快推进排污权交易"。[4]

---

[1] 兴业银行绿色金融编写组:《寓义于利——商业银行绿色金融探索与实践》,中国金融出版社 2018 年版,第 124—125 页。

[2] 生态环境部:《碳排放权交易管理办法(试行)》,2020 年 12 月 31 日公布。

[3] 生态环境部:《2019—2020 年全国碳排放权交易配额总量设定与分配实施方案(发电行业)》,2020 年 12 月 29 日印发。

[4] 国务院办公厅:《关于进一步推进排污权有偿使用和交易试点工作的指导意见》(国办发〔2014〕38 号),2014 年 8 月 6 日印发。

第三节　绿色可持续金融运用于资源
环境保护的意义与环节

　　金融是现代市场经济的核心,环境与可持续发展为全球共同关注。运用金融机制助力解决资源危机、环境污染、生态退化、生物多样性减少、气候变化等在内的一系列资源环境生态问题,是绿色可持续金融的重点和价值所在。本节内容以土壤环境保护立法中的金融机制为例,分析金融机制运用于土壤环境保护立法的环节、意义和内容,进而为绿色可持续金融法律政策的内容体系之构建提供参考。①

一、绿色可持续金融机制运用于资源环境保护的意义

　　以土壤环境保护为例,由于我国长期以来粗放的工矿业和农业生产经营模式,以及相关的环境标准较低、法律制度不完善等多种因素,导致各种工矿业"三废"、农用化学品等污染物通过水、固废堆积、大气沉降等多种途径累积于土壤。据 2014 年原环境保护部与原国土资源部共同发布的《全国土壤污染状况调查公报》,全国土壤总的点位超标率达到 16.1% ,其中耕地的点位超标率达 19.4% ,重污染企业用地的超标点位高达 36.3% ,工业废弃地的超标点位占 34.9% ,矿区的超标点位占 33.4% ;无论是农业用地,还是工矿业废弃地,土壤污染形势严峻。与看得见的雾霾、污水相比较,看不见的"毒土"风险大、治理难。

　　联合国将 2015 年定为"国际土壤年",期望土壤保护得到全世界更多的关注。我国原国土资源部副部长王世元在 2014 年指出,我国土地"国情"到

---

　　① 本节内容主要参见古小东:《环境保护法中的金融机制——以土壤立法为例》,《金融与经济》2015 年第 7 期。笔者对部分内容有修改。

了难以承受的地步。2015 年 5 月,习近平总书记强调"要像保护大熊猫一样保护耕地"。土壤为国家和人类的安身立命之所,尤其需要重视解决"吃"(农用地污染)和"住"(工业建设居住用地污染)的安全无毒问题。

为保障粮食安全和国民健康,保护生态环境,2018 年 8 月 31 日十三届全国人大常委会第五次会议通过了《土壤污染防治法》,自 2019 年 1 月 1 日起施行。《土壤污染防治法》的经济手段主要在第五章"保障和监督"第69—74 条作了规定。第 69 条为概括性规定,"国家采取有利于土壤污染防治的财政、税收、价格、金融等经济政策和措施。"第 70—71 条规定了"中央土壤污染防治专项资金和省级土壤污染防治基金制度",第 72 条为鼓励信贷制度。绿色可持续金融机制运用于土壤环境保护主要有以下几方面的意义。

(一)引导激励绿色发展,预防减少污染

土壤污染源具有多源性和综合性,有来自工矿业的废水、废渣、废气(通过大气沉降),也有来自农业的农用化学品、畜禽粪便,以及废弃物、有毒有害物质的填埋堆放等多种途径;污染物包括重金属污染、有机污染物等。为减少土壤污染物的产生,急需建立引导资源投向绿色产业的激励机制。以绿色信贷为例,其通过加大对生态农业、生态工业、生态服务业、绿色建筑、绿色环保设施、节能产业技术、绿色消费等有利于资源环境的产业项目融资支持,以及减少甚至禁止对不利于资源环境的项目融资支持,引导激励产业项目的绿色发展,从而减少污染。[①]

(二)融通治理修复资金,建立长效资金支持机制

污染土壤的治理修复难度大、成本高、周期长、融资难,应完善政策制度、鼓励绿色信贷和相关社会资本的支持。借鉴美国超级基金的做法,设立土壤治理修复专项基金(绿色基金),专门用于污染场地的调查、评估、治理和修复,助解土壤治理修复资金短缺的困局、建立长效资金支持机制。

[①] 古小东、刘秀明:《绿色信贷制度在建设美丽幸福中国的应用研究》,《环境与可持续发展》2013 年第 6 期。

（三）管理转移环境风险，保障污染民事责任的实现

土壤环境污染事故一旦发生，可能会造成直接的财产损害和人身损害（环境侵权私益诉讼），以及对土壤、水体、动植物等生态系统的破坏（环境侵权公益诉讼），且赔偿责任的金额以及污染场地治理修复的资金普遍巨大，将可能导致企业难以承担污染治理修复的资金，以及受害者的民事权利难以实现。

环境污染责任保险（又称"绿色保险"）作为一种通过社会化途径、市场化手段解决环境污染损害赔偿责任的金融工具，对企业、政府和污染受害者三方均具有重要的意义。对企业而言，其有利于管理和转移环境风险、减少破产的可能，并通过保险机构的保费约束机制提高环境风险管理水平。对政府而言，其有利于在企业无力承担时减轻治理修复土壤的资金负担，并通过发挥市场机制的监督作用提升环境监管的水平。对污染受害者而言，其有利于保障污染受害者民事赔偿权益的实现。

二、绿色可持续金融机制运用于资源环境保护的环节

以土壤环境保护为例，一般认为，土壤环境保护主要分为土壤污染预防和土壤污染治理修复两大部分内容。前者主要通过加强控制和减少污染源来实现，后者主要是规范治理修复的内容、责任主体、资金、技术、要求和相关程序。但笔者认为，此观点仅是以污染的前端控制和末端治理之视角。

从土壤污染民事责任的视角来看，土壤污染侵权可能导致直接的人身或财产损害或危害（私益诉讼），也可能导致间接的生态环境损害或危害（公益诉讼）。民事责任包括赔偿损失、治理修复等多种形式。土壤污染侵权一旦构成，无论是由污染者承担，还是在污染者无法确定或无力承担等情形下由政府承担，赔偿金额多为巨大，治理修复所需资金尤其。综上，笔者认为，金融机制运用于环境保护立法主要包括三个环节：一是污染预防控制之金融机制；二是污染治理修复之金融机制；三是污染民事赔偿之金融机制。

（一）污染预防控制之金融机制

绿色资本市场将推进农业、工业、消费等领域的绿色化,减少农药、化肥、废水、废渣、废气等对不利于土壤的污染物的使用或排放,从而预防土壤污染。

1.构建绿色投资体系,健全绿色资本市场

资本市场的金融机构主体（银行、证券、资产管理公司等）,通过绿色信贷（Green Credit）、绿色风险投资（Green Venture Capital）、生态投资基金、绿色债券、绿色股票指数等多种途径和方式,影响相关利益主体的生产、运输、流通和消费行为,促使其实施清洁生产、减少有毒有害物质等污染物的使用和排放,进而预防土壤污染。需要进一步构建绿色银行体系、完善绿色信贷制度、扩大绿色债券的发行、建立绿色股票指数、完善环境信息披露和环境成本核算等制度。

2.完善绿色信贷法律政策

绿色信贷源于国际上的赤道原则（Equator Principles,Eps）。我国的绿色信贷政策可追溯至 1995 年、正式启动于 2007 年,在退出"两高一剩"（高污染、高能耗、产能过剩）领域和支持节能环保类贷款取得了一定的成效,但在正向激励机制、信息披露共享机制、法律责任机制等方面存在一些不足,导致绿色投资的积极性不高、效果不够明显,法律政策有待完善。

（二）污染治理修复之金融机制

1.创新污染治理修复融资模式

土壤污染治理修复的费用高,需要建立专门的、持续的、长效的资金支持机制。按照"污染者付费"原则,土壤污染的治理修复主体应是污染责任人,但在污染责任人无力承担,或者无法找到、无法确认污染责任人时,则由政府承担替代性、可追偿、补充性的治理修复责任。无论是污染责任人自行承担,还是由政府承担,都急需按照"政府主导、市场参与、责任分担"的原则,创新污染治理所需巨额资金的融资模式,鼓励绿色信贷和相关资本的进入与支持。

美国通过提供政府赠款、政府资助单位提供低息或无息贷款、棕地修复税收减免政策、棕地低收入住宅税收抵免政策等措施鼓励"棕地"的修复和开发。此外,美国鼓励运用环境责任保险来转移污染场地的治理修复巨额资金风险。加拿大的皇家银行和帝国商业银行建立了"环境风险管理集团",为棕地场地等项目提供风险缓解和信贷审批支持;也有专业金融投资公司作为金融中介机构为棕地产业提供投资基金;联邦政府于2000年设立"绿色城市基金",资助环境的调查评估、环境基础设施的开发、棕地的研究(提供赠款)和开发(提供低息贷款);安大略省等省级政府也为棕地的研究开发提供相应的资金。①

PPP(Public – Private – Partnership)作为一种公私合营的项目融资模式,较适合用于环境治理和环境服务领域,例如大气、水、土壤的污染治理。目前PPP模式在污水治理领域的运用已经走在前列,因为有市场需求、有资金来源、有法律保障。PPP模式在大气污染治理较难开展,因为大气流动性强、治理边界模糊、责权利不清。未来环保产业PPP模式的主战场将会在土壤污染治理,因为污染治理的边界、范围、职责、收益更为明确,尤其是工矿企业的点状土壤污染,但急需通过类似于美国的超级基金机制来解决治理所需巨额资金的来源问题。②

2. 设立污染治理修复专项环境基金

为解决"脏中最脏"的污染场地,美国通过《超级基金法》建立了用于污染场地修复的"超级基金",体现了政府综合运用经济、行政和法律手段解决环境难题的积极行为,其经验做法在全世界影响巨大。美国超级基金的来源主要为:(1)从1980年起对石油以及42种化工原料征收的原料税;(2)从1986年起对50种化学衍生物征收的税以及对年收入超过200万美元的公司征收的环境税;(3)联邦财政的常规拨款;(4)对危险废物场地或设施负有责任的公司及个人追回之费用;(5)其他,包括基金利息、对不愿意承担场地

---

① 龚宇阳:《污染场地管理与修复》,中国环境科学出版社2012年版,第16—17、25页。
② 黄俊溢:《环保PPP下一轮投资热点在土壤治理》,《中国经济时报》2015年6月5日。

治理责任的公司及个人的罚款、一些投资收入等。①《超级基金法》还对基金的使用范围和使用条件做了详细的规定。根据美国政府绩效办公室(GAO)的报告,截至2007财政年度,超级基金融资423亿美元,另有责任人主动修复污染场地花费225亿美元,此外还有私人资本参与较轻污染场地的修复治理和再开发。以上经费来源为《超级基金法》的实施提供了资金保障,仅1980—2003年国家环保局就执行了16872项反应行动,通过清理污染场地、恢复生态环境,很好地保障了公民生命健康和财产安全。②

日本于2002年根据《土壤污染对策法》建立了土壤污染对策修复基金,基金的来源主要有:(1)政府划拨的土壤环境保护综合对策推进费补贴;(2)民间出资捐赠资金。民间出资捐赠资金主要有以下四种方式:通过购买污染土壤运出管理联单出资;通过实施土壤环境修复工程出资;通过由认定调查机构实施调查出资;赞成基金事业宗旨的捐赠。另有捐赠的标准和基金的管理使用等相关规定。我国国有企业遗留的历史性污染场地普遍严重,应加快设立专项的环境基金用于调查、评估和治理修复污染场地,细化规定基金的来源、管理、使用范围和使用条件等。

(三)污染民事赔偿之金融机制

土壤环境污染事故导致治理修复资金和赔偿数额巨大,将可能会导致企业倒闭、无力治理修复土壤,以及受害者赔偿权利无法实现,且增加社会的不稳定因素。从广义上看,土壤污染民事赔偿责任包括对受害者人身、财产损失的赔偿(私益诉讼)以及对土壤治理修复的费用(公益诉讼)。环境污染责任保险("绿色保险")是以企业发生污染事故时,对第三者造成的损害依法应当承担的赔偿责任或治理责任为标的的保险。作为一种新型的经济政策,该制度能有效地分散环境污染事故带来的风险,已成为发达国家通过社会化途径解决环境侵权损害赔偿责任和治理环境风险之有效的、重要的

① U. S. Congressional Budget Office, *Analyzing the Duration of Cleanup at Sites on Superfund's National Priorities List*, Washington DC: U. S. Congressional Budget Office, March 1, 1994.

② 贾峰等:《美国超级基金法研究:历史遗留污染问题的美国解决之道》,中国环境出版社2015年版,第144—166页。

金融工具。

美国环境责任保险分为"环境损害责任保险"和"自有场地治理责任保险",前者属于对受害者人身、财产损失的赔偿(私益诉讼),后者属于对土壤治理修复的费用(公益诉讼)。美国实行强制责任保险,其环境责任保险产品丰富、环境保险市场活跃,得益于其全面、严格的环境立法,尤其是1976年的《资源保护和回收法》(RCRA)和1980年的《综合环境反应、赔偿和责任法》(CERCLA)。RCRA规定危险废弃物处理、贮存和处置设施的所有者和经营者须采取保险、担保债券、自保险(self-insurance)资格等措施;且必须提供证据来证明其有经济能力对经营过程中产生的环境损害进行物质清污,以及赔偿受害者的身体损害和财产损失。CERCLA则针对历史遗留的土壤污染规定了可追溯的、严格的和连带多方的责任。此外,美国发达的金融市场、丰富的承保经验、翔实的环境损害数据、健全的环境风险评估机制、较强的企业公众环境意识等,均为美国环境责任保险的实施提供了坚实的市场基础和社会基础。在日本,根据不同的环境风险采用不同的环境责任保险,可分为应对土壤污染风险的责任保险、应对非法投弃风险的责任保险和应对加油站漏油污染的责任保险。此外,日本还建立了"公害"损害赔偿制度。

我国由于现行法律存在环境污染损害赔偿责任不够严格,环境风险评估方法、污染损害认定和赔偿标准的不完善,对投保企业和保险公司的激励机制缺乏,保险公司自身承保能力不足,以及企业和公众的环保意识不强,导致企业投保的积极性低、保险公司的经营风险也较大。因此应借鉴美国、德国等国际经验,结合我国的实际情况,在保险的模式、险种、费率、评估制度等方面完善我国的环境污染责任保险制度设计,进而有助于环境损害赔偿权利的实现。①

综上,在土壤环境保护的前端预防控制环节,为引导激励绿色发展、预

---

① 叶汝求、任勇、[德]厄恩斯特·冯·魏茨察克:《中国环境经济政策研究——环境税、绿色信贷与保险》,中国环境科学出版社2011年版,第226—247页。

防减少污染,需构建绿色信贷、绿色风险投资、生态投资基金、绿色债券、绿色股票指数等绿色投融资体系,健全绿色资本市场。在土壤环境保护的末端治理修复环节,为融通治理修复资金、建立长效资金支持机制,需创新融资模式,通过政府赠款、贷款优惠利率、税收减免政策等措施鼓励"棕地"的修复和开发,通过环境污染责任保险来转移污染场地的治理修复的资金风险;并完善设立专项的环境基金制度,解决历史性污染场地治理修复所需的巨额资金。在土壤污染民事赔偿之环节,为管理转移环境风险、保障污染民事责任的实现,应在保险的模式、险种、费率、评估制度等方面完善我国的环境污染责任保险制度设计,尤其要明确严格的环境污染损害赔偿责任。通过构建和完善相关的绿色可持续金融法律政策,可以提升资源环境保护水平,加快推动绿色可持续发展进程。

　　本章主要分析了绿色可持续金融的缘起及其法律政策体系。研究认为,绿色可持续金融的缘起主要有以下因素:全球绿色可持续发展的背景、社会责任运动的推动、政府治理环境政策工具的更新、实现碳中和目标与经济转型的重要途径以及金融业自身规避经营风险和创造商机发展的需要。同时分析了绿色可持续金融的相关概念、绿色可持续金融法律政策的特点、绿色可持续金融法律政策的体系内容以及绿色可持续金融运用于资源环境保护的意义与环节。此部分为项目研究的理论基础。

　　环境金融、绿色金融、ESG 金融的内涵意旨相近;可持续金融的内涵更宽更全,涵盖了环境金融、绿色金融、ESG 金融、转型金融、碳金融、气候金融等。转型金融与绿色金融存在本质的不同,转型金融可以理解为绿色金融的补充和延伸,转型金融的尽头是绿色金融。需要指出的是,"环境金融"一词早期较多使用,后来我国使用较多的是"绿色金融"一词,目前国际上越来越多使用"绿色可持续金融"一词。

　　绿色可持续金融法律政策是指运用金融工具来保护资源环境以及推进绿色可持续发展的法律政策的总称,其具有以下主要特点:以金融为手段,以法律政策为表现形式,以保护资源环境和推进绿色可持续发展为目的,具有跨学科交叉性和综合性特点,兼有国内法和国际法属性。就绿色可持续金融法律政策的体系而言,以绿色可持续金融的产品服务为分类依据,可以分为绿色信贷制度、绿色证券制度、绿色基金制度、绿色保险制度和环境权益交易制度等;以具体的制度内容为分类依据,可以分为绿色可持续金融的法律责任机制、绿色可持续金融的经济激励机制、绿色可持续金融的标准评估机制、绿色可持续金融的信息披露机制、绿色可持续金融的监管机制等。

以土壤环境保护为例,绿色可持续金融运用于资源环境保护的环节与意义主要体现为:一是在前端,有助于引导激励绿色发展,并预防减少污染、保护生态环境;二是治理修复端,有助于融通资金,并建立长效资金支持机制;三是在末端,有助于管理转移环境风险,并保障环境污染受害者受损者的民事责任的实现。概言之,绿色可持续金融机制可以在资源环境问题的源头预防、治理修复、民事赔偿等具体环节予以保障。

第二章　欧盟绿色可持续金融法律政策

本章主要结合《欧洲绿色协议》《欧盟可持续增长金融行动计划》《分类法条例》《授权法案》等法律政策文件,对欧盟绿色可持续发展的目标举措以及欧盟实施绿色可持续金融的方向、行动计划、分类标准等内容进行分析研究,为我国发展绿色可持续金融提供一定的经验启示。

第一节　欧盟绿色可持续发展的目标与行动举措

2019 年 12 月 11 日,欧盟委员会第 2019/640 号决议《欧盟委员会致欧洲议会、欧洲理事会、欧盟理事会、欧洲经济和社会委员会和区域委员会的政策文件——欧洲绿色协议》(*The European Green Deal*,以下简称《欧洲绿色协议》)[①]重新确立了委员会应对气候和环境相关挑战的承诺,被认为“这是这一代人的决定性任务”。《欧洲绿色协议》是对气候和环境挑战的回应,也是一项新的增长战略,旨在将欧盟转变为一个拥有现代化、资源高效和有竞

---

① 英文全称为 Communication from the Commission to the European Parliament, the European Council, the Council, the European Economic and Social Committee and the Committee of the Regions—The European Green Deal。英文简称为 *The European Green Deal*,也有翻译为“欧洲绿色新政”——笔者注。

争力的经济体和公平繁荣的社会,到2050年没有温室气体"净排放"(net e-missions),经济增长与资源使用脱钩。《欧洲绿色协议》还旨在保护(pro-tect)、保存(conserve)和增强(enhance)欧盟的自然资本,保护公民的健康和福祉,使其免受与环境有关的风险和影响。与此同时,《欧洲绿色协议》强调"这一过渡必须是公正和包容的"。[①]《欧洲绿色协议》提出了实现碳中和、经济转型、民生福祉与可持续发展的目标,以及相关的行动举措。[②]

一、欧盟绿色可持续发展的目标

《欧洲绿色协议》指出,大气正在变暖,气候每年都在变化。地球上800万种物种中有100万种面临灭绝的风险。森林和海洋正在受到污染和破坏。[③] 基于此,《欧洲绿色协议》设计了一套深刻变革的政策,明确了欧洲绿色可持续发展的目标,具体包括气候、能源、工业、建筑、交通运输、农业与食品、生态和环境八大领域,并在附件中列举了关键行动及其指示性时间表的路线图(见表2-1)。[④] 其目的是让欧洲在2050年之前成为第一个实现"气候中立"的大洲,同时改善人们的健康,提升生活质量,并确保这一转型过程对所有人都公平和包容。[⑤] 为了实现这些目标,必须增加对保护和恢复自然生态系统、可持续利用资源和改善人类健康的重视。这是最需要变革的地

[①] EU, *The European Green Deal*, Introduction, 2019.

[②] EU, *The European Green Deal*, 2019. 本节内容主要由笔者参考相关资料翻译整理。

[③] Sources:(i) Intergovernmental Panel on Climate Change (IPCC):Special Report on the Impacts of Global Warming of 1.5℃;(ii) Intergovernmental Science – Policy Platform on Biodiversity and Ecosystem Services:2019 Global assessment report on biodiversity and ecosystem services;(iii) The International Resource Panel:Global Resources Outlook 2019:Natural Resources for the Future We Want;(iv) European Environment Agency:the European Environment – State and Outlook 2020:Knowledge for Transition to a Sustainable Europe. 资料来源:(1)政府间气候变化专门委员会(IPCC):《关于1.5℃全球气候变暖影响的特别报告》;(2)生物多样性和生态系统服务政府间科学政策平台:《2019年生物多样性和生态系统服务全球评估报告》;(3)国际资源委员会:《2019年全球资源展望:我们想要的未来的自然资源》;(4)欧洲环境署:《欧洲环境——2020年现状与展望:向可持续欧洲转型的知识》。See EU, *The European Green Deal*, Introduction, 2019.

[④] EU, Annex to the Communication on the European Green Deal Roadmap – Key Actions,2019. 笔者翻译整理。

[⑤] 王晓真:《〈欧洲绿色协议〉勾勒路线图》,《中国社会科学报》2019年12月18日。

方,也是对欧盟经济、社会和自然环境最有利的地方。欧盟还应促进和投资必要的数字转型和工具,因为这些是变革的重要促成因素。《欧洲绿色协议》提出要"确保任何人都不会掉队",其将始终如一地利用所有政策杠杆:监管和标准化(regulation and standardisation)、投资和创新(investment and innovation)、国家改革、与社会伙伴的对话以及国际合作。[①] 笔者认为,《欧洲绿色协议》以及其他法律政策中对绿色可持续发展目标、行动举措的相关规定,是欧洲实施绿色可持续金融的目标指向。

表2-1　《欧洲绿色协议》路线图——关键行动

关键行动	指示性时间表
一、气候雄心	
提出明确 2050 年气候中立目标的欧洲《气候法》建议	2020 年 3 月
制定以负责任的方式将欧盟 2030 年气候目标提高到至少 50% 和争取 55% 的综合计划	2020 年夏季
在审查《碳排放交易体系指令》《减排分担规定》《土地利用、土地利用变化和林业监管规定》《能源效率指令》《可再生能源指令》《汽车和厢式货车二氧化碳排放性能标准》后,[②]提出修订相关立法措施以实现增加的气候目标的建议	2021 年 6 月
提出《能源税指令》的修订建议	2021 年 6 月
提出针对选定部门的"碳边境调节机制"的建议	2021 年
关于气候变化适应的新欧盟战略[③]	2020/2021 年
二、清洁可负担和安全的能源	
对最终的《国家能源和气候计划》[④]进行评估	2020 年 6 月
智能部门整合战略	2020 年
建筑部门的"翻新浪潮"[⑤]倡议	2020 年

① EU, *The European Green Deal*, Part 2.1, 2019.

② Emissions Trading System Directive; Effort Sharing Regulation; Land Use, Land Use Change and Forestry Regulation; Energy Efficiency Directive; Renewable Energy Directive; CO$_2$ Emissions Performance Standards for Cars and Vans. 其中,Effort Sharing Regulation 又译为《共尽责任条例》。笔者注。

③ New EU Strategy on Adaptation to Climate Change.

④ National Energy and Climate Plans.

⑤ Renovation Wave.

续表

关键行动	指示性时间表
对《跨欧洲网络——能源法规》①进行评估和审查	2020 年
海上风电战略	2020 年
三、清洁循环经济的工业战略	
欧盟工业战略	2020 年 3 月
循环经济行动计划,包括可持续产品倡议,特别关注纺织、建筑、电子和塑料等资源密集型行业	2020 年 3 月
刺激能源密集型工业部门气候中立与循环产品成为主导市场的举措	自 2020 年起
提出支持到 2030 年实现"零碳炼钢工艺"②的提案	2020 年
对支持电池和循环经济的战略行动计划的电池进行立法	2020 年 10 月
提议废弃物改革立法	自 2020 年起
四、可持续与智慧的出行	
可持续和智慧出行战略	2020 年
设立支持布局公共充电和加油站作为替代燃料基础设施的基金	自 2020 年起
对促进不同运输方式提供可持续替代燃料生产与供应的立法选择进行评估	自 2020 年起
提出《联合运输指令》③的修订建议	2021 年
审查《替代燃料基础设施指令》和《跨欧洲网络——运输法规》④	2021 年
提高和更好地管理铁路和内河航道能力的举措	自 2021 年起
提高内燃机车空气污染物排放标准的提案	2021 年
五、共同农业政策的绿色化/"从农场到餐桌"战略	
参考欧洲绿色协议和"从农场到餐桌"战略的雄心,对国家战略计划草案进行审查	2020—2021 年

---

① Trans – EuropeanNetwork – Energy Regulation.

② Zero Carbon Steel – Making Processes.

③ Directive on Combined Transport.

④ Trans – European Network – Energy Regulation.

关键行动	指示性时间表
"从农场到餐桌"战略 包括立法在内的措施,以显著减少化学农药的使用和风险,以及化肥和抗生素的使用	2020 年春季 2021 年
六、保持和保护生物多样性①	
2030 年欧盟生物多样性战略	2020 年 3 月
解决生物多样性丧失主要驱动因素的措施	自 2021 年起
新的欧盟森林战略	2020 年
支持"零毁林"价值链②的措施	自 2020 年起
七、实现一个无毒环境的零污染雄心	
支持可持续性的化学品战略	2020 年夏季
水、空气和土壤零污染行动计划	2021 年
对大型工业设施污染的治理措施进行修订	2021 年
八、将可持续性纳入欧盟所有政策的主流	
关于公正转型机制③的提案,包括公正转型基金和可持续欧洲投资计划	2020 年 1 月
对可持续金融战略进行更新	2020 年秋季
对非财务报告指令进行审查	2020 年
提出对成员国和欧盟的绿色预算实践进行筛选和基准测试的举措	自 2020 年起
审查相关国家的援助指南,包括对环境和能源方面的国家援助指南	2021 年
使所有新的欧盟委员会倡议举措符合绿色协议的目标,并促进创新	自 2020 年起
利益相关者应对降低欧洲绿色协议执行效率的不一致的立法进行识别和纠正	自 2020 年起
在"欧洲学期"④对可持续发展目标进行整合	自 2020 年起

---

① Preserving and protecting biodiversity.
② Deforestation – Free Value Chains.
③ Just Transition Mechanism.
④ European Semester.

续表

关键行动	指示性时间表
九、欧盟致力于成为全球绿色领导者	
欧盟将继续领导国际气候和生物多样性的谈判,进一步加强国际政策框架	自 2019 年起
加强与成员国合作的欧盟绿色协议外交	自 2020 年起
鼓励合作伙伴采取行动并确保行动和政策的可比性的双边努力	自 2020 年起
西巴尔干绿色议程①	自 2020 年起
十、共同努力——欧洲气候公约	
启动《欧洲气候公约》②	2020 年 3 月
提出第八个环境行动计划提案③	2020 年

(一)气候目标:提高欧盟 2030 年和 2050 年的气候雄心

欧盟提出了到 2020 年实现碳中和的目标愿景,即为所有人创造一个清洁地球——将欧洲建设成为繁荣、现代、具有竞争力和气候中立经济体的长期战略愿景(COM2018/773 号)。④ 从 1990 年至 2018 年,欧盟温室气体排放量减少了 23%,而经济增长了 61%。然而,如果按照欧盟目前的政策,到 2050 年温室气体排放量只能减少 60%。欧盟委员会将于 2020 年夏季前发布一份影响评估计划,以负责任的方式将欧盟 2030 年温室气体减排目标与 1990 年相比至少提高到 50% 和力争 55%。⑤

(二)能源目标:提供清洁、可负担和安全的能源

能源是国家经济发展的基础和命脉,节能减排是促进资源环境与经济

---

① Green Agenda for the Western Balkans.

② European Climate Pact.

③ 8th Environmental Action Programme.

④ A Clean Planet for all – A European Strategic Long – Term Vision for a Prosperous, Modern, Competitive and Climate Neutral Economy COM (2018) 773. 为所有人创造一个清洁地球——建设一个繁荣、现代、有竞争力和气候中立经济的欧洲长期战略愿景(COM 2018/773)。

⑤ EU, *The European Green Deal*, Part 2.1.1, 2019.

社会可持续发展的重大战略措施,[①]发展太阳能、风能等新能源是应对能源供应紧张、实现能源独立安全、缓解生态环境日益恶化的必然选择。[②]

《欧洲绿色协议》指出,能源系统的进一步脱碳对于在 2030 年和 2050 年实现气候目标至关重要。各经济领域能源的生产和消费占欧盟温室气体排放总量的 75% 以上。因此,必须提高能效和以最低的成本脱碳,在实现清洁能源转型的同时,还必须解决低收入者的能源贫困问题。[③]

(三)工业目标:推动工业向清洁循环经济转型

绿色制造是现代制造业的可持续发展模式,目标是在产品生命周期中的资源消耗少、生态环境负面影响小、对人体健康安全危害小,实现企业经济效益、社会效益与生态环境效益的协调优化。在工业文明向生态文明转型过程中,实现与生态环境密切相关的绿色制造模式大致可以分为四个层次:第一层次(底层)是不对环境产生危害的制造,但也无助于改善环境;第二层次是在一定程度上有助于改善环境的清洁生产、清洁技术和绿色生产,但仅仅是生产制造过程,不包括产品的设计、使用和回收处理过程;第三层次是产品全生命周期(包括设计、生产制造、使用、售后服务和回收处理)绿色化的绿色制造、清洁制造、环境意识制造等;第四层次是产品及其制造系统的存在和发展均应与生态环境系统相协调并形成可持续发展系统的生态意识制造和生态尽责制造。[④]

《欧洲绿色协议》指出,实现一个工业部门及其所有价值链的转型需要 25 年,即一代人的时间。从 1970 年到 2017 年,全球资源年开采量增至三倍,而且现在还在增长,[⑤]成为全球面临的重大风险。约一半的温室气体总排放量、九成以上的生物多样性丧失及水资源短缺等问题都是由于资源开

---

① 古小东、夏斌:《我国推行合同能源管理的问题与对策研究》,《企业经济》2012 年第 3 期。

② 孙晓霞:《绿色产业政策》,中国环境出版社 2016 年版,第 50—60 页。

③ EU, *The European Green Deal*, Part 2.1.2, 2019.

④ 张华、张旭美、赵刚:《绿色制造》,中国环境出版社 2017 年版,第 23—24 页。

⑤ B. Oberle, S. Bringezu, S. Hatfield-Dodds, S. Hellweg and B. Zhu, *Global Resources Outlook 2019: Natural Resources for the Future We Want (A Report of the International Resource Panel)*, United Nations Environment Programme, 2019.

采和对材料、燃料及食品的加工造成的。欧盟工业已经开始转型,但仍占欧盟温室气体排放量的 20%。工业线性(linear)发展依然较为明显,过于依赖新材料的开采、交易以及加工成商品的生产量,最后变成废料或排放物被清理。各产业所使用的材料只有 12% 来自资源的循环利用。为此,欧盟工业需要向包容性增长的可持续模式(sustainable model of inclusive growth)转型,向清洁循环经济转型。①

(四)建筑目标:以高能效和高资源效率的方式建造和翻新建筑

绿色建筑是指在建筑材料、建筑施工、建筑物使用的全过程中,尽可能地减少资源能源的开发使用,尽可能地减少二氧化碳等有害气体以及污染物等有害物质的排放,尽可能地采用全生命周期长、绿色低碳循环利用的材料和能源,尽可能地减少建筑对资源的消耗、对生态环境的影响,达到人、建筑与自然生态环境的协调发展。② 在城市化进程中,老旧建筑和老旧城区的更新成为一个迫切且复杂的问题。法国于 2000 年公布的《社会团结与城市更新法》提到"城市更新是一种推广以节约利用空间和能源、复兴衰败城市地域、提高社会混合特性为特点的新型城市发展模式"。③ 城市更新不是简单的城市"翻建",而是多目标、多内容、多模式、多途径的解决城市问题的复杂行动。城市更新的最终目标是可持续性,城市更新的内容由侧重设施环境更新转变为注重"四位一体",即设施环境改善、经济产业复兴、社会发展融合和历史文化保育。④

《欧洲绿色协议》指出,建筑物的建造、使用与翻新会消耗大量能源与矿产资源(如沙子、砾石、水泥等)。建筑物占能源消耗的 40%。现如今,各成员国的存量建筑年均翻新率在 0.4% 至 1.2% 之间浮动,这个比例至少需要翻一倍才能完成欧盟节能与气候目标。与此同时,5000 万消费者的室内供

① EU, *The European Green Deal*, Part 2.1.3, 2019.
② 张华、张旭美、赵刚:《绿色制造》,中国环境出版社 2017 年版,第 51 页。
③ 刘健:《20 世纪法国城市规划立法及其启示》,《国外城市规划》2004 年第 5 期。
④ 古小东、夏斌:《城市更新的政策演进、目标选择及优化路径》,《学术研究》2017 年第 6 期。

暖仍成问题。基于此,需要以高能效和高资源效率方式建造和翻新建筑。①

(五)交通目标:加快向可持续与智慧出行转变

《欧洲绿色协议》指出,交通运输所产生的温室气体排放量占欧盟温室气体总排放量的四分之一,而且其所占比重还在持续上升。为了实现气候中立的目标,到 2050 年,交通运输行业还需要减少 90% 的排放量。公路、铁路、航空、水运都应实施减排。实现可持续交通运输意味着要将消费者放在首位,提供更易负担的、方便易得、健康清洁的出行方式,以替代他们现有的出行习惯。2020 年,欧盟委员会将采纳可持续与智慧的出行(sustainable and smart mobility)战略来应对这一挑战,应对所有排放源。②

(六)农业与食品目标:实施"从农场到餐桌"战略,设计公平健康环保的食品体系

农业发展的历史大体上经历了原始农业、传统农业、现代农业三个阶段。现代农业中的石油农业以机械化、化学化、水利化、电气化为特点,导致存在能源消耗大、农药化肥使用多、生态环境破坏、食品安全等问题,③进而呼唤着绿色低碳循环农业、生态农业、有机农业、精致农业、可持续农业。

《欧洲绿色协议》指出,欧洲食品以安全、营养、高品质而著称,如今也应成为可持续性(sustainability)的全球标准。虽然目前已经开始向更加可持续的体系转型,但按照当前的生产模式为快速增长的全球人口提供食物依然是一项挑战。食品生产依然会造成空气、水与土壤污染,损害生物多样性,加剧气候变化,消耗大量自然资源,且造成严重的食物浪费。低质量饮食还会导致肥胖问题,引发癌症等疾病。如今,食品价值链中的经营者面临新的机遇。欧盟委员会于 2020 年春季将出台"从农场到餐桌"战略("Farm to Fork"Strategy),并将制定更可持续的食品政策。④

---

① EU,*The European Green Deal*,Part 2.1.4,2019.
② EU,*The European Green Deal*,Part 2.1.5,2019.
③ 梁吉义:《绿色低碳循环农业》,中国环境出版社 2016 年版,第 1 页。
④ EU,*The European Green Deal*,Part 2.1.6,2019.

（七）生态目标:保护与修复生态系统和生物多样性

《欧洲绿色协议》指出,生态系统为人类提供食物、淡水、清洁空气与住所等基本要素,能够减轻自然灾害、病虫害和疾病,有助于调节气候。但是,欧盟目前无法完成 2020 年最重要的几项环境目标,如《生物多样性公约》的"爱知目标"(Aichi Targets under the Convention on Biological Diversity)。欧盟及其全球合作伙伴需要阻止生物多样性的丧失。《生物多样性和生态系统服务政府间科学政策平台(IPBES)2019 年全球评估报告》显示,全球生物多样性丧失的最主要原因是人类对土地与海洋利用方式的变更以及对自然资源的直接开采,而气候变化是生物多样性丧失的第三大驱动因素。欧盟委员会将在 2020 年 3 月前提出"生物多样性战略"。①

（八）环境目标:实现一个无毒环境的零污染雄心

《欧洲绿色协议》指出,创造一个无毒的环境(toxic – free environment)需要采取更多的行动来防止污染的产生,并采取措施来净化和治理(clean and remedy)污染。为了保护欧洲市民和生态系统,欧盟需要更好地监测、报告、预防和治理来自空气、水、土壤和消费品的污染。为了实现这一目标,欧盟和成员国需要更系统地审视所有政策和法规。为了应对这些相互关联的挑战,委员会将于 2021 年通过一项关于空气、水和土壤零污染的行动计划。②

二、欧盟绿色可持续发展的行动举措

为实现欧盟绿色可持续发展的目标,《欧洲绿色协议》针对不同领域提出了不同的关键行动举措(见表 2 – 1)。现就不同领域的部分重要行动举措分述如下。

（一）气候目标的行动举措

1.提出《气候法》,制定和审查应对气候变化的法律政策工具

欧盟已经开始对经济进行现代化改造和转型,以实现气候中立(climate

---

① EU,*The European Green Deal*,Part 2.1.7,2019.
② EU,*The European Green Deal*,Part 2.1.8,2019.

neutrality）。为了明确规定有效和公平转型的条件，为投资者提供可预测性，并确保这一转型不可逆转，欧盟委员会将在 2020 年 3 月前提出第一部欧洲《气候法》（*Climate Law*），并把 2050 年气候中立目标载入立法中。《气候法》还将确保所有欧盟政策都有助于实现气候中立目标，并确保所有部门都发挥作用。为了实现这些额外的温室气体减排，欧盟委员会将审查并提议在必要时修订所有与气候相关的政策文件。这将包含碳排放交易体系（Emissions Trading System），①包括可能将欧洲碳排放交易扩展到新的部门行业、欧盟成员国在碳排放交易体系之外的部门减少排放的目标，②以及关于土地利用、土地利用变化和林业的法规。③

2. 确保税收与气候目标保持一致，修订《能源税指令》

这些政策改革将有助于确保整个经济中有效的碳定价。这将鼓励消费者和企业行为的改变，并有助于增加可持续的公共和私人投资。不同的定价工具必须相互补充，共同提供一个连贯的政策框架。确保税收与气候目标保持一致也是至关重要的。欧盟委员会将提议修订《能源税指令》（*Energy Taxation Directive*），④重点关注环境问题，并提议使用条约中的条款，允许

① Consolidated Version of Directive 2003/87/EC of the European Parliament and of the Council Establishing a Scheme for Greenhouse Gas Emission Allowance Trading within the Community and Amending Council Directive 96/61/EC. 欧洲议会和理事会第 2003/87/EC 号指令的整合版本，建立了共同体内部温室气体排放配额交易计划，并修订了理事会第 96/61/EC 号指令。

② Regulation （EU） 2018/842 on Binding Annual Greenhouse Gas Emission Reductions by Member States from 2021 to 2030 Contributing to Climate Action to meet Commitments Under the Paris Agreement and Amending Regulation （EU） No 525/2013. 欧盟 2018 年第 842 号规定（2018/842），规定了成员国从 2021 年至 2030 年有约束力的年度温室气体减排指标，有助于促进气候行动，以履行《巴黎协定》下的承诺，并对欧盟 2013 年第 525 号规定（No 525/2013）进行了修订。

③ Regulation （EU） 2018/841 on the Inclusion of Greenhouse Gas Emissions and Removals from Land use, Land use Change and Forestry in the 2030 Climate and Energy Framework, and Amending Regulation （EU） No 525/2013 and Decision No 529/2013/EU. 欧盟 2018 年第 841 号规定（2018/841），将土地利用、土地利用变化与林业产生的温室气体排放量和清除量纳入欧盟 2030 年气候和能源框架，并对欧盟 2013 年第 525 号规定（525/2013）和第 529 号决定进行了修订（No 529/2013）。

④ Council Directive 2003/96/EC Restructuring the Community Framework for the Taxation of Energy Products and Electricity. 欧盟理事会 2003 年第 96 号指令（2003/96/EC），对共同体的能源产品和电力税收框架进行了重组。

欧洲议会和理事会通过普通立法程序,通过有效多数投票而非全体一致通过这一领域的提案。

3. 实施碳边境调节机制,防止碳泄漏

欧盟认为,只要很多国际合作伙伴没有像欧盟一样的雄心壮志,就存在碳泄漏(carbon leakage)的风险,要么是因为生产从欧盟转移到减排雄心较低的其他国家,要么是因为欧盟产品被碳密集型进口产品所取代。如果这一风险成为现实,全球排放量将不会减少,这将阻碍欧盟及其行业实现《巴黎协定》全球气候目标的努力。

如果随着欧盟提高其气候雄心,而全球气候雄心水平的差异持续存在,欧盟委员会将为选定的部门提出一个碳边境调节机制(Carbon Border Adjustment Mechanism,CBAM),以减少碳泄漏的风险。这将确保进口价格更准确地反映其碳含量(carbon content)。这项措施将符合世界贸易组织规则和欧盟的其他国际义务,并成为应对欧盟碳排放交易体系中碳泄漏风险举措[①]的替代性方案。[②]

2021 年 7 月 14 日,欧盟委员会通过一份名为《减碳 55》(" *Fit for 55* ")的立法提案,旨在 2050 年实现碳中和,其核心内容是计划在 2026 年实施碳边境调节机制,即从 2026 年开始,分阶段对钢铁、水泥、化肥、铝和电力生产等行业的欧盟进口商的整个生产过程中的碳排放量进行征税,并给予此项机制为期五年的过渡期,同时设定于 2023 年至 2025 年,收集这些行业的进口商品碳排放数据。[③] 欧盟理事会的经济与金融事务委员会在 2022 年 3 月 15 日的会议上通过了欧盟的碳边境调节机制 CBAM 提案。[④]

---

① Such as the Free Allocation of Emission Allowances or Compensation for the Increase in Electricity Costs. 例如碳排放配额的无偿分配或对电力成本增加予以补偿。

② EU,*The European Green Deal*,Part 2. 1. 1,2019.

③ European Commision,"*Fit for 55*":*Delivering the EU's 2030 Climate Target on the Way to Climate Neutrality*,Document 52021DC0550,Brussels,Jul. 14,2021. https://eur – lex. europa. eu/legal – content/EN/TXT/? uri = CELEX:52021DC0550,2021 年 12 月 3 日访问。

④ Council of the EU,*Council Agrees on the Carbon Border Adjustment Mechanism*(*CBAM*),Brussels,Mar. 15,2022. https://www. consilium. europa. eu/en/press/press – releases/2022/03/15/carbon – border – adjustment – mechanism – cbam – council – agrees – its – negotiating – mandate/,2022 年 5 月 20 日访问。

4.实施气候变化适应战略,提出基于自然的解决方案

欧盟委员会将通过一项新的、更雄心勃勃的欧盟气候变化适应战略。这是至关重要的,因为尽管采取了缓解措施,但气候变化将继续在欧洲造成巨大压力。加强耐气候性(climate-proofing)、恢复能力建设(resilience building)、预防和准备工作至关重要。气候适应工作应继续影响公共和私人投资,包括基于自然的解决方案(nature-based solutions)。重要的是确保整个欧盟的投资者、保险公司、企业、城市和公民能够访问数据并开发工具,将气候变化纳入其风险管理实践。

(二)能源目标的行动举措

1.提高能效和能源系统脱碳(decarbonising the energy system)

《欧洲绿色协议》指出,必须将提高能效放在首位,必须建设一个主要以可再生能源为基础的电力部门,同时快速淘汰煤炭,并对天然气进行脱碳处理。

2.修订能源和气候规划

《欧洲绿色协议》要求成员国结合《能源联盟与气候行动治理条例》(*Regulation（EU）2018/1999 on the Governance of the Energy Union and Climate Action*)于2019年底前提交其修订后的能源和气候规划。

3.能源清洁转型并让消费者参与和受益

清洁能源转型应该让消费者参与并从中受益。可再生能源将发挥重要作用。在成员国之间区域合作的基础上,增加海上风力发电至关重要。可再生能源、能源效率和其他跨部门可持续解决方案的智能整合(smart integration)将有助于以尽可能最低的成本实现脱碳。可再生能源成本的快速下降,加上支持政策设计的改进,已经降低了可再生能源使用对家庭能源费用的影响。欧盟委员会将在2020年中期提出有助于实现智能整合的措施。同时,将促进天然气行业的脱碳,包括通过加强对脱碳天然气开发的支持、对竞争性脱碳天然气市场的前瞻性设计以及解决与能源相关的甲烷排放(methane emissions)问题等途径。

4. 解决能源贫困问题

《欧洲绿色协议》要求提供方案解决无力负担关键能源服务费用以确保基本生活水平的家庭陷入能源贫困(energy poverty)的风险。有效的方案例如为家庭翻新住房提供资金的计划,从而减少其能源开支并节能环保。

5. 加强智能基础设施(smart infrastructure)建设

向气候中立转型还需要智能基础设施,例如智能电网(smart grids)、氢能网络(hydrogen networks)或碳捕集封存和利用、储能(carbon capture, storage and utilization, energy storage)。[①]

(三)工业目标的行动举措

绿色制造的基本形式包括以 3R 原则(减量化、再使用、再循环)为特点的循环制造、以碳排放减量化为特点的低碳制造、以环境适应性共生性协同进化为特点的生态制造、以废旧产品生态利用为特点的绿色再制造等。[②]《欧洲绿色协议》提出的工业目标行动举措主要有以下内容。

1. 实施《欧盟工业战略》,并与循环经济行动计划相结合

为应对绿色和数字转型的双重挑战,2020 年 3 月,欧盟委员会将通过一项《欧盟工业战略》(EU industrial strategy)。循环经济行动计划包括一项"可持续产品"(sustainable products)政策,以及强化生产者延伸责任(extended producer responsibility)。

2. 资源密集型行业的转型

循环经济行动计划对各行各业的转型都具有指导意义,但行动将主要侧重于资源密集型行业(energy - intensive industries),如纺织、建筑、电子产品和塑料业。其中,欧盟委员会将基于 2018 年《塑料战略》采取后续行动,重点应对故意使用的微塑料(micro plastics)和无意释放的塑料(如纺织品和轮胎磨损释放的塑料)等问题。欧盟委员会将制定要求,确保到 2030 年欧盟市场上所有产品包装在经济可行的前提下都支持重复或循环使用。欧

---

① EU, *The European Green Deal*, Part 2.1.2, 2019.

② 张华、张旭美、赵刚:《绿色制造》,中国环境出版社 2017 年版,第 25—41 页。

委员会还将制定关于可生物降解塑料和生物基塑料（biodegradable and bio‐based plastics）的监管框架，并将采取有效措施处理一次性塑料（single use plastics）。

3.鼓励可重复使用、耐用和可维修的产品，鼓励绿色消费和绿色采购，减少"漂绿"现象

《欧洲绿色协议》提出，循环经济行动计划还将采取措施，鼓励企业提供并允许消费者选择可重复使用、耐用和可维修的产品。行动计划将分析"维修权"（right to repair）的需求，并限制预先设定产品尤其是电子产品的报废期限。

获取可信赖、可比较和可验证的商品信息，也可帮助买家在消费时选择更可持续的方案，降低遇到"漂绿"（green washing）的风险。提出"绿色声明"（green claims）的企业应采用标准方法来论证其承诺，并评估其对环境的影响。欧盟委员会将以监管及非监管手段，以应对虚假的绿色声明。数字化也有助于欧盟消费者获取在售产品的特性信息，例如，电子产品护照（passport）可以提供产地、成分、是否支持维修和拆卸以及废弃后如何处理的信息。包括欧盟机构在内的公共机构应以身作则，确保其采购是绿色的。欧盟委员会将提出关于绿色公共采购（green public purchasing）的进一步立法和指导。

4.加强绿色可持续原材料的供应，实现"零碳炼钢工艺"

《欧洲绿色协议》指出，资源获取也是实现绿色协议进程中的一个战略安全问题。因此，通过丰富初级和二级材料来源供应，保证可持续原材料的供应，特别是清洁技术、数字（digital）、空间（space）和国防（defence）应用所需的关键原材料的供应，是实现此次转型的先决条件之一。到2030年，欧盟工业需要一批"气候和资源先行者"（climate and resource frontrunners）在关键工业领域率先实现突破性技术的商用。重点领域包括清洁氢能、燃料电池和其他替代燃料、储能以及碳捕集、封存和利用等。例如，欧盟委员会将支持清洁钢突破性技术（clean steel breakthrough technologies），到2030年实现"零碳炼钢工艺"（zero‐carbon steel making process），并将研究欧洲煤

钢共同体下的部分清算资金是否可用。更广泛地说,欧盟碳排放交易体系创新基金将帮助部署此类大规模创新项目。

5.减少废弃物,并降低其对环境和气候变化的影响

欧盟将制定新的法规,包括设定目标和提出措施解决过度包装和废弃物的产生等问题,避免或尽量减少废弃物对环境和气候变化的影响。欧盟委员会还将提出一种欧盟废物单独收集模式。欧盟应停止向欧盟以外的国家及地区出口废弃物,重新审查废弃物运输和非法出口的规则。推动有强制再生成分要求的二次原料(例如包装、车辆、建筑材料和电池)市场的发展,鼓励从市场中的二次原材料和副产品中获益。

6.建立安全、可循环和可持续的电池价值链

欧盟委员会将继续实施《电池战略行动计划》(*Strategic Action Plan on Batteries*),并支持欧洲电池联盟(European Battery Alliance)。欧盟委员会将在 2020 年提出立法要求,以确保所有电池的安全、循环和可持续电池价值链,包括供应不断增长的电动汽车市场。

此外,《欧洲绿色协议》还提出要发挥数字技术的助推器作用,建立以可持续发展为核心的数字化部门等措施。①

(四)建筑目标的行动举措

建筑物的建设和维护占世界能源需求的很大比例。据估算,全世界每年有 1/6 的净水供应给建筑,建筑消耗 1/4 的木材,消耗 2/5 的材料和能源,同时建筑也影响水域,空气质量以及社会群体结构。② 根据美国绿色建筑协会提供的数据,美国的建筑物占到了美国总能源需求的 36%、总水量需求的 12% 和总温室气体排放量的 30%。建筑节能是建筑可持续发展的需要,它包含利用自然资源,创造"高舒适、低能耗"建筑的各个方面,是绿色居住建

---

① EU,*The European Green Deal*,Part 2.1.3,2019.

② David Malin Roodman and Nicholas Lenssen, *A Building Revolution*:*How Ecology and Health Concerns Are Transforming Construction*, Worldwatch Paper 124, Worldwatch Institute, Washington, DC; 1995.

筑的核心和重要的组成部分。①《欧洲绿色协议》提出的建筑目标行动举措主要有以下内容。

1. 掀起翻新浪潮并提高建筑翻新率

《欧洲绿色协议》提出，为了解决能源效率与可负担性这两大问题，欧盟与各成员国应该掀起公共与私人建筑的"翻新浪潮"（renovation wave）。虽然提高翻新率是一项艰巨的任务，但建筑翻新可以降低能源费用，减少能源贫困，还可以推动建筑业发展，为中小企业发展和当地就业提供支持。

2. 落实与建筑物能效相关的法律

首先，欧盟委员会将在 2020 年评估各成员国的国家长期翻新策略，②还会尝试将建筑物排放纳入欧洲碳排放交易体系，努力确保不同能源资源的相对价格能为节能释放正确信号。此外，欧盟委员会还将审查《建筑产品法规》（Construction Products Regulation），③并确保各个阶段的新建与翻新建筑物设计能够满足循环经济的需求，提高存量建筑的数字化水平（digitalisation）与耐气候性（climate‐proofing）。

3. 开展多方合作倡议与开放平台

欧盟委员会在计划与利益攸关者合作实施一项新倡议，具体内容包括建立一个开放平台，联合建筑和施工部门、建筑师和工程师以及地方政府，共同解决建筑翻新面临的障碍；在"投资欧洲"（InvestEU）框架下制定创新融资计划。这些措施的目标主要是住房协会或能源服务公司，这些公司可以开展改造，包括通过合同能源管理（energy performance contracting）等方式。

该计划的一个基本目标是将改造工作组织成更大的区块，以受益于更好的融资条件和规模经济。欧盟委员会也将取消各国限制出租和多所有权

---

① 古小东:《绿色社区评价指标体系的构建与应用研究》，中国科学院研究生院博士学位论文 2012 年，第 71 页。

② As Part of the Requirements under the Energy Performance of Buildings Directive. 属于《建筑能效指令》提出的要求之一。

③ Regulation（EU）No 305/2011 Laying Down Harmonised Conditions for the Marketing of Construction Products and Repealing Council Directive 89/106/EEC. 欧盟第 305/2011/EU 号法规：对建筑产品销售提出统一条件，同时废止欧洲理事会第 89/106/EEC 号指令。

(multi – ownership)建筑物能效投资的监管壁垒,重点关注保障性住房的翻新问题,为难以支付能源费用的家庭提供帮助。此外,因为建筑节能节省下来的费用会用于支持教育与公共卫生事业,因此欧盟委员会还会重点关注学校与医院的翻新工作。①

（五）交通目标的行动举措

1. 推动多式联运

多式联运(multimodal transport)可以提高交通运输系统的效率。欧盟委员会的工作重点之一是,将目前75%的内陆公路货物运输的绝大部分都转至铁路和内河运输。要实现这一目标,就要采取措施,更好地管理和扩大铁路与内河运输的运力。欧盟委员会将于2021年正式提出这一建议。同时也会考虑撤回旧提案并推出一项新提案,修订《联合运输指令》,②为包含铁路与水运(包括短途海运)的多式货物联运提供有效的支持工具。在航空业,欧盟委员会将重启实现真正的"单一欧洲天空"(Single European Sky)的提案,因为这有助于实现大幅航空减排。

2. 推进自动化与互联多式出行

自动化与互联多式出行(automated and connected multimodal mobility)将与通过数字化实现的智慧交通运输管理系统(smart traffic management systems)一同发挥更大作用。欧盟将会打造能够为新型可持续出行服务提供支持的交通运输系统与基础设施,减少交通拥堵与污染,尤其是在城市地区。欧盟委员会将利用"连接欧洲基金"(Connected Europe Facility)等融资工具,推动打造智慧交通运输管理系统与"出行即服务"(Mobility as a Service)的解决方案。

3. 审查交通运输的价格与补贴税收

《欧洲绿色协议》指出,交通运输的价格必须体现其对环境与健康的

---

① EU, *The European Green Deal*, Part 2.1.4, 2019.

② Proposal for a directive amending Directive 92/106/EEC on the establishment of common rules for certain types of combined transport of goods between Member States COM(2017) 648. 第 COM(2017) 648 号提案提出修订第 92/106/EEC 号指令:为各成员国之间联合货物运输的特定类型制定统一规则。

影响,应当取消化石燃料补贴。针对《能源税指令》的修订,欧盟委员会将认真审查当前包括航空与海运燃料在内的税收减免情况,以及如何尽量弥补任何存在的漏洞。同理,欧盟委员会计划提出将欧洲碳排放交易扩大至海运业,并减少无偿分配给航空公司的欧盟碳排放交易体系配额。此提议将与全球层面的行动相协调,特别是国际民用航空组织(ICAO)以及国际海事组织(IMO)。欧盟委员会还会从政治角度重新考虑如何在欧盟内实现有效的公路收费定价,并呼吁欧洲议会与理事会坚持其最初的《欧盟针对使用特定设施的重型货车的收费指令(Eurovignette 指令)》提案所设定的宏伟目标。① 必要时,欧盟委员会也会随时撤回这一提案,并提出其他替代措施。

4. 扩大可持续替代运输燃料的产量与部署

预计到 2025 年,欧洲零排放以及低排放汽车保有量将达到 1300 万辆,需要大约 100 万座公共充电站与加油站。欧盟委员会将支持一直以来在缺乏公共充电与加油站的地区部署此类基础设施的工作,尤其是长途旅行途经地区和人口稀疏地区,并尽快发起新的融资请求,对此提供资金支持。欧盟委员会将考虑采取立法措施,扩大不同交通运输模式的可持续替代燃料的生产和使用,还将审核《替代燃料基础设施指令》(*Alternative Fuels Infrastructure Directive*)②与《泛欧交通运输网络条例》(*TEN - T Regulation*),从而加快部署零排放与低排放的汽车和船舶。

5. 大幅减少交通运输污染,尤其是城市地区

《欧洲绿色协议》提出应采取一系列措施解决排放、城市拥堵问题,改善公共交通。欧盟委员会将提出更加严格的内燃机机动车空气污染物排放标准,还会提议在 2021 年 6 月之前修订小汽车和轻型商用车的二氧化碳排放标准法案,为自 2025 年起实现零排放出行(zero - emission mobility)提供明

---

① Proposal for a directive amending Directive 1999/62/EC on the charging of heavy goods vehicles for the use of certain infrastructure COM(2017) 275. 第 COM(2017) 275 号指令提案提出修订第 1999/62/EC 号指令:关于重型货车使用某些基础设施时需要缴费。

② Directive 2014/94/EU on the deployment of alternative fuels infrastructure. 欧盟第 2014/94/EU 号指令,提出部署替代燃料基础设施。

确的路径。与此同时,欧盟委员会还会考虑将欧洲排放交易应用于公路运输,作为对现有和未来车辆二氧化碳排放性能标准的补充。欧盟委员会将在海上运输方面采取行动,管制污染最严重的船只进入欧盟港口,强制停靠船只使用岸边(shore-side)电力。同样,还应通过减少飞机与机场运行造成的污染物排放,改善机场附近的空气质量。[①]

(六)农业与食品目标的行动举措

建立在可持续发展、绿色低碳循环、生态系统、食品安全伦理等多元理论基础上的可持续农业,是以高产、优质、高效、低耗为宗旨,以现代科技为支撑,以资源永续利用和保护生态环境为基础,满足当代人和后代人对食物需求的现代集约型农业。[②]《欧洲绿色协议》提出的农业与食品目标的行动举措主要有如下内容。

1. 重视共同农业与渔业政策并确保农民渔民的生计

《欧洲绿色协议》指出,欧洲农民与渔民是实现这一转型的关键所在。"从农场到餐桌战略"(Farm to Fork Strategy)将推动他们为应对气候变化、保护环境与生物多样性做出努力。共同农业与渔业政策(common agricultural and common fisheries policies)依然是支持这些努力的关键工具,同时确保农民、渔民及其家人生活得体面。欧盟委员会2021年至2027年共同农业政策提案规定,至少40%的共同农业政策总预算与至少30%的海洋渔业基金将会用于气候行动。

2. 实施可持续农业政策

欧盟委员会将确保有关各方按照稳健的气候与环境标准对这些战略计划实施评估。这些计划应该引导人们采取可持续的实践,如精准农业(precision agriculture)、有机农业(organic farming)、农业生态(agro-ecology)、农林复合(agro-forestry)及更加严格的动物福利标准(animal welfare standards)。通过将重点从合规转移到绩效(from compliance to performance),生态计划

---

① EU, *The European Green Deal*, Part 2.1.5, 2019.
② 梁吉义:《绿色低碳循环农业》,中国环境出版社2016年版,第68—82页。

(eco – schemes)等措施应奖励农民改善环境和气候绩效,包括管理和储存土壤中的碳、改进养分管理,进而改善水质和减少排放。欧盟委员会将与各成员国合作,开发可持续海产品作为低碳食品来源的潜力。

3. 战略计划的目标

这些战略计划需要提高以下两个目标:一是大幅减少和降低化学农药的使用及其风险;二是大幅减少化肥和抗生素的使用。欧盟委员会将通过利益攸关者对话,确定实现这些目标的必要措施,包括立法措施。"从农场到餐桌战略"也有助于实现循环经济,以及极大地促进可持续食品(sus-tainable food)的消费,促进生产全民可负担的健康食品,并提高农民在价值链中的地位。①

(七)生态目标的行动举措

1. 相关量化目标

在 Natura 2000 自然保护区网络的基础上扩大受保护的生物多样性丰富的陆地和海域的覆盖范围。各成员国也应加强跨境合作,更加有效地保护和修复纳入欧盟 Natura 2000 自然保护区网络的地区。

2. 相关立法提案与方案

欧盟委员会将制定包括立法在内的措施,帮助各成员国改善和修复受损的生态系统,包括富碳生态系统(carbon – rich ecosystems),使其达到良好生态的状态。生物多样性战略还将包括绿色欧洲城市和增加城市空间生物多样性的建议。欧盟委员会还会考虑起草自然修复方案,寻找能够帮助各成员国实现此目标的融资方式。

3. 欧盟的所有政策都应有助促进欧洲自然资本的保护与修复②

例如前述的"从农场到餐桌战略"致力于解决农业中农药和化肥的使用问题,共同渔业政策、海洋保护区致力于解决渔业生态系统问题,制定涵盖

---

① EU, *The European Green Deal*, Part 2. 1. 6, 2019.

② EU guidelines SWD (2019) 305 FINAL "EU guidance on integrating ecosystems and their services into decision – making". 第 SWD (2019) 305 号欧盟指导方针决议《欧盟关于将生态系统及其服务纳入决策的指南》。

整个森林生命周期的新的《欧盟森林战略》(EU forest strategy),促进森林提供多种生态服务。

欧盟委员会将基于《关于加强欧盟行动促进全球森林保护与修复政策文件》(Communication on Stepping up EU Action to Protect and Restore the World's Forests),①采取监管及其他措施,推广不涉及滥伐森林和森林退化的进口产品与价值链。

发展可持续的"蓝色经济"(blue economy)必须在缓解欧盟土地资源多重需求与应对气候变化方面发挥核心作用。欧盟委员会将分析联合国政府间气候变化专门委员会(IPCC)的海洋特别报告②的主要结论,提出针对海洋领域的措施,包括以更加可持续的方式管理海洋空间,尤其是帮助有关各方开发近海可再生能源日益增长的潜力。欧盟委员会还将对非法、未报告和无管制的捕捞活动(illegal, unreported and unregulated fishing)采取零容忍态度。③

(八)环境目标的行动举措

1.修复地下水与地表水的自然功能

这对于保护和恢复湖泊、河流、湿地和河口的生物多样性,以及防止和限制洪水造成的损害至关重要。

实施"从农场到餐桌战略"可以减少营养过剩造成的污染。此外,欧盟委员会将提出措施,用以解决城市径流污染和新产生的、特别有害的污染源问题,如微塑料(micro plastics)、化学品(包括药物)等。还需要解决不同污染物的复合影响(combined effects)。

2.打造更清洁的空气

欧盟委员会将借鉴当前空气质量立法的评估经验④,提出有助于加强监

---

① COM/2019/352 final. 第 COM/2019/352 号政策文件终稿。

② Special Report on the Ocean and Cryosphere in a Changing Climate.《气候变化中的海洋与冰冻圈特别报告》。

③ EU, *The European Green Deal*, Part 2.1.7, 2019.

④ Fitness check of the Ambient Air Quality Directives SWD(2019) 427.《第 SWD (2019) 427 号环境空气质量指令》的健康检查。

控①、建模和提高空气质量的规定,帮助地方政府打造更清洁的空气。值得注意的是,欧盟委员会还将提出修订空气质量标准,使其与世界卫生组织的建议更为一致。

3. 审查应对大型工业设施污染的措施

欧盟委员会将审查欧盟应对大型工业设施污染的措施。为此,欧盟委员会将审议立法涵盖的行业范围,以及考虑如何让其完全符合气候、能源、循环经济政策的要求。欧盟委员会也会与各成员国合作加强工业事故的防范。

4. 提出可持续化学品战略

为确保实现无毒环境,欧盟委员会将提出一项可持续化学品战略(chemicals strategy for sustainability),不仅帮助有关各方更好地保护公民与环境免受有毒化学品危害,还能鼓励开发安全、可持续的创新替代品。包括化学品行业在内的所有相关方应当齐心协力,共同加强健康与环境保护,提高全球竞争力,通过简化(simplifying)和强化(strengthening)法律框架来实现这一目标。欧盟委员会将审查如何更好地利用欧盟机构与科研单位,逐步实现"一物质一评估"(one substance – one assessment),并且在优先采取应对化学品的行动时提高透明度。与此同时,监管框架将需要快速反映关于内分泌干扰物、包括进口在内的产品中的危险化学品、不同化学品和极其持久性化学品的组合效应所构成风险的科学证据。②

总体而言,《欧洲绿色协议》以气候目标为导向、以绿色新政为抓手、以提高力度为载体、以保护气候为平台,抢占了人类道义的制高点,③具有目标清晰、内容全面、措施明确的特点。同时,由于欧盟成员国内部经济发展水平、产业结构、能源消费结构、财政资金能力等存在一定的差异,西欧、北欧的国家绿色转型相对容易,而波兰、罗马尼亚、保加利亚等国的绿色转型压力较大。④

----

① Including by making use of new monitoring opportunities provided by digitalization. 包括利用数字化创造的新监测机会。

② EU, *The European Green Deal*, Part 2.1.8, 2019.

③ 田丹宇、高诗颖:《〈欧洲绿色新政〉出台背景及其主要内容初步分析》,《世界环境》2020 年第 2 期。

④ 庄贵阳、朱仙丽:《〈欧洲绿色协议〉:内涵、影响与借鉴意义》,《国际经济评论》2021 年第 1 期。

第二节　欧盟实施绿色可持续金融的
方向与行动计划

　　相关研究认为,绿色投资的花费主要是发展资金和采购资金,前者是用于研发和发展低碳技术公司的商业化,后者是用于购买和推广这些技术。尽管《欧洲绿色新政》[①]需要大量的资金花费,从长远来看,《欧洲绿色新政》节省带来的收益都很可能超过其投资量,预计《欧洲绿色新政》每年带来的能源节约将达 2000 亿欧元乃至更多。[②] 为实现《欧洲绿色协议》的宏伟目标,《欧洲绿色协议》提出了绿色投融资、环保预算、研究创新、教育培训、评估监管等多个领域的措施,要求将可持续性纳入所有欧盟政策。[③] 就绿色投融资而言,《欧洲绿色协议》的实现需要满足巨大的投资需求。据欧盟委员会估算,若想实现当前 2030 年的气候与能源目标,每年还需 2600 亿欧元的额外投资,[④]约占 2018 年 GDP 的 1.5%。[⑤] 这种投资流动额需要保持一段时间。投资带来的巨大挑战要求有关各方动员公共和私营部门。为此,《欧洲绿色协议》提出了实施绿色可持续金融的方向和计划。[⑥]

---

　　① 《欧洲绿色新政》,即《欧洲绿色协议》。笔者注。

　　② 索尼·卡普尔:《绿色新政:欧洲走出危机的长期性、可持续计划》,申森译,《南京林业大学学报(人文社会科学版)》2014 年第 3 期。

　　③ EU, *The European Green Deal*, Part 2.2, 2019.

　　④ Communication "United in delivering the Energy Union and Climate Action – Setting the foundations for a successful clean energy transition" COM(2019) 285.《第 COM(2019) 285 号关于联合实施能源联盟与气候行动——为成功实现清洁能源转型奠定基础的政策文件》。

　　⑤ These estimates are conservative, as they do not consider, for instance, the investment needs for climate adaptation or for other environmental challenges, such as biodiversity. They also exclude the public investment needed to address the social costs of the transition and the costs of inaction. 这些估算均为保守估算结果,因为估算时未考虑气候适应性投资需求或其他环境挑战的投资需求,如生物多样性等。用于解决转型带来的社会成本和不作为成本的公共投资,也未计算在内。

　　⑥ EU, *The European Green Deal*, Part 2.2.1, 2019.

一、欧盟实施绿色可持续金融的方向

(一)绿色投融资

欧盟绿色投融资包括"可持续欧洲投资计划"(Sustainable Europe Investment Plan)、欧盟预算(EU budget)、"投资欧洲"基金(InvestEU Fund)、气候银行(climate bank)等多种方式途径。

欧盟未来七年的长期预算将为绿色转型提供资金支持。欧盟推出总额达 2 万亿欧元的"2021—2027 多年期财政框架"和"下一代欧盟"财政方案,其中 30% 的项目专注于支持气候行动;复兴与恢复基金总额达 7238 亿欧元(按当前价格计),旨在为各成员国的"下一代欧盟"国家复兴计划提供资金,其中的 37% 将用于资助气候行动。[①]

1. 可持续欧洲投资计划

欧盟委员会将提出"可持续欧洲投资计划",帮助有关各方满足额外的融资需求。此计划还会采用专项投资,用以支持可持续投资,并且提出方案改善有助于绿色投资的扶持框架。与此同时,开发一系列可持续项目也是至关重要的一步。技术援助与顾问服务可以帮助项目发起人鉴别、准备项目并获得融资渠道。

2. 欧盟预算

欧盟预算将发挥关键作用。欧盟委员会已经提出气候主流化(climate mainstreaming),要求欧盟所有项目预算的 25% 必须用于气候。欧盟预算在收入方面也有助于实现气候目标。欧盟委员会已经提出新的税收渠道("自有资源",Own Resources),其中一项来自于不可回收的塑料包装废弃物;第二项收入是将欧盟碳排放交易体系(EU Emissions Trading System,ETS)拍卖收入的 20% 划拨给欧盟预算。

欧盟碳排放交易体系(ETS)每年都会对碳进行标价,并会降低某些经济

---

① 许林玉:《欧洲绿色协议:经济和社会转型,以实现改善气候的雄心》,《世界科学》2021 年第 11 期。

领域的碳排放上限。在过去 16 年中,欧盟碳排放交易体系成功地将发电和高耗能行业的碳排放量降低了 42.8%。[①]

3."投资欧洲"基金

至少 30% 的"投资欧洲"基金将用于应对气候变化。此外,项目需要接受可持续性检验,检查其对气候、环境、社会目标的贡献。"投资欧洲"也允许成员国采用欧盟预算担保,帮助他们在本国境内或地区内完成与气候相关的共同政策目标等。"投资欧洲"也会强化与欧盟国家的开发银行和机构(NPBIs)进行合作,进而鼓励这些银行与机构全面开展绿色活动以实现欧盟政策目标。

此外,作为更新的欧盟碳排放交易体系的一部分,欧盟委员会还将评估创新基金和现代化基金(Innovation and Modernisation Funds)发挥的作用,这两个基金的资金均非来源于欧盟长期预算。目标是加强两个基金在全欧盟部署创新和气候中立解决方案时发挥的作用和效力。更新欧盟碳排放交易体系时,也会考虑将配额拍卖产生的额外收入划拨给欧盟预算,以期加强公正转型基金的融资。

4.气候银行

欧盟委员会还将与欧洲投资银行(EIB)集团、欧盟国家的开发银行与机构以及其他国际金融机构合作。欧洲投资银行制定的机构目标是,到 2025 年使自身的气候融资比重翻一番,从 25% 提高至 50%,由此成为欧洲的气候银行(climate bank)。[②]

(二)公正转型

1.公正转型机制

欧盟委员会将提出包括"公正转型基金"(Just Transition Fund)在内的"公正转型机制"(Just Transition Mechanism),从而实现"不让任何人掉队"

---

① 许林玉:《欧洲绿色协议:经济和社会转型,以实现改善气候的雄心》,《世界科学》2021 年第 11 期。

② EU,*The European Green Deal*,Part 2.2.1,2019.

(to leave no one behind)。这也是"可持续欧洲投资计划"的一部分。只有采用公平、包容的方式,才能真正实现转型。最脆弱的群体最容易受到气候变化与环境退化的不利影响。

2."公正转型机制"的重点

"公正转型机制"的重点是受此转型影响最大的地区和行业,因为它们的发展依靠化石燃料或碳密集工艺。此机制会利用欧盟预算和欧洲投资银行集团的资金,充分利用必要的私营和公共资源,对促进转向低碳、气候适应型的工作予以大力支持。此外,此机制还将力保受此次转型影响最大的市民和工人,为他们提供就业再培训计划,在新经济行业创造就业机会,或为他们提供节能住房。欧盟委员会将与各成员国和地区合作,帮助他们实施本国或本地区的转型计划。

3.公正转型的多途径实现

除欧盟针对与转型直接相关的项目预算之外,该机制连同"欧洲区域发展基金"(European Regional Development Fund)和"欧洲社会基金 + "(European Social Fund Plus)等也将予以大力援助。作为"可持续欧洲投资计划"的一部分,为了满足转型的长期融资需求,欧盟委员会将继续与相关合作伙伴一同寻求可动用的额外资源及相应的创新实施方案。

4.公正转型的多层面政策体现

社会公正合理转型的需求必须要在欧盟和国家层面的政策中得以体现。其中包括为受碳定价政策影响的国家提供可负担的解决方案,例如推行公共交通、解决能源贫困和进行再培训。针对多种运输模式征税的讨论表明,一致的气候与环境政策的一致性以及整体解决方案是保证公平的先决条件。对公司和雇员来说,积极主动的社会对话可以帮助他们预测变化,并有效应对。"欧盟学期"(The European Semester Process)的宏观经济协调也将有助于各国家就相关问题出台政策。

5.引导公私资金流向绿色领域

私营部门将成为绿色转型融资的关键。要想让资金直接流向绿色投资,避免资产套牢,就需要释放出长期信号。欧盟委员会将出台最新的可持续金融战略,其中包含一系列相关行动。第一,该战略将加强可持续投资的基础。这就需要欧洲议会和理事会采用方法对环境可持续发展的活动进行分类(taxonomy for classifying)。第二,投资者和公司将会获得更多商机,更容易辨识可持续性投资并确保其可信度。这些都可以通过在零售投资产品上清晰的标签和开发欧盟绿色债券标准来实现,此标准可以保证以最便利的方式进行可持续性投资。第三,气候与环境风险应当得到管控,并纳入金融体系中。这就意味着可以更好地将此类风险整合进欧盟审慎框架(EU prudential framework),并对绿色资产现有资本要求的适用性进行评估。欧盟也将审查金融体系帮助其增强应对气候和环境风险的能力,尤其是面临自然灾害带来的实质性风险和损失时。[①]

《欧洲绿色协议》还对国家预算绿色化(greening national budgets)并发出正确的价格信号(sending the right price signals),[②]鼓励研究促进创新,[③]激活教育和培训,[④]实现绿色誓言"不要伤害"(do no harm),[⑤]实现欧盟作为绿色"全球领导者"[⑥],以及呼吁立即行动共同努力制定《欧洲气候公约》(European Climate Pact)[⑦]等提出了相应的计划和措施要求。

二、欧盟实施绿色可持续金融的行动计划

欧盟委员会(European Commission)根据 2018 年 1 月 31 日欧盟高级别专家组(EU High - Level Expert Group,HLEG)最终报告实施建议,于 2018 年 3 月 8 日发布了《可持续增长金融行动计划(欧盟委员会[EC]2018)》(*Action Plan:Financing Sustainable Growth*, European Commission [EC] 2018),[⑧]简称

---

① EU,*The European Green Deal*,Part 2.2.1,2019.

② EU,*The European Green Deal*,Part 2.2.2,2019.

③ EU,*The European Green Deal*,Part 2.2.3,2019.

④ EU,*The European Green Deal*,Part 2.2.4,2019.

⑤ EU,*The European Green Deal*,Part 2.2.5,2019.

⑥ EU,*The European Green Deal*,Part 2.3,2019.

⑦ EU,*The European Green Deal*,Part 2.4,2019.

⑧ European Commission, *Action Plan:Financing Sustainable Growth*, Brussels, March 8, 2018 COM (2018) 97 final. 也有翻译为《可持续增长融资行动计划》,笔者注。

《行动计划》。其包括一份全面的支持性工具和资源清单,例如关于气候变化、环境和社会可持续活动分类(taxonomy)的建议,可持续金融产品的标准和标签(standards and labels),支持可持续基础设施,将 ESG 因素纳入市场研究和信用评级(credit ratings)的主流,探索公司治理如何更好地实现可持续融资(sustainable finance),欧洲监管当局(European Supervisory Authorities)加强对可持续性的监督等。

在与 PRI 签署方特别相关的建议中,《行动计划》建议:1. 明确机构投资者和资产管理人的职责——委员会建议在 2018 年第二季度引入主要立法(primary legislation)。其目的是通过确保机构投资者和资产管理人在投资过程中始终考虑 ESG 因素,增加 ESG 投资的资本流动(capital flows),并提高投资者如何将可持续性因素纳入其过程的透明度(transparency)。2. 将可持续性纳入金融工具和保险产品的适用性评估(suitability assessment)——委员会建议引入二级立法(secondary legislation),修订 2018 年第二季度的 MiFID II 和 IDD 授权法案(IDD delegated acts),以确保可持续性偏好被视为适用性评估的一部分。此外,欧盟委员会将邀请欧洲证券市场管理局(European Securities Markets Authority, ESMA)在其适用性评估指南中纳入可持续性条款,并在 2018 年第四季度前公布。3. 提高可持续性基准(sustainability benchmarks)的透明度——欧盟委员会建议在 2018 年第二季度引入二级立法,以提高可持续性基准及其方法和特征的透明度,这将进一步加强欧盟可持续性分类法(EU sustainability taxonomy)的工作。[①]

ESG 投资要求投资人把 ESG 因素与财务因素同时纳入考虑,其中消费者权益保护、反战、反种族歧视等社会议题出现最早,然后是污染、气候变化、生物多样性等环境议题,最后是企业财务会计舞弊、企业腐败等治理问题。2016年全球可持续投资联盟的统计数据显示,ESG 投资占基金管理人的专业管理资产的 26.3%。其中,欧盟占全部 ESG 投资总量的 52.6%,其次为美国占比

---

① European Commission, *Action Plan: Financing Sustainable Growth*, Brussels, March 8, 2018 COM (2018) 97 final, pp. 4—7.

为 21.6%,亚洲占比为 0.8% 居于末位,非洲缺乏数据未能统计。①

《行动计划》制定了一项全面战略,进一步将金融与可持续性联系起来。其包括以下十项关键行动,可分为重新调整资本流向更可持续的经济、将可持续性纳入风险管理主流、促进透明度和长期主义三大类。重新调整资本流向更可持续的经济、将可持续性纳入风险管理主流、促进透明度和长期主义也被视为《行动计划》建立的三大支柱。② 2018 年 3 月 8 日发布、2020 年 8 月 5 日更新发布的《可持续金融战略和实施可持续增长金融行动计划》(*Renewed sustainable finance strategy and implementation of the action plan on financing sustainable growth*)明确了以下三大类、十项关键行动计划。

(一)重新调整资本流向更可持续的经济(Reorienting capital flows towards a more sustainable economy)

1. 建立一个清晰详细的欧盟分类法(EU taxonomy),一个针对可持续活动的分类系统(classification system)

2020 年 6 月 18 日,《缓解和适应气候变化的分类规则》(the Taxonomy Regulation for climate change mitigation and adaptation)在官方公报(Official Journal)发表。该委员会目前正在编制 2020 年底气候变化目标授权法案(the delegated act on climate change objectives),③该法案将在一年后生效。计划于 2021 年底采用其他六个环境目标(水和海洋资源的可持续利用与保护、循环经济、污染预防与控制、生物多样性和生态系统的保护与恢复)(sustainable use and protection of water and marine resources, circular economy, pollution prevention and control and protection and restoration of biodiversity and ecosystems)的授权法案;基于可持续金融平台的建议——生效延迟一年。

2. 为绿色金融产品创建欧盟绿色债券标准和标签

根据技术专家组(TEG)的最终报告和可用性指南,欧盟委员会正在探

---

① 邱慈观:《可持续金融》,上海交通大学出版社 2019 年版,第 2—3 页。

② UNEP Finance Initiative, *Luxembourg Sustainable Finance Roadmap*, October 2018, p. 6.

③ 该授权法案现已制定公布。笔者注。

索制定自愿性的欧盟绿色债券标准(EU Green Bond Standard)。此外,欧盟委员会正在为零售投资产品制定欧盟生态标签(EU Ecolabel)。通过委员会决定,将 ECOLABEL 框架扩展到金融产品。

3. 促进对可持续项目的投资(Fostering investment in sustainable projects)

为了增加对可持续项目的投资,委员会将可持续金融框架和工具与"可持续欧洲投资计划"(Sustainable Europe Investment Plan)、InvestEU 和其他相关欧盟基金联系起来。InvestEU 方案旨在通过资金、技术支持和援助,并通过汇集投资者和项目推动者,支持四个政策领域:可持续基础设施,研究、创新和数字化,中小企业,以及社会投资与技能。

4. 将可持续性纳入财务建议(Incorporating sustainability in financial advice)

2019 年 1 月,欧盟委员会发布了关于投资顾问和保险分销商在向客户提供建议时应如何考虑可持续性因素的规则草案。对关于金融工具市场指令(MiFID II)和保险分销指令(IDD)的授权法案[delegated acts(for MIFID II and IDD)]进行了进一步调整,以使其与披露条例的最终版本保持一致。根据 EIOPA 和 ESMA 关于将可持续性风险纳入组织架构要求(organisational requirements)、风险管理程序(risk management procedures)和产品治理(product governance)的建议,委员会也将这些方面纳入了授权法案的文本中。

5. 制定可持续性基准(Developing sustainability benchmarks)

2018 年 5 月,欧盟委员会提出了修订基准法规(benchmark regulation)的法规提案。修正案将创建一个新的基准类别,包括低碳和积极的碳影响基准,这将为投资者提供有关其投资的碳足迹的更好信息。修订基准法规的法规于 2019 年 12 月 9 日在官方公报上发布。

(二)将可持续性纳入风险管理主流(Mainstreaming sustainability into risk management)

6. 在评级和市场研究中更好地融入可持续性(Better integrating sustainability in ratings and market research)

为了加强关于如何考虑 ESG 因素的披露,欧洲证券市场管理局(ESMA)

于 2019 年 7 月更新了其关于信用评级披露要求的指南,并于 2020 年 4 月开始检查信用评级机构如何应用这些新指南。此外,2019 年 12 月,欧盟委员会启动了一项关于可持续性评级和调研(sustainability ratings and research)的研究,该研究将探讨评级和市场调研中提供的产品类型、主要参与者、数据来源、方法的透明度以及市场中的潜在缺陷。

7. 明晰资产管理人和机构投资者在可持续性方面的职责(Clarifying as-set managers' and institutional investors' duties regarding sustainability)

2019 年 12 月 9 日,《金融服务业可持续性相关披露条例》(*the Regula-tion on sustainability – related disclosures in the financial services sector*)在官方公报上发表。欧盟金融服务委员会(Commission Services)目前正致力于实施立法,明晰欧盟金融服务收购(EU financial services acquis)中关键部分的投资者职责。

8. 在欧盟银行和保险公司审慎规则(prudential rules)中引入"绿色支持因素"(green supporting factor)

欧洲议会和理事会在关于银行降低风险措施(Risk Reduction Measures)的谈判中同意授权欧洲银行管理局(European Banking Authority, EBA)确定将 ESG 风险纳入监管机构审查和评估的原则和方法,以及探索引入更具风险敏感性的"绿色资产(green asset)"(即所谓的绿色支持因素, so called green supporting factor)处理方法的审慎合理性。

欧洲银行管理局于 2019 年 12 月 6 日发布了《可持续金融行动计划》(*Action Plan on Sustainable Finance*),其中解释了 EBA 授权的报告、建议、指南和技术标准的分阶段方法和相关时限(phased approach and associated time – lines)。

(三)促进透明度和长期主义(Fostering transparency and long – termism)

9. 加强可持续性披露和会计规则制定(Strengthening sustainability disclo-sure and accounting rule – making)

2019 年 6 月,委员会发布了关于报告气候相关信息的指南,其中包括对现有非财务报告指南的补充。在 2019 年 12 月 11 日关于欧洲绿色协议(European Green Deal)的通报中,欧盟委员会承诺在 2020 年审查非财务报告指令(non - financial reporting directive),作为加强可持续投资基础战略的一部分。根据这一承诺,委员会于 2020 年 2 月 20 日就 NFRD 的审查启动了公众咨询。

10. 促进可持续的公司治理并减少资本市场中的短期主义(Fostering sustainable corporate governance and attenuating short - termism in capital markets)

2019 年 2 月 1 日,委员会要求 ESMA、EBA 和 EIOPA 就金融部门对公司施加的不当短期压力提供建议。它们于 2019 年 12 月公布了调查结果,建议加强 ESG 因素的披露,以促进机构投资者的参与。

此外,司法和消费者总局(Directorate - General for Justice and Consumers)将启动两项与公司治理有关的研究,研究公司利益、董事会职责和可持续发展战略,以及关于人权和环境的尽职调查(due diligence)研究。①

相关研究表明,一般情况下 ESG 高的公司,其财务表现更好、市值更高;ESG 基金不一定有超高收益,预期收益可能更低,同时 ESG 会降低风险;投资人在投资影响力基金时,普遍能接受比一般基金低 3%—4%的回报率,从而换取该基金的社会效益。②

三、欧盟可持续增长金融行动计划的执行

《欧盟可持续增长金融行动计划》指出,应对气候变化、环境退化(environmental degradation)、资源枯竭(resource depletion)和社会可持续性(social sustainability)挑战的大胆而雄心勃勃的政策只有在正确的优先级和顺序(right prioritization and sequencing)下才能取得成功。

该行动计划特别强调了制定欧盟分类法(EU taxonomy)的重要性和紧迫

---

① EC Financial Stability, Financial Services and Capital Markets Union, *Renewed sustainable finance strategy and implementation of the action plan on financing sustainable growth*, https://ec. europa. eu/info/publications/sustainable - finance - renewed - strategy_en, First published on 8 March 2018 (last update on: 5 August 2020),2021 年 9 月 10 日访问。笔者翻译整理。

② 邱慈观:《可持续金融》,上海交通大学出版社 2019 年版,第 10—11 页。

性,该分类法将提供统一的定义,并提供有关可持续投资的可靠和可比信息。这是标准(standards)、标签(labels)、审慎要求校准(calibration of prudential requirements)和低碳基准使用(use of low – carbon benchmarks)等行动的先决条件。欧盟分类法也对公司披露或提供财务建议等行动的实施起到了补充作用。① 虽然分类学工作将在减缓气候变化(climate change mitigation)方面开始,但范围将逐步扩大到适应气候变化和其他环境问题,然后扩大到社会可持续性。这一方针反映了采取行动适应气候变化(climate change adaptation)和实现我们的长期气候和能源目标(long – term climate and energy targets)的紧迫性。

实施战略将非立法(non – legislative)行动和立法行动与新措施结合起来,并对现有规则进行有针对性的修订。除立法措施外,非立法措施将确保适应性(ensure adaptability),并将行政负担降至最低(minimise administrative burdens)。② 欧盟委员会将确保在相关影响评估、公众咨询和事后评估中,根据更好的监管指南和工具箱(Better Regulation Guidelines and Toolbox),③适当评估金融服务立法对可持续性的任何相关影响。

鉴于可持续发展所有领域所需的专门知识,该行动计划的顺利实施以及监测其三个主要目标的实现将需要适当的技术支持和坚实的治理结构。

在短期内,行动计划要求 ESAs 按照本战略建议的思路,通过执行特定任务,为其实施提供直接支持。值得注意的是,ESAs 应就如何在相关欧盟金融服务立法中有效考虑可持续性考量提供指导,并帮助确定现有差距。它们还应促进在欧盟法律中实施可持续性考量方面的趋同。欧盟委员会将在2020 年后的多年度财务框架中评估 ESA 的未来资源配置。短期内,ESA 应在识别和报告可持续性因素对金融稳定构成的风险方面发挥重要作用。这可以通过为相关情景分析制定共同的欧盟方法(common EU methodology)来

---

① Annex I illustrates the crucial role of the EU taxonomy for the various measures set out in this Action Plan.

② Annex II clarifies the timeline and sequencing of key measures set out in this Action Plan.

③ European Commission, https://ec. europa. eu/info/better – regulation – guidelines – and – toolbox _en, 2021 年 12 月 2 日访问。

实现,该方法随后可能演变为气候/环境压力测试(climate/environment stress testing)。

从长远来看,鉴于新的分类体系(taxonomy,又译为"分类法")对实施这一行动计划的影响,并确保随着时间的推移而适应,委员会将考虑建立一个更稳定的治理结构,一旦分类法的法律框架成立就可运作。该治理结构将是一个公私合作平台(public-private platform),将专家和市场参与者与公共部门机构聚集在一起,例如 ESAs、EEA、EIB(欧洲投资银行)和 Eurostat(欧盟统计局)。特别是,该平台将监测关键行动的发展,以确保欧盟可持续性分类法(EU sustainability taxonomy)的范围逐步扩大和适应性。随着时间的推移,它还可能执行实现本行动计划目标所需的其他任务。该平台还可以就未来的可持续金融行动向委员会提供建议,并将为决策者和其他相关利益攸关方提供一个中心论坛。通过提高认识和促进今后的工作,该平台将确保可持续性始终是政策设计的一个永久特征。①

第三节　欧盟《分类法条例》与《授权法案》

一、欧盟《分类法条例》

(一)欧盟分类法的内涵与意义

欧盟分类法(EU taxonomy)是一个分类系统,其建立了环境可持续经济活动的清单。它可以在帮助欧盟扩大可持续投资和实施《欧洲绿色协议》方面发挥重要作用。欧盟分类法将为公司、投资者和决策者提供适当的定义,使经济活动在环境上可持续。通过这种方式,它应该为投资者创造安全感,

---

① European Commission, *Action Plan: Financing Sustainable Growth*, Brussels, March 8, 2018 COM (2018) 97 final, pp. 11—12.

保护私人投资者避免被"漂绿",帮助公司变得更加气候友好(climate - friendly),缓解市场分裂(mitigate market fragmentation),并帮助将投资转移到最需要的地方。

(二)为什么需要制定欧盟分类法?

为了实现欧盟 2030 年气候和能源目标,并实现《欧洲绿色协议》的目标,必须将投资导向可持续项目和活动。当前的 COVID - 19 流行病增强了将资金转向可持续项目的必要性,以使我们的经济、商业和社会,特别是卫生系统,更能抵御气候和环境的冲击。为了实现这一目标,需要一种共同的语言和对什么是"可持续"进行明确定义。这就是为什么《欧盟可持续增长金融行动计划》呼吁建立针对可持续经济活动的共同分类体系,或称之为"欧盟分类法"(EU taxonomy)。

(三)欧盟《分类法条例》的制定与目标

《分类法条例》(Taxonomy Regulation)于 2020 年 6 月 22 日在欧盟官方公报上发表,并于 2020 年 7 月 12 日生效。它为欧盟分类法奠定了基础,规定了经济活动必须满足的四个总体条件,以符合环境可持续性。

《分类法条例》确立了六类环境目标,分别为:1. 减缓气候变化;2. 适应气候变化;3. 水和海洋资源的可持续利用与保护;4. 向循环经济转型;5. 污染防治;6. 生物多样性和生态系统的保护和恢复。为使一项活动对每个目标作出重大贡献,可能需要不同的手段。

(四)《分类法条例》与《授权法案》的关系

根据《分类法条例》,欧盟委员会必须通过授权法案为每个环境目标确定技术筛选标准,从而提出环境可持续活动的实际清单。第一个关于气候变化适应和减缓目标的可持续活动授权法案于 2021 年 4 月 21 日原则上批准,并于 2021 年 6 月 4 日正式通过共同立法者的审查。第二个关于其余目标的授权法案将于 2022 年公布。

伴随着欧盟委员会通过了关于《欧盟分类法、企业可持续性报告、可持续性履行和信托责任:将金融引导投向〈欧洲绿色协议〉》(EU taxonomy, *corporate sustainability reporting，sustainability preferences and fiduciary duties：Directing finance towards the European green deal*)的文件，该文件旨在传递关于可持续性金融工具箱如何促进转型融资的关键信息。这一交流建立在2021年3月可持续金融平台(the Platform on Sustainable Finance)采用的转型财务报告上。2021年7月6日，委员会补充了《分类法条例》第8条的代表法案。该授权法案规定了金融和非金融企业应披露的关于环境可持续经济活动在其业务、投资或贷款活动中所占比例的信息的内容、方法和呈现方式。

（五）关于核能评估(Assessment of Nuclear Energy)

在共同立法者就《分类法条例》达成政治协议后，欧盟委员会于2020年启动了深入工作，以评估是否将核能纳入欧盟环境可持续活动分类法。作为第一步，委员会内部科学和知识服务机构联合研究中心起草了一份关于核能"无重大损害"(do no significant harm)方面的技术报告。JRC的《科学促进政策》报告(Science for Policy report)，旨在为欧洲决策过程提供基于证据的科学支持。科学报告并不意味着欧盟委员会的政策立场。该报告已由两组专家审查，一是《欧洲原子能条约》(Euratom Treaty)第31条规定的辐射防护和废物管理专家组(Group of Experts on radiation protection and waste management)，二是关于环境影响的健康、环境和新风险科学委员会(Scientific Committee on Health，Environmental and Emerging Risks on environmental impacts，SCHEER)。

（六）关于分类指南针和可持续金融平台

欧盟委员会创建了一个IT工具"分类指南针"(taxonomy compass)，它将通过允许用户轻松浏览分类法的内容进而方便分类法的使用。

关于进一步发展的可持续金融平台。欧盟分类法的发展依赖于来自整个经济和市民社会的专家的广泛投入。这就是为什么可持续金融平台的任务是就进一步发展欧盟分类法、改进其可用性以及探索其扩展到社会目标、严重损害环境的活动或对环境中立的活动向欧盟委员会提供建议。可持续金融平台是根据《分类法条例》设立,并常设委员会专家组。

(七)筹备工作:专家组的最后报告

为了告知其关于行动计划的工作,包括关于欧盟分类法的工作,欧盟委员会于 2018 年 7 月成立了一个可持续金融技术专家组(TEG)。在《分类法条例》的框架内,专家组被要求就经济活动的技术筛选标准提出建议,这些经济活动可对减缓和适应气候变化作出重大贡献,同时避免对其他四项环境目标造成重大损害(水和海洋资源的可持续利用与保护、向循环经济的过渡、污染预防和控制、生物多样性和生态系统的保护与恢复)。

2020 年 3 月 9 日,TEG 发布了其关于欧盟分类法的最终报告(Taxonomy:Final report of the Technical Expert Group on Sustainable Finance)。[①] 该报告包含了与欧盟分类法总体设计相关的建议,以及关于公司和金融机构如何使用和披露欧盟分类法的广泛实施指南。该报告由一份技术附件进行补充,其中包括:(1)更新了 70 项缓解气候变化活动和 68 项适应气候变化活动的技术筛选标准,包括对其他环境目标无重大损害的标准;(2)更新了方法部分,以支持关于技术筛选标准的建议。[②]

二、欧盟《授权法案》

(一)制定背景

根据《分类法条例》,欧盟委员会必须通过《授权法案》(Delegated Acts,DA)为每个环境目标定义技术筛选标准(Technical Screening Criteria,TSC),制定环境可持续活动清单。2021 年 4 月公布的第一个分类气候授权法案制定了标准,以评估近 80 个气候变化减缓活动和近 100 个气候变化适应活动

[①] EU Technical Expert Group on Sustainable Finance, *Taxonomy:Final report of the Technical Expert Group on Sustainable Finance*, March 2020, https://ec. europa. eu/info/sites/default/files/business_economy_euro/banking_and_finance/documents/200309 – sustainable – finance – teg – final – report – taxonomy_en. pdf, 2022 年 1 月 15 日访问。

[②] EU taxonomy for sustainable activities, https://ec. europa. eu/info/business – economy – euro/banking – and – finance/sustainable – finance/eu – taxonomy – sustainable – activities_en, 2021 年 10 月 1 日访问。

的环境表现,包括跨越六个环境目标没有显著损害标准(do – no – significant – harm criteria)。该标准涵盖了近80%的直接温室气体排放(direct GHG e-missions)。

欧洲理事会批准了《欧盟分类法气候授权法案》(DA),确认在欧盟法律中采用技术筛选标准(TSC),对气候变化缓解和适应目标做出重大贡献。经过多年的工作和跨部门合作,这是欧盟可持续金融议程的一个重要里程碑。它还为确保欧盟分类法的完整性提供了重要动力,所有气候标准保持客观和技术中立(technology – neutral)。

(二)《气候授权法案》通过的意义

《气候授权法案》的通过是一项重大成就,主要原因如下。

首先,投资者和公司可以从2022年开始按照欧盟分类法进行报告,以满足SFDR和《分类法条例》即将出台的披露要求。

其次,其为市场提供了一个明确的环境绩效基准(environmental perform-ance benchmark),为投资者、公司和其他利益相关者设定了共同语言。重要的是,它为能源部门的发电设定了一个技术中立的性能阈值(performance threshold),即$100gCO_2e/kWh$对气候缓解的实质性贡献(substantial contribu-tion)(根据TEG的建议),以及$270gCO_2e/kWh$对气候缓解的重大危害(si-gnificant harm)。

最后,其为欧盟更新的可持续金融战略中的其他重要立法举措提供了基础,这些举措与可持续性报告、基于可持续性履行的金融建议、可持续性主题金融产品的标签和标准有关。

《授权法案》的通过也为确保欧盟分类法的完整性提供了重要动力。为了对投资者有用,欧盟分类学技术筛选标准必须按照《分类法条例》的要求,以现有的最佳科学证据(best available scientific evidence)为基础。具体而言,气候授权法案的发电阈值(thresholds for electricity generation)应在未来的授权法案中予以维持。削弱或调整标准将破坏《分类法条例》的可信度和实用性,并有可能造成搁浅资产和加速气候风险,最终损害欧洲储户和公民的利益。

当然,《授权法案》不是一成不变的,而是一个随着时间推移与技术进步不断演变完善的"活性"和"动态"的文件。为了确保全过程的科学性,欧盟委员会 2020 年建立了一个名为"可持续金融平台"的长期专家组,由来自各界的最佳可持续力量组成。[①] "可持续金融平台"在前文也有述及。

(三)关于涵盖化石燃气发电和核能的可能性

针对关于制定补充授权法案以包括化石燃气发电(fossil gas – fired power)和核能的猜测,PRI 发布了一份立场文件,探讨替代立法解决方案,以确认这些部门在转型中可以发挥的作用,没有根据欧盟可持续分类法将其标记为固有的可持续活动(sustainable activities)。

PRI 首席执行官 Fiona Reynolds 指出,"采用第一套欧盟分类标准(EU Taxonomy criteria)是一项重大成就,因为它首次将关于哪些活动以及在多大程度上是环境可持续的共识纳入法律。现在至关重要的是,欧盟分类技术筛选标准仍然以现有的最佳科学证据为基础。PRI 将关注可能涵盖核能(nuclear energy)和天然气(gas – fired power)的第二次授权法案。欧盟委员会的任何建议都应考虑到投资者需要客观的标准。欧盟决策者应优先考虑在转型中发挥作用的活动,例如通过扩展欧盟可持续分类法(EU Sustainable Taxonomy)"。[②]

由于欧洲电力成本的飙升,以及欧盟内部成员国之间存在争议,例如法国、芬兰等国支持核能和欧洲南部、东部一些国家支持天然气,原定于 2021 年秋季出台的分类法推迟。[③]

2022 年 2 月 2 日,欧盟委员会原则上批准了一项《补充性气候授权法案》(Complementary Climate Delegated Act),包括在严格条件下欧盟分类法涵

---

① 吴昌华:《欧盟引领全球绿色金融发展进入新阶段》,《可持续发展经济导刊》2021 年第 5 期。

② UNPRI, EU taxonomy – PRI welcomes adoption of first climate delegated act. https://www. un-pri. org/policy – reports/eu – taxonomy – pri – welcomes – adoption – of – first – climate – delegated – act/ 9153. article(2021 年 12 月 9 日),2021 年 12 月 10 日访问。笔者翻译整理。

③ 迈赫林·汗、萨姆·弗莱明,《欧盟将推迟决定是否把核能和天然气归为绿色能源》,《英国金融时报》2021 年 10 月 20 日。

盖的经济活动清单中的特定核能和天然气能源活动。具体天然气和核活动的标准符合欧盟气候和环境目标,将有助于加速从固体或液体化石燃料(包括煤炭)向气候中立未来的转变。《补充性气候授权法案》以上述委员会函件中所作承诺和下文所述核能评估为基础。其于 2022 年 3 月 9 日以所有欧盟官方语言正式通过,并于 3 月 10 日转交共同立法者审查。① 欧盟委员会提议,根据旨在帮助消除金融业"漂绿"行为(greenwashing)的全面规定,将核技术和某些形式的天然气列为"绿色能源来源",属于可持续投资。但这遭到一些科学家的抨击,认为将有可能破坏欧盟的气候目标。该提议在欧盟内部也产生了争议。法国作为欧洲最大的核电国家,希望对核技术贴上可持续的标签,认为符合保护气候变化的要求。但奥地利和卢森堡的反核政府则准备对欧盟委员会向欧洲法院提起诉讼。他们认为,可持续金融要求确保金融市场真正地服务于可再生能源的替代品。核能虽然没有碳足迹(carbon footprint),但会产生辐射风险的有毒废料,违反了欧盟"不造成重大损害"(do no significant harm)的环境原则。在德国,反核的绿党与更支持天然气的自由民主党之间也存在分歧。气候变化机构投资者组织也警告称,把天然气纳入绿色标签将带来"不必要的麻烦"。② 可见,绿色分类标准在欧盟内部尚有一定的争议,或许可以采取妥协的方案,将核能和天然气贴上"琥珀"(amber)标签而不是"绿色"标签,从而防止分类变得"过于二元"(too binary)。③ 由于欧洲议会(European Parliament)议员围绕提案的严格程度存在较大的冲突和不一致,欧洲议会投票否决了气候立法的关键部分,使欧盟

---

① EC, EU taxonomy for sustainable activities, https://ec. europa. eu/info/business – economy – euro/banking – and – finance/sustainable – finance/eu – taxonomy – sustainable – activities_en,2022 年 6 月 8 日访问。

② 迈赫林·汗:《科学家抨击欧盟给天然气和核能贴上"绿色"能源标签》,《英国金融时报》2022 年 1 月 21 日;迈赫林·汗、丹尼尔·董贝:《欧盟可持续金融规则或面临法律挑战》,《英国金融时报》2022 年 1 月 24 日。

③ 迈赫林汗、萨姆·弗莱明:《欧盟将推迟决定是否把核能和天然气归为绿色能源》,《英国金融时报》2021 年 10 月 20 日。

(EU)大幅消减碳排放的气候雄心受到一定的打击。① 由此也可以看出,尽管分类方案本应基于科学,但与政治干预、经济形势乃至国际地缘政治有着密切的关系。

本章首先结合 2019 年《欧洲绿色协议》文本分析了欧洲实施绿色可持续金融的目标。《欧洲绿色协议》是为应对环境与气候挑战的一项新的增长战略,为可持续的未来促进经济转型,改善当前和未来民众的生活质量,并要求实施绿色投融资、环保预算等政策。《欧洲绿色协议》提出了实现碳中和、经济转型、民生福祉与可持续发展的目标,以及相关的计划举措。《欧洲绿色协议》以及其他法律政策的相关规定是欧洲实施绿色可持续金融的目标,具体包括气候、能源、工业、建筑、交通、食品、生态和环境八大领域,具体为提高欧盟的气候雄心并实现碳中和、提供清洁安全和可负担的能源、推动工业向清洁循环经济转型、以高能效和高资源效率方式建造和翻新建筑、加快向可持续与智慧出行转变、"从农场到餐桌"设计公平健康环保的食品体系、保护与修复生态系统和生物多样性、实现无毒环境和零污染的雄心。

欧盟实施绿色可持续金融的方向主要为绿色投融资和公正转型。绿色投融资方面包括"可持续欧洲投资计划"、欧盟预算、"投资欧洲"基金、气候银行等方式途径。公正转型包括"公正转型基金"在内的"公正转型机制",从而实现"不让任何人掉队",并明确提出了"公正转型机制"的重点、多途径实现、多层面政策体现以及引导公私资金流向绿色领域。

欧盟委员会 2018 年发布的《可持续增长金融行动计划》建议明确机构投资者和资产管理人的职责、将可持续性纳入金融工具和保险产品的适用性评估、提高可持续性基准的透明度。《行动计划》制定了一项全面战略,进一步将金融与可持续性联系起来,分为重新调整资本流向更可持续的经济、将可持续性纳入风险管理主流、促进透明度和长期主义三大类,以及十项关

---

① 艾丽斯·汉考克、哈维尔·埃斯皮诺萨:《欧洲议会否决部分气候提案,欧盟绿色议程遭遇挫折》,《英国金融时报》2022 年 6 月 9 日。

键行动。重新调整资本流向更可持续的经济、将可持续性纳入风险管理主流、促进透明度和长期主义也被视为《行动计划》建立的三大支柱。

欧盟分类法是一个分类系统,其建立了环境可持续经济活动的清单。它可以在帮助欧盟扩大可持续投资和实施《欧洲绿色协议》方面发挥重要作用。欧盟分类法将为公司、投资者和决策者提供适当的定义,使经济活动在环境上可持续。通过这种方式,它应该为投资者创造安全感,保护私人投资者避免被"漂绿",帮助公司变得更加气候友好,缓解市场分裂,并帮助将投资转移到最需要的地方。《分类法条例》于2020年6月22日在欧盟官方公报上发表,并于2020年7月12日生效。它为欧盟分类法奠定了基础,规定了经济活动必须满足的4个总体条件,以符合环境可持续性。《分类法条例》确立了六类环境目标:减缓气候变化;适应气候变化;水和海洋资源的可持续利用与保护;向循环经济转型;污染防治;生物多样性和生态系统的保护与修复。

根据《分类法条例》,欧盟委员会必须通过授权法案为每个环境目标确定技术筛选标准,从而提出环境可持续活动的实际清单。第一个关于气候变化适应和减缓目标的可持续活动授权法案——《欧盟分类法气候授权法案》,于2021年4月21日原则上批准,并于2021年6月4日正式通过了共同立法者的审查。其确认在欧盟法律中采用技术筛选标准,对气候变化缓解和适应目标做出实质性贡献。经过多年的工作和跨部门合作,这是欧盟可持续金融议程的一个重要里程碑。它还为确保欧盟分类法的完整性提供了重要动力,所有气候标准保持客观和技术中立。尽管分类方案本应基于科学,但与政治干预、经济形势乃至国际地缘政治有着密切的关系。

第三章　卢森堡绿色可持续金融法律政策

本章主要对卢森堡发展绿色可持续金融的基础条件、目标、战略、关键举措、贡献成效、路线建议等进行介绍和分析,为我国完善制定绿色可持续金融法律政策、进一步深化发展绿色可持续金融提供经验借鉴。

第一节　卢森堡发展绿色可持续金融的基础

卢森堡发展绿色可持续金融的基础包括其政治社会稳定,法律制度健全创新,国小民富经济发达,金融业发达开放程度高,地理位置优越辐射力强,拥有掌握多种语言的高素质人才且社会保障体系完善,具有政治、法律、经济、地理、社会、人才等多方面的优势;且制定了一系列优惠政策鼓励金融业企业进驻、发展,使得卢森堡具备了优越、宽松的金融环境,在税收政策和营商环境等方面也具有一定的优势。

一、政治法律经济地理社会人才优势

（一）政治社会稳定

卢森堡全名为卢森堡大公国,是欧洲大陆现今仅存的大公国。卢森堡实行议会民主制度下的世袭君主立宪制,大公作为象征性元首,党派之间协

商一致,历届政府均是民主选举、平稳过渡,政局稳定,国家经济政策保持高度的延续性。卢森堡拥有西欧发达国家中独特的政府、雇主代表和工会三方协商机制,有利于避免社会冲突,使其成为多年来经合组织国家中罢工天数最少国家。卢森堡稳定的政局和经济社会环境对商业金融发展有利。首都卢森堡市连续多年被联合国评为"世界最安全城市"。卢森堡也属于创新驱动型国家,在世界三大评级机构的主权评级中,卢森堡评级均为最优,持续被各大信用评级机构评定为 AAA 级。[1]

(二)法律制度健全创新

卢森堡法律制度健全,制定了符合所有类型国际金融特点的法律、监管和税务框架以及保护投资者的文化和严格的反洗钱政策。以分层基金(Layered funds)为例,分层的基金结构已经被证明是从各类投资者处收集足够资产的最佳措施,这也有利于实现基金的使命。分层基金可以根据不同的风险/回报情况,来区分不同的股东类别。这也使分层基金能够满足公共和私人投资者的需求。公共投资者的首次损失责任将通过创造低风险环境以吸引私人投资。有超过 60 亿美元的资产投资于总部设在卢森堡的分层基金。

林业和气候变化基金(The Forestry and Climate Change Fund)是卢森堡政府发起的最新举措,该基金的部分首次亏损由气候和能源基金以及财政部投资来担保。这一开创性的影响力基金旨在证明,在次生热带雨林和退化的热带雨林中的可持续林业能够产生经济、生态和社会价值,这将有利于地貌的健康;有利于人类减缓并适应气候变化;还有利于地方经济发展。2018 年 7 月,卢森堡为绿色担保债券建立了一个法律框架,这在全球尚属首次。[2]

(三)国小民富经济发达

卢森堡 2018 年 GDP 增长比欧盟平均水平高出 3.9%;公共债务水平极

---

[1]　商务部国际贸易经济合作研究院、中国驻卢森堡大使馆经济商务处、商务部对外投资和经济合作司:《对外投资合作国别(地区)指南——卢森堡(2020 年版)》,2020 年 11 月,第 4—12 页。

[2]　UNEP Finance Initiative, *Luxembourg Sustainable Finance Roadmap*, Luxembourg, October 2018, p. 20.

低,仅占 GDP 的 21.4%。① 据世界银行数据,2019 年卢森堡第一产业、第二产业、第三产业占 GDP 的比例分别为 0.23%、11.77% 和 88%。2019 年 1 月卢森堡人口总量约 61.39 万,虽然其国土面积狭小,仅为 2586 平方公里,资源匮乏,98% 的能源靠进口;但国小民富,2019 年卢森堡实际 GDP 达 711.06亿美元,人均 GDP 高达 11.58 万美元。卢森堡人均 GDP 连续多年排名世界第一,是高度发达经济体。②

(四)地理位置优越辐射力强

卢森堡地处欧洲中心位置、西欧十字路口,西部和北部与比利时接壤,东部和北部与德国接壤,南部与法国接壤,辐射近 5 亿欧盟客户,交通物流网络发达,跨境贸易、投资和就业活跃。作为欧盟重要的成员国之一,卢森堡是欧盟委员会服务机构、欧洲审计院、欧洲法院、欧洲投资银行、欧洲投资基金以及欧洲议会秘书处所在地。③

(五)金融业发达开放程度高

金融业、钢铁业和广播电视业是卢森堡经济的三大支柱产业。卢森堡是欧洲重要金融中心,实施严格的银行保密法,私营银行业务高度发达,在资金出入方面没有特殊限制。卢森堡的金融服务业发达,有理财、审计、税务等咨询服务专业。卢森堡的保险服务完善,便于风险投保。卢森堡金融业涉及的产品系列齐全,服务高度发达,私人银行、公司金融、资产担保债券、证券化、国际退休基金、投资基金等均有涉及,且当地开发的保险(再保险)产品出口活跃。卢森堡金融中心的市场开放程度、发展程度高,是世界最重要的金融中心之一,全球第二大基金管理中心和欧元区最大私人银行

---

① Luxembourg for Finance, *Sustainable Finance*, Luxembourg, October 2020, p.21.

② 商务部国际贸易经济合作研究院、中国驻卢森堡大使馆经济商务处、商务部对外投资和经济合作司:《对外投资合作国别(地区)指南——卢森堡(2020 年版)》,2020 年 11 月,第 2、4、13—14页。

③ 商务部国际贸易经济合作研究院、中国驻卢森堡大使馆经济商务处、商务部对外投资和经济合作司:《对外投资合作国别(地区)指南——卢森堡(2020 年版)》,2020 年 11 月,第 2、12 页。

业务中心,具有为绿色可持续金融尤其是气候金融提供合适环境的基础。[①]

卢森堡成为国际金融中心的成功原因除了前述的政治经济社会稳定、法律健全、税务优惠外,还包括以下原因。第一,拥有数十年来与国际客户交流和跨境服务客户过程中所积累的经验。第二,拥有最先进的信息技术基础设施,使得金融中心快捷、安全且具有极高的可信度。第三,公共部门和私营部门之间的牢固的工作关系。这些因素吸引了世界各地的银行、保险公司、投资基金发起人、主权财富基金、公司银行和专业服务提供商,使卢森堡成为欧盟国际金融服务和产品的主要枢纽。

(六)拥有掌握多种语言的高素质人才且社会保障体系完善

据欧盟统计局数据,欧盟单位劳动力生产率排名中,卢森堡多年来稳居第一位。在卢森堡工作的白领大都通晓三种以上语言,有约40%雇员将英语作为主要工作语言。卢森堡社会保障体系完善,费率较低(雇主方承担约12%)、覆盖面广和高福利成为吸引人才的关键要素。[②]

二、税收政策和营商环境优势

税收政策和营商环境在经济产业发展中具有极其重要的作用。卢森堡作为中立国,保持着持续稳定的金融发展环境。在高盛发布的"发展环境指数"调查报告中,卢森堡名列榜首。[③] 卢森堡政府制定了一系列优惠政策鼓励金融业企业进驻、发展,使得卢森堡具备了优越、宽松的金融环境。

(一)税收体系制度

卢森堡的税法借鉴了大部分德国税法的内容。与大部分欧盟国家一样,卢森堡实行以所得税和增值税为核心的税收体系,外国公司和外国人与卢森堡的法人和自然人一样同等纳税,但非居民纳税税率普遍较低。

---

① 商务部国际贸易经济合作研究院、中国驻卢森堡大使馆经济商务处、商务部对外投资和经济合作司:《对外投资合作国别(地区)指南——卢森堡(2020年版)》,2020年11月,第12—15页。

② 商务部国际贸易经济合作研究院、中国驻卢森堡大使馆经济商务处、商务部对外投资和经济合作司:《对外投资合作国别(地区)指南——卢森堡(2020年版)》,2020年11月,第12—13页。

③ 杨苏红:《多元文化铸就国际金融中心》,《上海金融报》2008年3月7日。

卢森堡税收水平在欧盟国家中较低,公司税平均税率为21%,公司增值税为17%(欧洲最低水平)。个人所得税边际税率最高为43.6%。卢森堡税收采用属人税制兼具属地税制。

卢森堡的主要税种包括四种直接税和十余种间接税。直接税为个人所得税、公司所得税、市镇商业税、净资产税;间接税有增值税、继承税、保险税、注册税、抵押税、不动产税、印花税、消费税、车辆税、高速公路税等税种。此外,卢森堡市镇政府还有多种行政税费。

卢森堡主要税收部门分工如下:直接税由国家税务局管理征收,部分间接税(主要是增值税、印花税、注册税)由国家注册和财产局管理征收,海关关税和有关商品消费税由海关管理征收,不动产税等一些市镇税费由所在市镇政府管理征收。

企业的纳税年度为日历年或在某一特定的日历年结束的会计年度。纳税申报表应于纳税年度次年3月31日前提交。经纳税人请求,可延长提交的截止期限。自雇个人必须按季度预付税款,税款由税务机关根据近期的最终评税来确定。逾期缴纳将产生每月0.6%的滞纳利息。未能提交纳税申报表或者逾期提交都将被处以应纳税款10%的罚金,但不超过1239.47欧元。如果税务机关认定属于逾期缴纳,罚金费率为每月由0至0.2%不等。①

从纳税角度来看,卢森堡的表面税率偏高,其并不是以低税率来吸引外资银行,而是通过免征存款利息和债券投资利息预提税、计提取大量的呆账准备金等灵活方式降低税负。就存款利息税而言,德国居民需要缴纳30%,法国为39%,比利时为13%,卢森堡对其境内外居民的存款利息则是免征税收。该政策导致大量资金涌向卢森堡,银行则通过吸收存款提高经营收益。② 就离岸金融业务而言,卢森堡征收企业所得税和印花税。其中,企业所得税允许有大量的税前扣除,包括国家不设具体提取比例由银行自行决定的呆账准备金、在税前最高可以提取80%—90%的国家风险准备金、国家

---

① 商务部国际贸易经济合作研究院、中国驻卢森堡大使馆经济商务处、商务部对外投资和经济合作司:《对外投资合作国别(地区)指南——卢森堡(2020年版)》,2020年11月,第37—41页。
② 姚华:《卢森堡为什么能够成为国际金融中心》,《国际金融》1995年第2期。

不作具体比例规定由银行自行决定的税前折旧。税前扣除的量大,且金融机构财务安排操作灵活,卢森堡运用税收弹性成为低税收国家,非常有利于金融业发展。[①]

总体而言,卢森堡经济开放,税收政策优惠,重视自由贸易和保护投资,与77国签订避免双重征税协定,已签署超过93份双边投资保护条约,使其成为全球的主要投资目的地和投资中转国,是全球最理想的投资场所。根据2018年《营商环境报告》,卢森堡在缴税便利度方面全球排名第21位;总税率20.2%,全球排名第20位,欧盟内税率最低;税务处理时间每年55小时,全球排名第5位,欧盟内用时最短。根据世界银行2020年全球《营商环境报告》,在190个国家(地区)中,卢森堡综合排名第72位。[②] 卢森堡实行外汇兑换与资本流动的自由政策,也是欧盟第一个通过国家立法支持发展离岸基金业务的成员国,其投资基金享受低费率和低税收等优惠政策。[③]

(二)金融环境

1. 外汇管理

卢森堡没有外汇管制,资金可以自由调拨,但有较完善的金融监管体系和反洗钱体系。在卢森堡注册的外国企业可在卢森堡银行自由开设外汇账户,自由将合法税后利润汇出;在卢森堡工作的外国人,其合法税后收入可全部转出。卢森堡规定携带1万欧元以上的现金出境需要申报。卢森堡政府对于包括分红、资本汇回、利息、外债偿还、租赁费用、特许经营费用以及管理费用等资本项目没有任何管制。资金汇出通常在24小时内完成。[④]

2. 融资贷款利率

2016年4月,卢森堡家庭消费者的消费贷款利率为1.7%(1—5年),

[①] 李顺骅:《卢森堡、马德拉、开曼三个离岸金融地的税收考察》,《涉外税务》1997年第3期。
[②] 商务部国际贸易经济合作研究院、中国驻卢森堡大使馆经济商务处、商务部对外投资和经济合作司:《对外投资合作国别(地区)指南——卢森堡(2020年版)》,2020年11月,第13页。
[③] 商务部国际贸易经济合作研究院、中国驻卢森堡大使馆经济商务处、商务部对外投资和经济合作司:《对外投资合作国别(地区)指南——卢森堡(2020年版)》,2020年11月,第46页。
[④] 商务部国际贸易经济合作研究院、中国驻卢森堡大使馆经济商务处、商务部对外投资和经济合作司:《对外投资合作国别(地区)指南——卢森堡(2020年版)》,2020年11月,第23—24页。

2.52%（5 年以上），住房贷款利率为 1.72%（1 年以下）；非金融机构的贷款利率为 1.72%（100 万欧元以下）、0.91%（100 万欧元以上）。①

3. 私密性与量身定做

卢森堡的私人银行服务历史悠久，且与瑞士一样具有两大特点：私密性与量身定做。卢森堡制定了严格的银行保密法，投资者或者储户的利益至上。除非涉及司法调查，各银行无权向政府、国际组织等任何机构泄露客户的个人信息、资金来源等资料，否则要承担相应的法律责任，例如罚款、判刑。② 为避免受到国际社会对其"洗钱"的指责，卢森堡已经通过完善相关立法并建立有效措施，防止非法组织的军火买卖、毒品交易、拐卖人口等金钱在卢森堡实现表面合法化，如有发现将扣押所获的全部收入。③ 因此，很多外国银行到卢森堡开设分支机构，做一些在本国国内不方便或者不能开展的金融业务。④ 此外，卢森堡实行存款担保制度，从而保护存款客户的利益。⑤

（三）证券市场发展概况及其法律税收政策

1. 卢森堡证券市场发展概况

卢森堡证券交易所的成功主要应归功于稳定的法律及监管体制、庞大的金融体系和具有吸引力的税收政策。卢森堡证券交易所成立于 1929 年，以专业、高效著称，并在发行国际债券、投资基金及全球存托凭证领域拥有良好声誉。截至 2016 年底，卢交所的证券总数已经超 37000 只。卢森堡证券交易所产品中 67% 为债券，18% 为基金产品，另有 14% 的权证和 1% 的股票。与纽约、伦敦证交所相比，卢森堡证券交易所是世界公认的债券发行领导者，是欧洲债券的"晴雨表"。自 2005 年开始，卢森堡证券交易所经营两大市场：受欧盟管制的市场和受交易所管制的市场。

卢森堡是欧洲离岸人民币中心，核心业务集中在证券投资，包括点心

---

① 商务部国际贸易经济合作研究院、中国驻卢森堡大使馆经济商务处、商务部对外投资和经济合作司：《对外投资合作国别（地区）指南——卢森堡（2020 年版）》，2020 年 11 月，第 27 页。

② 杨苏红：《多元文化铸就国际金融中心》，《上海金融报》2008 年 3 月 7 日。

③ 冯晓雁：《世纪之交的卢森堡金融市场》，《国际金融》1999 年第 11 期。

④ 李顺骅：《卢森堡、马德拉、开曼三个离岸金融地的税收考察》，《涉外税务》1997 年第 3 期。

⑤ 姚华：《卢森堡为什么能够成为国际金融中心》，《国际金融》1995 年第 2 期。

债、人民币合格境外投资者(RQFII)基金以及人民币投资基金等三大领域。据卢森堡证券交易所数据显示,截至2016年上半年,卢森堡上市交易的点心债共有81只,总规模为335亿元人民币。在亚洲市场之外,卢森堡已经成为点心债发行的第一大离岸中心。最大的点心债发行人包括中国银行、加拿大不列颠哥伦比亚省政府、德意志银行、大众汽车和世界银行等。

在RQFII基金方面,截至2016年上半年,卢森堡注册的RQFII基金总体资产管理规模为6.72亿欧元,爱尔兰、法国和英国注册的RQFII基金资产管理规模分别为0.29亿欧元、0.32亿欧元和0.34亿欧元。卢森堡在2015年4月获得了500亿元人民币的RQFII份额。

在人民币投资基金领域,截至2016年上半年,卢森堡投资基金持有人民币计价资产规模为1743亿元人民币,其中权益性资产总量为1440亿元人民币,债券性资产总量为295亿元人民币。卢森堡金融推广署的报告显示,目前卢森堡基金约占投资于中国内地全球资产的三分之一。[①]

2. 卢森堡投资基金

据卢森堡金融推广署统计,卢森堡的资产管理规模超过3.4万亿欧元,是欧洲最大的投资基金中心,在全球仅次于美国。卢森堡基金占全球资产的23%,占投资中国大陆的欧洲资产的68%。

投资载体分类。卢森堡投资基金载体主要可以分为UCITS(undertakings for collective investment in transferable securities,集体投资机构)第一部分、UCITS第二部分、专业化投资基金(SIF)及养老基金。基金注册发行需卢森堡金融监管委员会CSSF审批并受其监管,其资产必须托管于某一卢森堡金融机构。

投资基金的法律形式。投资基金可通过以下三种形式:一是普通合同基金(FCP,非公司形式,由特别的管理公司管理);二是浮动股本投资公司(SICAV);三是固定股本投资公司(SICAF)。后两者以投资公司(一般为股

---

① 商务部国际贸易经济合作研究院、中国驻卢森堡大使馆经济商务处、商务部对外投资和经济合作司:《对外投资合作国别(地区)指南——卢森堡(2020年版)》,2020年11月,第27—28页。

份有限公司)形式设立。

集体投资机构(UCITS)。根据卢森堡 2002 年 12 月 20 日关于集体投资机构的法律(UCI 法),UCITS 第一部分规定项下的证券集体投资机构具有"欧盟护照",即在欧盟某一成员国审批后,不需再由目标市场审批,可在欧盟范围内自由发行股票或股份,仅在销售文件形式上由目标市场国家监管机构进行审查。UCITS 第二部分规定项下的证券集体投资机构需在每一个目标市场所在成员国审批。需卢森堡金融监管委员会 CSSF 审批后方可发行相应基金。UCITS 免征所得税、净资产税,其分红、清算盈余、利息支付等免征预扣税,每年缴纳年度注册税(0.05%),按每季度结尾净资产额计算。

卢森堡专业化投资基金(SIF)。SIF 是卢森堡特有的集体投资机构形式,操作灵活,面对机构投资者、专业投资者或投资额达 125 万欧元以上的投资者。它通过资本、债务和隐蔽性融资工具进行融资。SIF 税制与 UCITS 基本相同,年度注册税更加优惠(0.01%)。向 SIF 提供管理服务免征增值税,非卢森堡居民投资者的利得免税(6 个月内实质性控股的股本收益除外)。[①]

3. 风险资本投资公司(SICAR)

基本形式。风险资本投资公司可通过股份公司或有限责任公司等常见公司形式设立,最低股本为 100 万欧元,公司以债务或资产形式进行风险投资,投资不必上市,公司由 CSSF 审批并受其监管,其资产必须托管于某一卢森堡金融机构。

税收制度。SICAR 适用公司税,但其来自投资股本或私有资产投资的所得免征所得税,SICAR 不适用公司净资产税和预扣税,非居民所获的分红亦免税。[②]

[①] 商务部国际贸易经济合作研究院、中国驻卢森堡大使馆经济商务处、商务部对外投资和经济合作司:《对外投资合作国别(地区)指南——卢森堡(2020 年版)》,2020 年 11 月,第 28—29 页。

[②] 商务部国际贸易经济合作研究院、中国驻卢森堡大使馆经济商务处、商务部对外投资和经济合作司:《对外投资合作国别(地区)指南——卢森堡(2020 年版)》,2020 年 11 月,第 29 页。

4.控股公司

卢森堡为吸引外国投资,规定了三类控股公司形式(1929控股公司、家族资产管理公司和卢森堡控股公司),鼓励金融投资,实行多项税收减免。因1929控股公司已被家族资产管理公司取代,以下重点介绍后两类公司的相关规定和优惠制度。

(1)家族资产管理公司(SPF)。面向私人财产管理,并不要求股东之间存在家族关系。可通过有限责任公司、股份公司等形式设立,适用于普通公司法,注册不需事先审批。SPF投资范围可包括股份、基金、期货券和结构性金融产品等,但不得直接进行房地产投资、提供贷款或涉及其他公司管理,通常不进行任何形式的商业活动,其股份不得公开发行。SPF的股东需具有以下资格之一:一是管理本人私人财产的个人、家庭或个人组成的投资俱乐部;二是代理个人的机构,如信托、个人基金会等;三是代表上述两者的中介机构。

关于面向SPF的税收制度,SPF可免征公司所得税、市镇商业税、净资产税和个人提成税,一般无需进行增值税登记,仅需付注册税(包括注册和修改章程时的75欧元/案;税率为0.25%的年注册税,上限12.5万欧元)。SPF受银行保密法保护,但由于其已享受前述税收优惠,不得享受避免双重征税条约和欧盟母子公司税收优惠指令有关优惠。另外,SPF如对其非卢森堡居民的非上市公司控股,每年所获收入不得超过其分红收入总额5%。

(2)卢森堡控股公司(SOPARFI)。SOPARFI为卢森堡特有控股公司,除控股或业务,还可从事其他工商活动,如贷款(同一集团内)、房地产、专利开发管理。它按一般商业注册进行,其章程中拟定的工商活动需取得相应的营业执照。SOPARFI主要优势在于可充分享受卢森堡与外国签订的避免双重征税协定和由欧盟母子公司税收优惠指令的有关优惠。在卢森堡注册的SOPARFI在满足以下全部条件时,对于其子公司获得的分红收入可免预扣税:母公司为在卢森堡注册控股公司,对国外子公司控股超过10%或控股额高于120万欧元;子公司所在地所得税制相似;连续控股时间12个月以上。对与卢森堡签署有避免双重征税协定的国家(地区)及欧盟内国家,如在卢森堡控股公司为子公司,相应满足上述条件的,母公司从该控股公司获得的分红收入免征预扣税。①

基于上述包括"软环境"在内的诸多优势,世界经济论坛《2019 年全球竞争力报告》显示,卢森堡在全球最具竞争力的 141 个国家和地区中,排第 18 位;世界银行《2020 年营商环境报告》显示,2020 年卢森堡营商便利度在 190 个国家和经济体中,排名第 72 位。卢森堡是世界第八大金融投资中心,首都卢森堡市被誉为"金融之都",高峰期拥有 199 家银行、3833 只基金,管理的基金资产高达 2 万亿欧元,人均银行数世界第一,是全球第二(仅次于美国)、欧洲最大的基金管理中心。②

第二节　卢森堡发展绿色可持续金融的目标

卢森堡是一个具有创新性和社会参与性(innovative and socially en-gaged)的金融中心,其准备承担国际社会责任,并致力于在全球绿色可持续金融尤其是应对气候变化的斗争中发挥关键作用。卢森堡有一个全面的国内气候融资议程,并决心实现《巴黎协定》和联合国可持续发展目标。此外,卢森堡还坚持履行其对联合国的承诺,一直将其国内生产总值的 1% 用于发展援助。③

一、推动可持续发展议程

卢森堡金融中心创建了一个金融系统,其非常适合为负责任的投资筹集国际资本。同时,在促进制定专门针对支持可持续金融的倡议和金融工

① 商务部国际贸易经济合作研究院、中国驻卢森堡大使馆经济商务处、商务部对外投资和经济合作司:《对外投资合作国别(地区)指南——卢森堡(2020 年版)》,2020 年 11 月,第 29—30 页。

② 商务部国际贸易经济合作研究院、中国驻卢森堡大使馆经济商务处、商务部对外投资和经济合作司:《对外投资合作国别(地区)指南——卢森堡(2020 年版)》,2020 年 11 月,第 13 页。

③ Luxembourg for Finance, *Sustainable Finance*, Luxembourg, October 2020, p.7.

具方面,该系统也处于世界领先地位。同时该金融系统具有有限但高度专业的人才、反应迅速和有决心的参与者,其决策过程灵活而简短。卢森堡正受益于可持续金融举措的先发优势(first-mover advantage),积极参与着国际和欧盟层面的一些倡议,进而推动可持续发展的政治议程。作为国际金融的平台,卢森堡金融部门通过可持续金融也可以产生重要的倍增效应。

第一,卢森堡是可持续发展金融中心国际网络(International Network of Financial Centres for Sustainability, FC4S)的成员。

第二,卢森堡中央银行(Banque Centrale du Luxembourg, BCL)是金融系统绿色化的央行与监管机构网络(The Central Banks and Supervisors Network for Greening the Financial System, NGFS)的成员,该网络旨在实现金融体系的绿色化。

第三,卢森堡政府作为欧盟成员国可持续金融专家组成员,积极参与欧盟层面的讨论。

第四,卢森堡证券交易所积极为欧盟层面的各种工作组作出贡献,如欧盟可持续金融技术专家组(TEG),还担任联合国可持续证券交易所倡议下属的绿色金融咨询委员会(UN Sustainable Stock Exchanges Initiative's Green Finance Advisory Committee)主席。

第五,"气候变化标签"(LuxFlag)贴标机构一直积极参与一些技术小组,这些技术小组致力于将绿色标签集合起来。

第六,卢森堡银行及银行家协会(The Luxembourg Banks and Bankers Association, ABBL)是欧盟银行业联合会可持续金融激励和约束工作组(The EU Banking Federation Group on Incentives and Disincentives for Sustainable Finance Working Group)的主席。[①]

二、应对气候变化

气候变化问题属于联合国可持续发展目标涵盖的问题之一,即第十三

---

① UNEP Finance Initiative, *Luxembourg Sustainable Finance Roadmap*, Luxembourg, October 2018, p.18.

个可持续发展目标。但其影响是全球性的,范围大、影响深远,因而受到特别的关注和重视。

卢森堡财政部长皮埃尔·格拉美亚(Pierre Gramegna)强调,气候变化是我们这个时代所面临的挑战,其后果是全球性的,将影响到我们所有人和我们的下一代。因此,只有按照《巴黎协定》商定的共同的应对措施,才能成功地消除其影响。《巴黎协定》承认,在向低碳和气候智慧型(climate smart)的未来转型的过程中,金融必须发挥关键作用。私营和公共部门的大量投资不仅将为应对气候变化的斗争提供资金,而且还将帮助各国实现其可持续发展目标。作为欧洲主要的金融中心之一,卢森堡已经在调动私人和公共资本方面发挥了重要作用,这将帮助世界各国政府和投资者缓解气候变化所带来的影响。

卢森堡环境部长卡罗尔·迪施泰因(Carole Dieschbourg)指出,世界正在改变,但却不一定是以可持续的方式。气候变化、土地退化、生物多样性丧失、空气和水污染加剧、贫穷和移民只是我们今天都需要面对的部分挑战。为应对我们的巨大负担并承担相应的责任,2015 年 9 月,国际社会通过了《2030 年可持续发展议程》(*Agenda 2030 for Sustainable Development*),随后于 2015 年 12 月通过了气候变化《巴黎协定》(*Paris Agreement on Climate Change*)。《巴黎协定》是有史以来第一个具有普遍性和法律约束力的全球气候协议。它包含三个主要目标:第一个是将全球气温上升限制在远低于 2 摄氏度的水平,目标是将这一上升进一步限制在 1.5 摄氏度,这将大大减少气候变化的影响。第二,该协议旨在加强各国应对气候变化带来的不可避免的影响的能力。必须保证适当的资金流动,以实现这些雄心勃勃的目标。第三个目标是气候金融(climate finance)和我们经济的去碳化(decarbonization)。《巴黎协定》特别载有发达国家的承诺,即制定到 2020 年能够使得国际气候金融领域达到每年 1000 亿美元的路线图,以安抚发展中国家。此外,《巴黎协定》概述了 2020 年后金融体制的主要原则,其中最引人注目的是更为雄心勃勃的 2025 年集体金融目标(collective finance target)。人们经常指出,光靠公共财政是不够的,私人投资将为在 2020 年实现每年 1000 亿美元的目标作出巨大的贡献。但投资新的气候金融远远不够。数以万亿计的美元/欧元需要从高碳投资转向低碳替代品。这就是为什么"使资金流动与实现低温室气体排放和气候适应型发展的途径相一致"被认为是《巴黎协定》的一个关键目标。这无疑是决策者向企业和投资者发出的强烈信号。

但是,除气候变化及其不利影响外,还有更多问题需要在《2030年可持续发展议程》的框架下解决。《2030年可持续发展议程》要求审查现有的融资模式和工具,并开始采取更可持续的行动。这就是卢森堡接受绿色金融,并且成为该领域的欧洲领导者的原因。卢森堡具备成为可持续金融领域领军者的所有先决条件,即:通过建立良好的国际金融中心,通过结合专业技能和知识,通过其敢于面对挑战的精神以及其采纳并确定创新且成功的解决方案的能力,卢森堡能够提供一个熟悉的、可信的和反应迅速的监管和法律框架。

联合国环境规划署执行主任埃里克·索尔海姆(Erik Solheim)也指出,2018年气候变化严重影响到了世界各国。在许多国家打破了热浪纪录的同时,其他国家正与洪水和干旱作斗争,甚至连北极最厚的冰川也开始融化。我们生活在一个史无前例、变幻莫测的时代。气候变化正在对人类健康、环境和经济产生深远影响。在我们努力把握变化的规律的同时,金融体系需要更好地应对气候风险。以牺牲环境为代价获得收益是弊大于利的,其不过是短期的收益。世界各国都认识到可持续金融在推动地球可持续未来方面的关键作用。欧盟《可持续增长金融行动计划》强调向低碳经济转型,是朝着正确方向迈出的重要一步。可持续金融对实现可持续发展目标绝对至关重要,因为它有助于创造价值,提高经济效率,促进繁荣和包容,并将确保地球能够继续繁荣地发展。①

全人类是气候变化的"普遍所有者(Universal Owners)"。如果投资的短期收益最大化将导致空气污染、水源恶化、土地退化、气候变化,甚至造成人

---

① UNEP Finance Initiative, *Luxembourg Sustainable Finance Roadmap*, Luxembourg, October 2018, pp. 2—4.

类不平等,将没有什么好处。①

第三节　卢森堡发展绿色可持续金融的
战略与关键举措

卢森堡制定了全面综合的绿色可持续金融战略尤其是气候金融战略,并实施一系列的关键举措,推进绿色可持续金融。

一、绿色可持续金融战略与气候金融战略

卢森堡绿色可持续金融战略的内容主要体现在其气候金融战略中。卢森堡有一个全面的国内气候金融议程,并决心实现第 21 届联合国气候变化大会的《巴黎协定》和联合国可持续发展目标。自 2015 年以来,政府和金融服务业一直在一个专门的气候金融工作组(Climate Finance Task Force)中进行合作。2018 年,卢森堡与联合国环境规划署金融行动机构(UNEP FI)合作起草了《卢森堡可持续金融路线图》(*Luxembourg Sustainable Finance roadmap*),通过利用卢森堡作为国际金融中心的固有优势,进一步构建、实施和发展综合可持续的金融战略。②

卢森堡金融推广署(Luxembourg for Finance)2019 年 11 月发布的《可持续金融》(*Sustainable Finance*)指出,这一代人面临着前所未有的挑战。联合国的可持续发展目标包括消除贫穷和分配全球资源,但消除贫穷和分配全球资源都依赖于一个先决条件的实现:制止全球变暖。只有每个国家、公司和家庭都准备着为实现低碳的全球经济作出贡献,应对气候变化才能取得成功。2015 年由 185 个国家签署并于次年在马拉喀什批准的《巴黎协定》标志着可持续金融的一个转折点。该协议的前提是,每年需要动员 1000 亿美

---

① 　[美]卡里·克劳辛斯基、尼克·罗宾斯:《绿色金融:可持续投资的国际经验》,于雅鑫、李鉴墨译,东北财经大学出版社 2017 年版,第 174 页。

② 　Luxembourg for Finance, *Sustainable Finance in Action*, Luxembourg, September 2019.

元,到 2030 年共需要动员 1 万亿美元,以便将全球变暖控制在 2℃以下。政府无法单独为所有目标提供资金,而这正是金融部门可以发挥重大作用的领域。通过致力于可持续金融,金融部门可以产生重要的倍增效应(multiplier effect)。

卢森堡近年在金融市场开发了专门为实现可持续发展目标筹集资金的金融工具。由于公共、私营和民间社会部门之间的密切合作,卢森堡一直走在这一领域的前列。欧洲投资银行(European Investment Bank,EIB)是世界上最大的贷款机构,也是公私合作投资项目的专家,它的存在进一步激励了当地可持续金融生态系统的发展。卢森堡金融中心建立了一个系统,该系统特别适合为负责任的投资筹集国际资本。①

卢森堡完全致力于实现向可持续经济的转型并努力协助其他国家向可持续的全球经济转型,因此卢森堡制定了一项协调一致的气候金融战略,以帮助推动国际公共和私营部门的投资。

自 2015 年以来,卢森堡政府和卢森堡金融服务业一直在一个专门的气候金融工作组中合作,实施一项连贯、全面的气候金融战略,其双重目标是以有意义的方式为国际社会应对气候变化作出贡献,并巩固卢森堡作为国际气候金融中心的作用。卢森堡努力实现金融中心行动主体、金融中心的气候政策和卢森堡发展援助(Luxembourg Development Aid)之间的互补与合作。除了政策一致性原则外,卢森堡通过严格适用国际气候金融(International Climate Finance,ICF)和政府开发援助(Official Development Assistance,ODA)之间的附加性原则,以在国际舞台上脱颖而出。

卢森堡对国际气候金融的承诺是以发展中国家的缓解行动(mitigation action)、适应行为和 REDD +②行动为目标,重点扶助政府开发援助伙伴国中的最不发达国家和小岛屿发展中国家。这些资金是卢森堡政府开发援助的新增资金(自 2009 年以来达到国民总收入 GNI 的 1%)。卢森堡政府设立的

---

① Luxembourg for Finance, *Sustainable Finance*, Luxembourg, October 2020, p.13.

② REDD +是指减少发展中国家毁林和森林退化所造成的温室气体排放量,并进行森林可持续管理以及保护和加强森林碳储量。笔者注。

气候与能源基金也正在支付与国际气候变化框架有关的款项。

卢森堡制定了气候金融战略,以促进利用国际公共和私营部门的投资。该战略(包括分配卢森堡国际气候金融承诺的标准)由卢森堡可持续发展与基础产业部在 2017 年发布(Luxembourg, Ministère du Développement Durable et des Infrastructures Département de l'Environnement[MDDI]2017)。以捐赠、股票、特殊资本(例如风险特殊资本、初始特殊资本、耐心资本①)和担保(如首次损失)的形式提供国际气候金融(ICF),并补足卢森堡政府开发援助提供的技术支持。2018 年卢森堡财政部长指出,卢森堡气候金融战略建立在以下四个关键向量(key vectors)之上。

一是巩固和利用卢森堡现有的可持续金融专长,推动和发展绿色交易所的气候金融能力。2016 年,卢森堡证券交易所推出了卢森堡绿色交易所(Luxembourg Green Exchange,LGX),这是世界上第一个专门上市 100% 绿色债券的平台。卢森堡在分层基金(layered funds,也称为"结构化基金")方面有着丰富的经验,可以为混合融资提供一个理想的平台,从而将公共和私人投资引导到可持续项目中。

二是与欧洲投资银行(卢森堡—欧洲投资银行气候金融平台)和国际金融公司(Amundi Planet Emerging Green One(EGO)基金)等气候金融领袖建立战略伙伴关系。卢森堡政府提供了首次损失担保,以减轻私营部门投资者的风险。它将与欧洲投资银行共同投资专门为减缓和适应气候变化提供资金的投资基金,特别是那些对发展中国家的投资基金。作为国际金融公司(IFC)的战略合作伙伴,卢森堡政府为国际金融公司的绿色基石债券基金支持计划(Green Cornerstone Bond Fund Support Programme)作出了贡献。国际金融公司管理着这一技术援助计划,以补充 Amundi Planet Emerging Green One(EGO)基金,该基金是全球最大的专注于新兴市场的绿色债券基金。该基金还将贴上 LuxFlag 的标签,并在卢森堡绿色交易所上市交易。

---

① "patient capital"一般翻译为"耐心资本",是长期资本的另一个名称。有了耐心的资本,投资者或赞助者愿意对企业进行某种类型的投资,而不期望迅速获利。笔者注。

三是通过标准和专用标签确保气候金融领域的质量控制。2016 年，标签机构 LuxFLAG 推出了一个新的气候金融质量标签，以确认投资基金在执行其投资政策时有效地关注了气候因素。

四是鼓励气候金融创新。2017 年作为公私伙伴关系设立的气候金融加速器(The Climate Finance Accelerator)，通过提供各种形式的支持，包括在一个新基金结构(a new fund structure)的启动阶段提供财政和业务支持，来扶持专门从事气候行动的创新型基金经理。①

二、发展绿色可持续金融的关键举措

为推进发展绿色可持续金融，卢森堡开展了设立卢森堡绿色交易所、卢森堡—欧洲投资银行气候金融平台、国际金融公司/Amundi Planet Emerging Green One(EGO)基金等关键举措(key initiatives)。

(一)卢森堡绿色交易所

2016 年，卢森堡证券交易所(Luxembourg Stock Exchange)推出的卢森堡绿色交易所(LGX)，是世界上第一个专门致力于绿色证券的平台。如今，全球一半的绿色债券在卢森堡绿色交易所上市。目前 LGX 还设有一个专门的社会和可持续债券(social and sustainable bond)窗口。

(二)卢森堡—欧洲投资银行气候金融平台(Luxembourg – EIB Climate Finance Platform)

欧洲投资银行(EIB)与卢森堡政府之间的卢森堡—欧洲投资银行气候金融平台致力于为在应对气候变化领域具有重大影响的项目调动投资。这是欧洲投资银行首次与成员国建立这种伙伴关系。卢森堡政府出资 3000 万欧元，此资金将作为首次亏损担保(first – loss guarantee)，用以降低公私合作投资于缓解和适应气候变化基金时私营部门所面临的风险。

---

① UNEP Finance Initiative, *Luxembourg Sustainable Finance Roadmap*, Luxembourg, October 2018, p.19.

（三）国际金融公司/Amundi Planet Emerging Green One(EGO)基金

作为国际金融公司(International Finance Corporation, IFC)的战略伙伴，卢森堡政府向世界上最大的绿色债券基金 Amundi Planet Emerging Green One(EGO)基金提供技术支持。这家总部位于卢森堡的投资基金以发展中国家银行发行的绿色债券为目标，同时通过技术支持机制帮助其制定绿色债券政策、培训计划和相关的最佳实践。因此，Amundi Planet Emerging Green One(EGO)基金深化了新的绿色资本市场，促进了全球范围内绿色债券原则的采用。

（四）气候金融和绿色债券标签

2016 年，标签机构 LuxFLAG 推出了一个专门的气候金融质量标签(Climate Finance quality label)，以确保投资基金在执行其投资政策时能够有效地关注气候因素。本着同样的精神，该机构在 2017 年推出了一个特定的绿色债券标签(Green Bond label)。

（五）气候金融加速器(The Climate Finance Accelerator)

卢森堡政府和私营部门的合作伙伴将建立一个气候金融加速机制，通过提供各种形式的支持，帮助专门从事气候行动的创新型基金管理人。这些支持活动既包括支持机构投资者和公共投资者的融资活动，也包括在新基金结构的启动阶段，为相关方提供融资和业务支持，以培养未来的气候金融领袖。

（六）《卢森堡可持续金融路线图》

卢森堡与联合国环境规划署(UNEP)合作起草了该路线图(*Luxembourg Sustainable Finance Roadmap*)，确立了一项全面的可持续金融战略，特别是利用卢森堡作为国际金融中心的固有优势，为《2020 年议程》(*Agenda* 2020)和《巴黎协定》(*Paris Agreement*)的目标作出贡献。[①]

---

① Luxembourg for Finance, *Sustainable Finance*, Luxembourg, October 2020, pp. 18—19.

第四节　卢森堡发展绿色可持续金融的贡献成效

卢森堡通过制定并执行全面的国内气候金融战略(Climate Finance Strategy),致力于为气候金融提供合适的环境,已成为世界绿色债券之都(The World's Green Bond Capital)、欧洲领先的可持续投资基金注册地(The leading European sustainable investment funds domicile)、公私伙伴关系架构的理想环境(An Ideal Environment for Public Private Partnership Structures),并提供可持续金融质量标签(Label of Quality)和协助管理慈善投资项目(Philanthropy)让财富发挥作用。

一、欧洲领先的金融中心之一

卢森堡被评为欧洲领先的金融中心之一(GFCI,2019 年);绿色金融生态系统(green finance ecosystem)深度排名第二(GGFI,2019);拥有 140 多家国际银行。① 截至 2019 年年底,卢森堡拥有 127 家上市银行,其中外国银行占 78%;91 家保险公司,包括 42 家财产保险公司、46 家人寿保险公司和 3 家综合性保险公司;还有 208 家再保险公司,组成了卓越的金融服务网络。卢森堡的银行业总资产达到 8150.54 亿欧元,约是其经济总量的 11 倍。大部分位居世界 500 强的银行在卢森堡都设有分支机构,包括法国巴黎银行、西班牙国家银行、中国银行、汇丰银行、中国工商银行等。截至 2016 年第 4 季度,金融业从业人员 5.08 万人,约占总人口的 8%,上缴税收占国家财政收入的 40%,金融业产值约占 GDP 的 46%。②

---

① Luxembourg for Finance, *Sustainable Finance in Action*, Luxembourg, September 2019, p.7.
② 商务部国际贸易经济合作研究院、中国驻卢森堡大使馆经济商务处、商务部对外投资和经济合作司:《对外投资合作国别(地区)指南——卢森堡(2020 年版)》,2020 年 11 月,第 13—15 页。

二、全球领先的证券上市中心和世界绿色债券之都

(一)全球领先的证券上市中心

卢森堡是全球领先的证券上市(securities listings)中心,有 40000 多种上市和可交易的证券,来自 100 多个国家或地区的 3000 多家发行人,以 55 种以上的货币上市。[①] 卢森堡作为金融中心,证券市场发达,早在 1928 年就建立了证券交易所,并于 1962 年批准了卢森堡第一只投资基金。1969 年 4 月,世界第一笔外汇债券在卢森堡发行,此项创举使得该证券交易所从大量涌入的欧洲货币中获益匪浅,这些货币被转化为欧洲债券,为世界各地的债权人所认购,卢森堡证券交易所开始逐渐成为欧洲债券的"晴雨表",已成为欧洲证券上市与交易的主要场所。截至 2016 年年底,来自 29 个国家(地区)的企业在卢森堡上市发行的股票共有 233 只,债券 2.58 万只,397 家公司上市基金共有 6507 只;卢森堡证券交易所负责处理来自 104 个国家和地区约 3000 家公司 4.2 万种有价证券,成为欧洲证券交易的一个重要媒介。[②]

(二)世界绿色债券之都

卢森堡是绿色债券领域的关键参与者,已成为世界绿色债券之都(the world's green bond capital)。

1. 卢森堡证券交易所

卢森堡证券交易所(Luxembourg Stock Exchange, LuxSE)是全球领先的绿色证券上市场所。资本市场基础设施从上市到交易后服务,一应俱全。卢森堡金融系统由高度专业化的服务提供商组成,他们能够在股票和债务证券发行(equity and debt securities offerings)方面帮助国际客户。作为潮流引领者(trendsetter)的卢森堡证券交易所(LuxSE)是全球债券上市的领导

[①] Luxembourg for Finance, *Sustainable Finance in Action*, Luxembourg, September 2019, p. 7.

[②] 参见商务部国际贸易经济合作研究院、中国驻卢森堡大使馆经济商务处、商务部对外投资和经济合作司:《对外投资合作国别(地区)指南——卢森堡(2020 年版)》,2020 年 11 月,第 13—15 页。

者,在全球上市的绿色、社会和可持续债券(green, social and sustainability bonds)中占有 50% 的市场份额。2007 年,卢森堡证券交易所上市了全球第一只绿色债券,该债券由欧洲投资银行发行。①

2. 卢森堡绿色交易所

卢森堡绿色交易所(LGX)的设立完善了卢森堡绿色和可持续的市场基础设施。2016 年,卢森堡证券交易所推出了一个致力于绿色金融工具的平台——卢森堡绿色交易所(the Luxembourg Green Exchange, LGX),这是全球第一个专门致力于绿色、社会和可持续证券(green, social and sustainable securities)这一可持续金融工具的绿色专用交易所,是第一个致力于提高透明度和报告标准的绿色证券平台,也是目前全球唯一的此类平台,发行人和投资者可以在这里一起实现他们的绿色目标。LGX 最初只是一个专注于绿色债券的平台。后来,其扩展到社会和可持续债券,以及社会责任投资(SRI)基金领域。

卢森堡绿色交易所同时致力于发展国际资本市场协会(International Capital Market Association, ICMA)绿色债券原则,也是中国国内绿色证券的门户,是一个提供在上海证券交易所(SSE)上市交易或在中国银行间债券市场(CIBM)交易的中国国内绿色债券的数据和信息的绿色债券渠道(The Green Bond Channel)。

截至 2019 年 7 月数据显示:在卢森堡绿色交易所(LGX)上市发行的绿色、社会和可持续证券(green, social and sustainable securities)数量分别为 272 只、30 只和 197 只,绿色、社会和可持续证券的发行额分别为 1320 亿美元、170 亿美元和 550 亿美元;总发行额超过 2000 亿美元,自 2016 年以来增长 377%;发行了以 29 种货币计价的超过 525 只证券,占全球上市的绿色、社会和可持续发展债券 50% 的市场份额。② 截至 2020 年 8 月底,卢森堡绿色交易所(LGX)共发行了 800 只证券(securities),总价值 3560 亿美元,占全

---

① Luxembourg for Finance, *Sustainable Finance in Action*, Luxembourg, September 2019, p. 6.

② Luxembourg for Finance, *Sustainable Finance in Action*, Luxembourg, September 2019, p. 6.

球绿色、社会和可持续发展债券(green, social and sustainable bonds)市场份额的50%以上。其中,410 只绿色债券(green bonds),市值 1930 亿美元;47只社会债券(social bonds),市值 330 亿美元;277 只可持续性债券(sustainable bonds),市值 1300 亿美元。[①]

LGX 还与上海证券交易所(SSE)合作推出了一个中国国内绿色债券渠道。中国是全球最大的债券市场之一,价值 9 万亿美元,绿色可持续债券总量超过 2500 亿元人民币(约 330 亿欧元)。然而,由于难以获得有关已交易债券的正确信息,中国市场对于国际投资者来说可能是一个禁区。该伙伴关系旨在弥合这一信息鸿沟。两家交易所的合作重点是向境外投资者提供中国国内绿色债券的英文相关信息。[②]

三、欧洲领先的可持续投资基金注册地

卢森堡在社会责任(socially responsible)和影响力投资(impact investments)方面有着良好的业绩记录,为气候金融基金提供了完美的环境,已成为欧洲领先的可持续投资基金注册地(The leading European sustainable investment funds domicile)。卢森堡拥有一个久经考验的投资工具箱(toolbox of investment vehicles),被广泛认为是欧洲市场上最具适应性的工具。

2019 年《毕马威责任投资基金调查报告》(KPMG Responsible Investing Fund Survey, 2019)显示:(1)卢森堡在欧洲负责任投资基金市场占有率为35%,处于领先地位;(2)全球小额金融投资工具(Microfinance Investment Vehicles,MIVs)的资产中,在卢森堡注册的基金占比超过61%;(3)占有欧洲环境战略基金 57% 的资产管理规模;(4)占有欧洲社会战略基金中 36%的资产管理规模;(5)占有欧洲 ESG 跨部门投资战略中 32% 的资产管理规模。[③] 多年来,卢森堡一直是欧洲可持续投资基金的主要投资地,在欧洲总

---

① Climate Bond Initiative and Luxembourg Green Exchange 2020; Luxembourg for Finance, *Sustainable Finance*, Luxembourg, October 2020, p. 27.

② UNEP Finance Initiative, *Luxembourg Sustainable Finance Roadmap*, Luxembourg, October 2018, p. 21.

③ Luxembourg for Finance, *Sustainable Finance in Action*, Luxembourg, September 2019, p. 4.

体战略和每一个基本战略中,卢森堡都加强了其作为负责任投资基金的主要投资地的地位。欧洲三分之二的影响力投资基金都是卢森堡基金。[①]

卢森堡是全球第二大投资基金中心(仅次于美国),拥有超过 4.5 万亿欧元的资产管理规模;是全球第一大跨境基金分配中心,跨境投资基金分销(cross - border investment fund distribution)的全球领导者(拥有 64% 的市场份额);在全球 70 个市场有超过 61000 个跨境基金(cross - border fund)注册;同时拥有投资基金领域最先进的法律和监管框架。[②]

除了欧洲法院、欧洲议会秘书处、欧洲投资银行和欧洲投资基金等设在卢森堡外,全球最大的多边贷款方发行的债券就在卢森堡证交所上市。卢森堡金融推广署的数据显示,卢森堡离岸人民币业务特色鲜明,核心业务集中在点心债、人民币合格境外投资者(RQFII)基金以及人民币投资基金等三大领域。在点心债发行方面,卢森堡已经成为欧洲点心债发行中心。自 2011 年以来,共有 103 笔点心债在卢森堡发行。其中,2015 年新发行点心债 31 笔,总规模为 110 亿元人民币。发行债券数量相比 2014 年上升 34.78%。从发行主体来看,欧洲本地投资者点心债发行量占总体发行量的 47%,来自美国、中国和其他地区的投资者分别占 14%、5% 和 34%。在人民币投资基金领域,截至 2015 年第三季度,卢森堡投资基金持有人民币计价资产规模为 2084 亿元人民币,其中权益性资产总量为 1699 亿元人民币,比重为 81.53%;债券性资产总量为 382 亿元人民币,比重为 18.33%。[③]

四、拥有公私伙伴关系架构的理想环境

卢森堡拥有公私伙伴关系架构(Public Private Partnership Structures)的理想环境。卢森堡可持续金融领域最成功的发展成果之一是"混合金融"结构("blended finance" structure),见图 3 - 1。其作为一种投资基金,风险和

---

① UNEP Finance Initiative, *Luxembourg Sustainable Finance Roadmap*, Luxembourg, October 2018, p. 21.

② Luxembourg for Finance, *Sustainable Finance in Action*, Luxembourg, September 2019, p. 7.

③ 商务部国际贸易经济合作研究院、中国驻卢森堡大使馆经济商务处、商务部对外投资和经济合作司:《对外投资合作国别(地区)指南——卢森堡(2020 年版)》,2020 年 11 月,第 15 页。

报酬因股东等级的不同而不同,股东等级通常被设计为散户股东(retail shareholder)、专业股东(professional shareholder)和基金会股东(foundation shareholder)。

"混合金融"结构允许根据每个投资者的需要发行具有不同特点的股票和票据。基金会股东(foundation shareholder)通过承担"首次亏损(first loss)"责任并给予散户股东收益优先权,从而建立一个低风险环境,鼓励私人资本流向新兴市场和前沿市场。这也使得混合金融基金获得了足够的规模,有利于实现其使命。如今,有超过60亿美元的混合金融基金资产注册于卢森堡。[①]

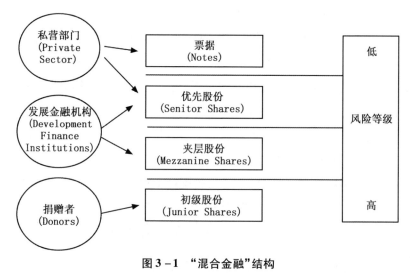

图 3-1 "混合金融"结构

五、小额金融和普惠金融

卢森堡在小额金融和普惠金融(micro and inclusive finance)方面有一定的早期积累。卢森堡在2000年代对小额信贷专业知识的早期发展为其将影响力金融(impact finance)和可持续金融(sustainable finance)作为一个整体进行发展奠定了基础。截至目前,占全球小额金融投资工具(Microfinance

---

① Luxembourg for Finance, *Sustainable Finance in Action*, Luxembourg, September 2019, p. 5.

Investment Vehicles, MIV）资产50%的31个小额信贷基金都设在卢森堡。卢森堡一直是广受国际认可的网络的发源地,例如普惠金融网络(Inclusive Finance Network, InFine)和欧洲小额金融平台(the European Microfinance Platform)。①

六、提供可持续金融标签服务

在可持续金融标签(sustainable finance labelling)方面,卢森堡是 LuxFLAG 的发源地。LuxFLAG 成立于2006年,是第一家独立的标签机构,为投资者提供高质量的标签,从而使他们对可持续投资基金和金融工具有清晰的认识和信心。

卢森堡开创性地为投资者提供质量标签(Label of Quality)服务。自2006年以来,卢森堡首创的基金标签机构(fund labeling agency)LuxFLAG 通过为投资者提供清晰和透明的信息,帮助可持续和负责任的投资项目筹集私人资本。该机构提供的五种标签,包括环境(Environment)、微型金融(Microfinance)、环境社会与治理(ESG)、气候金融(Climate Finance)和绿色债券(Green Bond)。② 目前,LuxFLAG 旗下有74只基金和21只绿色债券,增长趋势明显。③

七、通过慈善投资项目让财富发挥作用

卢森堡基金会(The Fondation de Luxembourg)是一个公私伙伴关系,为建立私人慈善(Philanthropy)基金会提供了一个平台,也向捐助者提供咨询服务和指导,④通过慈善投资项目让财富发挥作用。

---

① UNEP Finance Initiative, *Luxembourg Sustainable Finance Roadmap*, Luxembourg, October 2018, p. 21.

② Luxembourg for Finance. *Sustainable Finance in Action.* Luxembourg, September 2019, p. 6.

③ UNEP Finance Initiative, *Luxembourg Sustainable Finance Roadmap*, Luxembourg, October 2018, p. 21.

④ UNEP Finance Initiative, *Luxembourg Sustainable Finance Roadmap*, Luxembourg, October 2018, p. 21.

卢森堡基金会作为卢森堡私人银行界的重要资产,借助于伞式基金结构(umbrella foundation structure),基金会帮助捐助者选择、构建并管理他们的慈善投资项目。基金会非常成功,吸引了全球近70家基金会来参与世界各地的项目。目前有八个基金会的目标是减缓气候变化(climate change mitigation)。①

八、提供金融知识转移与透明标准

在金融知识转移(financial knowledge transfer)方面,培训之家—ATTF(Agence de Transfert de Technologie Financière,金融技术转移机构)共同资助世界各地的培训计划。该机构主要面向发展中国家,其有助于改善40个市场的金融结构、建设能力并能够支持当地的可持续发展。②

在额外性(additionality)、避免重复计算(avoidance of double counting)和透明标准(transparent criteria)方面,卢森堡符合《京都议定书》规定的政府开发援助与国际气候金融中的额外性原则(principle of additionality)。事实上,卢森堡的国际气候金融基金是建立在政府开发援助基金之上的,而不是要取代政府开发援助基金。因此,卢森堡赞同在追踪和报告气候融资时采用避免重复计算的原则。自2017年以来,国际气候金融基金的分配是根据透明的战略和标准进行的。③

第五节　卢森堡发展绿色可持续金融的路线建议

卢森堡与联合国环境规划署金融行动机构(UNEP FI)合作起草了《卢森堡可持续金融路线图》,进一步明确了发展绿色可持续金融的路线建议。

---

① Luxembourg for Finance. *Sustainable Finance in Action.* Luxembourg, September 2019, p. 6.

② UNEP Finance Initiative, *Luxembourg Sustainable Finance Roadmap*, Luxembourg, October 2018, p. 21.

③ UNEP Finance Initiative, *Luxembourg Sustainable Finance Roadmap*, Luxembourg, October 2018, p. 21.

一、卢森堡绿色可持续金融路线实施的共识

《卢森堡可持续金融路线图》指出,绿色可持续金融的发展涉及多个群体的利益,需要采取集体行动、公共部门与私营部门共同努力发挥作用,以及分阶段持续开展实施。

（一）需要集体行动和公私分工合作

只有所有社会行动主体都参与进来,公共议程才能成功。多边对话与公私对话确定了一些必须实现的期望和条件,这也将为可持续金融体系的增长创造适当的环境。

1. 公共和私人行为者的共同行动要求

公共和私人行为者应:（1）参与最前沿的国际倡议,以引领多边对话和公私对话,推动国际议程（例如,将可持续性风险纳入国家监管机构的任务之中,以及涉及绿色支持因子的讨论）,同时还需根据国际发展来调整监管框架并提升专业知识;（2）提高认识,支持各级教育。必须将可持续性纳入学校和大学课程之中,必须向所有经济部门的专业人员提供终身培训方案。面向大众的推广运动可以为使整个社会更易于接受可持续发展的理念。①

2. 公共部门的行动要求

公共部门（public sector）的作用如下:

（1）设定一个清晰的美好愿景并围绕它达成共识。这是所有其他活动的先决条件。只有政府才能做好协调过渡工作。只有在明确确定最终目标,并在连贯一致的战略范围内确定目标,所有其他行动主体才能发挥作用。不一致的信号不仅会使市场运营商迷失方向,还可能刺激投机行为和"搭便车"（free riding）的行为;

（2）接受国际承诺并确定执行这些承诺的国家优先事项（national priorities）;

（3）确保国家层面的连续性和参与度;

---

①　UNEP Finance Initiative, *Luxembourg Sustainable Finance Roadmap*, Luxembourg, October 2018, p. 23.

（4）提供稳定且可信、可靠、可预测的监管框架；

（5）进行概念验证并降低创新型与较高风险项目所面临的风险（Ensure proof of concept and de – risking of innovative and more risky ideas and projects）。失败不能靠市场本身来解决。当需要验证创新行为的有效性时，可以由公共部门进行验证，这是因为公共部门可以承受创新所带来的风险。此外，公众对研究和实验的支持可以加速新商业模式的传播并促进新市场的增长；

（6）创建以激励机制为基础的新模式。国家可以建立一个条理清晰的抑制框架，以定义经济行为主体所需的环境条件。需要发挥财政政策（包括直接税和间接税）的关键作用，以奖励与公共政策目标相一致的活动（或惩罚那些与之背道而驰的活动）。这也将重新定义了消费者、生产者和资本提供者的目标功能（objective function）；

（7）以身作则，支持新市场（lead by example and support new markets）。政府不仅是一个监管者，政府本身也是一个市场参与者：通常情况下，政府是最大的雇主、企业家、投资者、产品和服务的供应商和购买者。通过以可持续的方式使用其权力（例如，在公共采购中引入严格的绿色标准），政府可以对可持续金融产生显著的影响。这将增强人们的信念，即变革是真实的，而且更具体地说，这将增加市场的可持续性需求，并为利基参与者（niche players）创造机会；

（8）降低交易成本。创新意味着需要识别和管理的新风险。实际上，它们会成为额外的预付成本（upfront costs），并可能危及交易。为经常承担此类风险的中介机构提供援助，可以增加市场流动性。过去几年中形成的孵化和加速结构（incubation and acceleration structures）是前述援助措施的重要组成部分。他们需要长期的公众支持，以充分发挥他们的潜力，公众的长期支持还将确保规划的可预见性。①

3. 私人主体的行动要求

私人主体（private actors）的行动要求如下：

---

① UNEP Finance Initiative, *Luxembourg Sustainable Finance Roadmap*, Luxembourg, October 2018, pp. 23—24.

（1）确定市场需求和市场缺口，并发展创新理念；

（2）促进有效创新模式的增长（grow tested models）。一旦一项创新被证明是有效的，市场力量就需要扩大此类创新的规模，并使之成为主流。通常情况下，金融市场由需求驱动，但供应更多的"可持续货币"（sustainable money）可以将潜在需求转化为市场需求，并激励新的可持续业务的增长；

（3）发展并管理作为信息汇集者（aggregators）的行动主体。当今市场是小而分散的。需求方的企业规模往往太小，大投资者无法察觉这些企业。即使大投资者注意到了这些小企业，相对于小企业的业务规模而言，交易成本也过于高昂。为了解决此类问题，需要将能够汇集需求信息、规范金融工具、减少信息不对称并增加市场流动性的新参与者纳入到价值链之中；

（4）充当散户投资者（retail investors）和实体经济（real economy）之间的中介。如果没有银行、保险公司及其系统的中介作用，就不可能使得金融业更加可持续地发展。金融机构居于经济主体之间，以多种方式与环境和社会互动：作为贷款人，提供或担保发展可持续业务所需的资金；作为创新者，开发金融产品以实现可持续投资；作为投资顾问和投资经理；作为估价师，评估并确定公司和项目的风险和回报；作为利益相关者（股东和贷款人），对公司的管理产生了广泛影响；作为服务或市场基础设施提供商；作为受托人；

（5）管理与气候相关的风险。保险公司率先将气候相关风险纳入其商业模式、产品和价格结构之中。

前述行动都很重要，缺一不可。同时，只有协调一致才可以实现战略目标。这也带来了所谓"集体努力"（collective effort）的感觉。每个参与者都有自己的角色，如果他们都一起行动，改革的成本将被分担。新的社会契约必须符合各主体所共有的且可以被各主体共享的利益，这一利益高于个人利益的总和。①

（二）分阶段的措施

卢森堡可持续金融路线图的概念包含了逐步变化的需要，这一变化具

---

① UNEP Finance Initiative, *Luxembourg Sustainable Finance Roadmap*, Luxembourg, October 2018, p.24.

有明确的目标。同时,明确确定最终目标与中间阶段,为战略方向提供明确指导,有助于根据目标来衡量进展。

必须采取分阶段的措施,包括短期、中期和长期的行动和倡议,以便在短期内解决潜在的竞争力下降问题,同时在长期内增加有益的连锁反应。整合金融中心的关键特征,在竞争力和可持续性之间取得正确的平衡。可持续金融是一个额外的市场,它迟早会成为主流,并将增加收益。

前文已述及,欧盟行动计划(The EU Action plan)有三个高级别目标:一是调整资本流动方向,二是管理与气候和其他 ESG 主题相关的金融风险,三是促进透明度和长期主义(long‐termism)。

二、卢森堡绿色可持续金融路线的主要建议

《卢森堡可持续金融路线图》指出,以下九项建议已在不同工作组和访谈会议中得以确定,并以欧盟《可持续增长金融行动计划》(*Action Plan:Financing Sustainable Growth*)的精神为基础。

(一)制定和传达一项雄心勃勃(ambitious)、量身定制(tailor‐made)且明确(clear)的可持续金融战略

马塞尔·杰肯(Marcel Jeucken)在《可持续金融与银行业》(*Sustainable Finance and Banking*)一书中将银行对待环境保护的态度分为抗拒(Defensive)、规避(Preventive)、积极(Offensive)和可持续发展(Sustainable)四个阶段。在第一阶段,银行认为其对环境问题的关注会增加成本或损害收益,因而采取抗拒态度,发展中国家的银行大部分处于此阶段;在第二阶段,随着环境法律的趋严,银行为降低运营风险不得不关注环境问题带来的负面影响,所以规避环境风险的策略最受欢迎,发达国家的银行多处于这一阶段;在第三阶段,银行已经从环境保护的行为中发现商机,因而会采取一些积极的手段开展环境友好的业务,少数发达国家银行已经步入了这个阶段;在第四阶段,银行不再寻求最高的金融回报率,而是寻求最高的可持续性回报率,即银行的一切商业活动都与社会可持续发展相一致,整个经济系统已经

发展到一个非常理想的境界。①

《卢森堡可持续金融路线图》指出,可持续发展要求改变金融资产的布局和相对价值,同时还需要改变金融资产与创造、尽职管理及真实财富产物之间的关系。因此,一个可持续的金融体系是一个创造、估价并交易金融资产的体系,其方式是塑造真实财富(real wealth),以满足包容性需求以及环境可持续经济的长期需求(联合国环境规划署,2015 年)。该路线图的目的是确保卢森堡的金融中心在 2030 年之前逐步成为一个可持续的金融体系,为子孙后代服务,并遵从可持续金融的最广泛定义。从最广泛的意义上讲,一个金融体系需要从多个角度上看都是可持续的。

1. 从系统的角度来看

一个可持续的金融系统必须是健全的,并有助于长期的金融稳定。首先也是最重要的是,它应该为实体经济服务,无论是国内还是国际。此外,它本身应该是切实可行的,并且对社会和环境负责。此外,应在竞争激烈的国际环境中建立和长期管理该金融系统,并随时准备从过去的积极经验中吸取教训。它还应是开放的,开放将有利于探索新的商业机会,其中也包括非传统的合作伙伴和客户所带来的商机。最后,该金融系统还应当接受技术创新。

2. 从业务角度看

一个可持续的金融中心必须越来越多地提供稳定、可靠的资金和融资。这些资金或融资既要在适当的时候提供,也应长期(生命周期层面,lifecycle dimension)提供;此类资金或融资可用于经济上可行并能够产生积极的社会和/或环境影响的各种项目和方案;这些资金或融资能够满足不同的筹资需求和筹资阶段,同时它们还具有齐全的工具箱(包括赠款、补贴、股权、债务和其他金融工具,以及混合金融)。

---

① Marcel Jeucken, *Sustainable Finance and Banking: The Financial Sector and the Future of the Planet*, The Earthscan Publication Ltd., London, UK, 2001;古小东:《绿色信贷制度的中外比较研究》,《生态经济》2012 年第 8 期。

3. 从功能角度看

卢森堡金融中心是一个促进者,主要为国际产品开发商和投资者服务,具有重要的倍增效应(multiplier effect)。

一个国际金融中心本身必须是可持续的,才能为可持续增长作出贡献。金融服务提供商必须承认,经济可行性和盈利能力与积极的环境和社会影响并非相互排斥,这些因素可以结合起来,并为增值和最终可持续增长创造新的机会。

金融服务提供商需要采用"世代视角"(generational perspective),并作出长期承诺,同时还应有能力根据可持续项目的不同需求和可持续发展的千禧一代(Millennials)和Z一代(Generation Z)的需求调整其服务和金融产品。

2015年,卢森堡开展了一项深入的合作倡议,该倡议主要讨论了国家在绿色智能型的第三次工业革命时代的展望与定位。这一战略反思了以《第三次工业革命(TIR)战略研究》(*The 3rd Industrial Revolution*(TIR)*Strategy Study*)为最终成果的工业革命流程,其中涵盖包括金融在内的八个关键领域和部门(第三次工业革命咨询集团,Third Industrial Revolution Consulting Group,2016年)。TIR战略研究中的金融工作组勾勒出了以下愿景:"卢森堡:一个可持续的、世界级的金融中心,处于数字革命的前沿,使变革得以实现",并确定了以下关键要素的优先次序:(1)一个富有弹性(resilient)、多样化(diversified)的国际金融部门,为卢森堡、欧洲和世界的客户提供服务;(2)全球领先的具有极高信任度与透明度的金融创新和社会责任投资(socially responsible investments)中心,在这里影响力(impact)和社会经济可持续性(socio-economic sustainability)能够齐头并进。

在TIR金融工作组、气候金融工作组、可持续发展委员会(the Conseil Supérieur du Développement Durable)、卢森堡2030年议程(*Luxembourg's Agenda* 2030)和国家可持续发展计划(*The National Plan for Sustainable Development*)所做工作的基础上,应正式建立一个透明且连贯一致的可持续金融战略。这一战略还应考虑到国际和欧盟的发展情况,并作出相应调整。正式的愿景和战略需得到金融中心各阶级的广泛共享和支持。

具体的建议为：（1）制定有雄心的、连贯一致的（coherent，consistent）、透明的可持续金融战略，体现卢森堡的特色及附加价值；（2）确保所有利益相关者的认可并保证沟通的透明。[①]

（二）设立协调实体（coordinating entity）

《卢森堡可持续金融路线图》指出，参与可持续金融的所有行动主体之间的协调是关键，协调行为有利于可持续金融战略的正规化；还能够保证对可持续金融战略的认可和交流；同时还有利于确保该战略在国际上具有知名度并促进该战略在国家一级协调一致地生效、实施并采取后续行动。

一个由非常坚定和有经验的行动主体组成的微型系统已经制定了一些创新且有希望的倡议。有必要更好地协调这些倡议，让所有行动主体都参与进来。

气候金融工作组（CFTF）是气候金融领域的非正式协调实体。它应发展成为一个更广泛的可持续金融倡议（Sustainable Finance Initiative，SFI），在CFTF 工作的基础上，将其活动范围整合并扩大到可持续金融的所有领域。SFI 应该得到最高政治级别的批准，并作为公私伙伴关系纳入金融体系中，并由财政部长和环境部长共同主持，这已被证明是最有效的解决方案。

SFI 应具有以下角色和职责：一是制定雄心勃勃、连贯一致、持续透明的可持续金融战略，确保所有利益相关者的认同和沟通的透明；二是明确各公共和私人利益相关者在《卢森堡可持续金融路线图》实施后应采取的后续行动；三是扩大、深化和巩固现有举措；四是协调和联络各行动主体和组织，促进知识和专业技能的共享；五是整合现有倡议、国际趋势和发展状况，并分析其对可持续金融战略和可持续金融报告的影响；六是建议对实施中的战略进行修订和完善，以确保实现 2030 年愿景（the 2030 vision）；七是确保《卢森堡可持续金融路线图》在国际上的知名度，以吸引可持续的金融参与者来到卢森堡，同时使得卢森堡成为能够回答来自国际组织的问询并接受其合

[①] UNEP Finance Initiative, *Luxembourg Sustainable Finance Roadmap*, Luxembourg, October 2018, pp. 26—28.

作请求的中心;八是协调能力提升、研究活动和数据收集三者间的关系,确保涉及流程的测量和报告的准确性。

可持续金融倡议应寻求加入国际倡议(international initiatives),例如欧洲可持续投资论坛(The European Sustainable Investment Forum, EuroSIf),以便与国际趋势和发展状况相结合,并确保可持续金融倡议的知名度。

由公共和私营部门行动主体共同主持的定期会议,以强调公私伙伴关系的重要性,此类定期会议应将金融和可持续金融部门的相关力量结合起来。这种集体措施将使得各部门成员更轻松地协作执行可持续金融倡议,发展可以共享的美好愿景,同时还可以促进优先事项和专业技能的发展,并凸显出每个部门的具体机会或其发展的障碍。

SFI应协调各部门和/或特定主题工作组的创建活动,其职责是:1.为部门或特定主题(theme)确定具体的路线图和/或行动计划;2.致力于这些行业路线图的实施,设计相应的思路和解决方案,并积极适应行业需求;3.确定有利的政策和监管框架如何激励新的相关措施、产品和参与者在卢森堡创建可持续产品;4.管理未来产品和工具的"漂绿"风险,以维护卢森堡在该领域的良好声誉;5.设计并推广支持可持续金融的新标准。

所有工作组都应涵盖治理、金融技术(fintech)、影响力指标(impact indicators)和标准以及知识共享(knowledge sharing)和教育等交叉主题(Cross-cutting themes)。具体建议是以公私伙伴关系(public - private partnership)的形式,建立一个可持续金融倡议,并将其作为一个协调实体。同时,还应当建立具有上述作用和责任的部门和/或特定主题工作组。①

(三)利用金融部门的专业技能(expertise)

《卢森堡可持续金融路线图》提出,要利用金融部门的专业技能,以引导公共和私人资本流向可持续投资,为实现这一目标卢森堡可以利用过去几十年来积累的专业知识。

---

① UNEP Finance Initiative, *Luxembourg Sustainable Finance Roadmap*, Luxembourg, October 2018, pp. 28—29.

1. 开发一个工具包(toolkit),用于对可持续投资产品进行设计、创建、经营管理和行政管理

卢森堡作为国际金融中心,在提供指导方针和设计工具方面发挥着重要作用,这使得资产管理人能够方便地创建其产品,管理可持续的投资策略,并在全球推广这些产品。卢森堡金融部门的优势之一是,现有的框架和工具种类繁多,这些工具和框架涵盖上市和非上市投资,这些现有的框架和工具可以通过投资基金、与单位连接保险产品(unit – linked insurance,也称投资连接保险)和证券化等多种工具进行管理。

为了有意义地扩大可持续金融的规模,应开发一个工具箱,以使现有的解决措施更易于被使用,并使这些解决措施适应可持续金融的具体需要:(1)用于设计和构建投资基金或单位连接保险产品的模块化工具箱(modular toolbox),该模块化工具箱可用于多种可持续投资战略(上市或非上市)和各行业(例如,循环经济、智能出行(intelligent mobility)或农业价值链融资);(2)可持续投资的估价框架和会计框架;(3)其他可持续性标签(由 Lux-FLAG 提供),这些标签涵盖可持续金融的各个领域;(4)在卢森堡绿色交易所(LGX)中,提高向投资者提供的信息水平并提高透明度;(5)财务和非财务信息的最新报告;(6)额外财务风险管理和气候相关财务风险管理指南;(7)将各项原则整合在一起的指导方针,如负责任投资原则(Principles for Responsible Investment,PRI)、可持续保险原则(Principles for Sustainable Insurance,PSI)和即将出台的负责任银行原则(Principles for Responsible Banking,PRB)。

在过去的几年里,专门为绿色金融设计的新框架已经形成,如绿色债券(green bonds)、绿色担保债券(green covered bonds)、可持续标签(sustainable labels)和积极影响力金融(positive impact finance)。目前一些其他的工具也正在被评估。与此同时,还应进一步探讨和鼓励针对现有缺陷制定新的立法。

2. 增加上市的和流动性的(listed and liquid)可持续产品的供应量

如今,可持续投资主要由机构投资者推动。散户投资者缺乏广泛的投资机会,因为监管障碍在很大程度上阻止他们获得投资非上市产品的机会。

作为全球发行的上市绿色债券和投资基金的主要中心,应开发上市投资产品和资产流动性投资产品,为散户投资者提供投资的渠道,并解决机构投资者投资非上市资产时的资产流动性问题。

需要发展额外的可持续投资,如储蓄账户、投资于上市绿色股票或债券的基金、与单位连接保险产品以及第二和第三支柱养老金产品(second - and third - pillar pension products),这将有利于扩大市场。灵感可以从欧洲专业的可持续发展银行获得,这些银行以具有竞争力的回报率提供一系列可持续的投资产品。

3. 加强投资者(investors)与被投资方(investees)的联系

可持续项目往往不能在适当的时机和条件下获得融资。另一方面,愿意为可持续项目提供资金的投资者缺乏符合其自身情况和期望的项目或投资机会的信息。混合金融(blended finance)能有效地为可持续发展筹资。但是,仍应分析如何扩大筹资范围,为可持续发展筹集更多资金,并分析卢森堡在此方面的潜在作用。

具体建议为:(1)结合现有工具,并根据可持续金融的需要,为可持续投资基金和其他金融产品开发新的工具包;(2)增加资产流动性产品的供应,例如可持续的可转让证券集合投资计划(sustainable Undertakings for Collective Investment in Transferable Securities)、上市的绿色和可持续债券(listed green and sustainable bonds)、储蓄账户(savings accounts)和保险产品;(3)分析卢森堡如何利用其混合金融框架和专业知识,更好地将投资者和投资对象联系起来,为可持续发展筹集资金。

(四)增强可持续发展意识,将可持续发展融入教育和专业培训

《卢森堡可持续金融路线图》提出,为一个可持续的金融体系设计一个路线图是一项重要的工作,特别是在一个金融部门对国内生产总值贡献25%的国家(卢森堡)。因此,决策者、市民和工人都必须在其日常生活、私人生活和职业生活中,接受建设服务于可持续经济的更加可持续的金融体系的美好愿景。广泛分享这一美好愿景的方法有很多,具体包括以下内容。

1. 信息和提高认识（information and awareness raising）

企业社会责任（corporate social responsibility）已通过 IMS 和 INDR 等网络得到有效地推广。举行专门针对国家投资者、国际投资者、散户投资者和机构投资者的会议和活动，将创造出接近同等水平的可持续金融信息和认识，并能够对现有的产品进行展示。总部位于卢森堡的银行和保险公司需要向散户、私人银行和机构客户销售更可持续的金融产品，以便开始有意义地将资产转变为可持续投资，这将带来提高业绩和信誉。除了组织活动和会议外，可持续性还应纳入国家品牌（national branding）：可持续发展是社会凝聚力、经济机会和差异化因素的创造者。

2. 教育的可持续性（sustainability in education）

金融知识需要与可持续金融教育齐头并进。为了转变观念，改变金融与实体经济之间的联系，以及将环境和社会考量纳入银行、保险、投资活动以及商业模式，可持续金融教育需要成为教育的一个组成部分。第三次工业革命报告（The TIR Report）已经强调了这一建议。发展金融中心与培训、教育地方资源之间需要有良性的互动。

3. 专业培训和治理培训中的可持续性（sustainability in professional and governance training）

从产品开发和管理到资产服务、行政管理和审计的价值链中的所有参与者都需要不断接受培训，了解什么是可持续金融，以及它如何促进社会经济发展。卢森堡在这方面已经有了良好的专业技能，这将帮助卢森堡协调现有的倡议，并使这些倡议进一步发展和主流化。对财务顾问（例如，银行和保险公司）进行足够程度的培训，并就可持续金融产品提供积极的建议，是可持续金融常态化的必备条件。

将环境、社会和良好治理的考量（environmental, social and good governance considerations）纳入战略和业务的决策以及各项流程之中，是管理健全（sound management）的一部分内容。这需要极高的可持续性专业知识水平才可以实现，特别是对决策者、董事会成员和管理者而言。公司、机构和组织的最高层接受可持续性将确保所有金融系统参与者都拥有自己的可持续性战略和可持续性流程,同时 ESG 也不是一项简单的活动。

可持续性应成为专业培训的一个组成部分,例如金融部门的培训之家(House of Training for the Financial Sector)、董事会成员的卢森堡管理者协会(Institut Luxembourgeois des Administrateurs, ILA)和审计师的企业审计协会(Institut des Réviseurs d'Enterprises, IRE)。对董事会成员的 ESG"适当性"进行评估将是合理的,并且应使得此项 ESG"适当性"评估成为董事会成员总体"适当性评估"("fitness assessment")的一部分。

综上所述,具体建议为:(1)组织有关可持续金融的定期活动和会议,以提高认识并展示可持续金融举措和产品;(2)将可持续性融入国家品牌,以促进整个生态系统的可持续性:可持续发展是社会凝聚力、经济机会和差异化因素的创造者;(3)将金融知识和可持续金融纳入学校课程和高等教育;(4)将可持续金融纳入所有金融部门培训;(5)考虑采用对董事会成员进行 ESG 适应性评估的标准。①

笔者认为,除了增强可持续发展意识、环境意识之外,还应充分认识到金融业与经济社会环境可持续发展之间的关系。以绿色信贷为例,以前人们在抱怨生态破坏及环境恶化时,指责对象更多的是企业和政府,而往往忽略了给予企业融资支持的金融机构。后来逐渐认识到,银行是企业行为强有力的支持者。因为对于一个有环境风险的大型项目而言,企业一般出30%左右的资本金,金融机构即银行提供给企业至少70%的贷款,银行认可企业的项目,企业才能得到银行的项目贷款,才能实施其项目。当前世界各国趋向于达成一项国际共识,即金融作为一种稀缺性资源,要提高对贷款的使用效率,优化和健全金融调剂社会资金余缺、实现资产避险、产业结构调整和引导合理消费,就必须考虑投资项目环境和社会影响因素,完善金融风险评估和预警机制。因此,金融业在贷款、执行、管理项目的同时,出资人和银行应该对其出资支持的项目所造成的环境和社会影响负责。② 绿色信贷

---

① UNEP Finance Initiative, *Luxembourg Sustainable Finance Roadmap*, Luxembourg, October 2018.
② 古小东:《绿色信贷的国际经验与启示》,《金融与经济》2010 年第 7 期。

在世界范围内逐渐成为一个趋势,目前很多大型的跨国银行明确实行赤道原则,在贷款和项目运作中强调企业环境和社会责任,越来越多的国际大型金融机构都在朝这个方向发展。截至2008年3月,全球60家"赤道银行"项目融资总额占全球项目融资市场总份额的近90%以上,非"赤道银行"很难参与到国际大型融资项目。①

（五）促进创新

1. 吸引人才并建立人力资本(human capital)

卢森堡吸引了许多创业者,因为他们发现卢森堡拥有发展和扩大活动规模的有利环境。私人和公共行为主体之间的生态系统、联结度(connectivity)和相互联系也很吸引人。已经建立的孵化结构(incubation structures)和加速结构(acceleration structures)重点关注公司的成熟程度或各个行业的情况,例如社会业务、流动性(mobility)、金融技术、生态技术、创新、设计或气候金融。这些方面都凸显出实体经济和金融部门之间的联系。

创新中心(以及他们支持的企业家)将他们的专业技能、知识和网络纳入现有公司的结构之中,此种行为将创造一个良性的创新循环。此类型行为还可以从本质上促进可持续金融部门的发展,并展现出由重视利基(niche)到关注关键群体(critical mass)的转变的重要性。

应进一步努力将这些新兴企业和企业家与金融部门以及学校、大学和研究中心联系起来。应鼓励和激励儿童体验创业精神,并在创新领域寻找学习机会,如在社会新兴企业或绿色新兴企业和金融技术公司中学习知识。

在所有金融部门的会议和活动中展示新的商业模式,此举将有利于吸引人才进入具有可持续性的行业和商业模式。此举还有利于培育管理风险及控制失败的文化,以鼓励创新。

2. 利用创新和金融技术的力量来促进可持续金融

金融技术有能力扰乱整个服务领域,从而也有可能为可持续金融带来

---

① 李华友等:《绿色信贷加快德国转入绿色发展轨道》,《环境保护》2010年第7期。

协同效应(synergies)。例如,通过将可持续性与智能数据管理联系起来,就将为可持续金融带来协同效应。金融技术可能会对"了解你的客户"(know your customer,KYC)流程产生破坏性的影响,KYC 流程将可持续性偏好整合到投资者资料中,为可持续金融产品提供 AI 咨询,或通过区块链整合促进股东参与,这些行为将促进更好的治理(governance)。近年来建立的众多孵化结构(incubation structures)和加速结构(acceleration structures)为吸引金融科技公司开发可持续金融的新型解决方案提供了重要的基础设施。

作为向金融科技(fintechs)提供支持的一个例子,卢森堡金融技术之家(LHoFT)将金融普惠(financial inclusion)作为其核心战略之一。LHoFT 为多个影响力基金提供帮助和建议方面的加速服务(acceleration services),并通过非洲的金融科技(fintechs)支持金融普惠。但仍需要进一步探索,如何将金融技术与可持续发展目标有效联系起来。利用金融技术实现可持续的目标,例如应对气候变化或赋予妇女权力,将使整个金融系统更加可持续。

具体建议为:(1)在培育中心(incubators)、学校和研究中心之间建立密切联系,以吸引人才和建立人力资本;(2)促进创新,为可持续发展目标服务,探索更好地利用金融技术的方式,实现可持续发展目标。

(六)发展专业知识和最佳实践

1.培养在金融产品结构、资产管理和评估测量方面的专业技能

混合金融(blended finance)作为公共金融和私人金融包括投资和拨款补助(grants)的有效结合,是满足可持续发展的巨大融资需求的必需品。卢森堡的有效监管框架,能够保证这种创新的、有价值的融资机制的有效运行,该框架还对此种类型的投资者情况和要求进行了考量。

此外,卢森堡大学还需要就如何在金融产品的设计和结构中最好地实现可持续性这一问题进行进一步的研究。可持续地管理资产需要将环境、社会和治理方面(ESG)的标准与传统的财务标准结合起来。卢森堡大学、金融学院和金融部门培训之家(House of Training for the Financial Sector)应与国际和国家研究中心合作,如卢森堡科学和技术研究所(Luxembourg Institute of Science and Technology, LIST), 以发展可持续金融方面的额外的专业技能, 例如可持续资产管理方面的专业技能。这可能意味着创建新的硕士课程, 增加可持续金融研究的博士或博士后机会, 或创建影响力管理和评估方面的专家课程。

欧洲投资银行(EIB)等机构以及大学和研究机构需要一道进一步发展现有的专门知识。在卢森堡的大力支持下, 欧盟委员会可持续金融技术专家组(European Commission Technical Expert Group on Sustainable Finance)以及可持续投资分类标准的发展预计将为这一主题(进一步发展现有专业技能)提供指导。

近年来, 在评估和衡量投资对环境和社会的影响方面, LuxFLAG 等行为主体获得了宝贵的专业知识。将绿色投资纳入主流有着"漂绿"(greenwashing)的内在风险, 对额外财务业绩进行更深入的评估可以确保透明度和可信度。

作为一个国际金融平台, 重要的功能是为不在同一理解和专门知识水平的行动主体分享专门知识。这可以通过以下组织来实现:(1)卢森堡基金行业协会(Association of the Luxembourg Fund Industry, ALFI)、卢森堡银行家协会(Luxembourg Bankers Association, ABBL)和卢森堡保险和再保险协会(Association des Compagnies d'Assurances et de Réassurances du Grand - Duché de Luxembourg, ACA)提供指导和最佳实践, 以支持资产经理和金融产品开发商将一般金融标准和额外的金融标准纳入到风险管理、可持续基准的使用和各项指数之中;(2)培训之家——ATTF(金融技术转让机构, Agence de Transfert de Technologie Financière)提供培训和支持服务, 主要在发展中国家采用可持续金融的最佳做法, 其中也包括支持两性平等。

2. 制定 ESG 报告的最佳实践并为 ESG 报告提供指导

欧盟行动计划的建议之一是加强公司 ESG 政策的透明度, 以便向投资者提供正确的信息。被提议的规章要求机构投资者和资产管理公司披露其将 ESG 因素纳入风险过程(risk processes)的方式。作为对投资者和受益人所负责任的一部分,将 ESG 因素纳入投资决策过程的需求正在不断发展。欧盟委员会还考虑将 ESG 考量纳入投资公司和保险经销商向个人客户提供的建议中。

作为全球领先的金融产品经销平台,卢森堡有机会为制定有效的 ESG 报告系统和指南作出积极贡献。这些准则可以包括标准化影响力指标的范例,以及支持此种标准的方法和相应的计算工具。

可持续金融倡议认为气候相关财务信息披露工作组(the Task Force on Climate – related Financial Disclosures,TCFD)的建议将起到传递信号的重要作用。

需要利用各种资源为可持续金融产品制定一个能被普遍接受的报告框架。还必须完善涉及整个生态系统的专业技能,以便能够支持更广泛的国际金融部门收集气候相关财务信息,并在进行分析的基础上,为投资者编制有意义的报告。这对于卢森堡投资基金行业尤其重要。

综上所述:具体建议为:(1)推动混合金融研究计划,为可持续发展提供资金;(2)设立可持续金融的硕士和博士课程,如资产管理和影响力管理及其衡量方法;(3)建立、加强和扩大涉及评估和衡量社会和环境影响力的现有专业知识;(4)制定有效的 ESG 报告系统和指南。

(七)分析和重新设计激励机制和税收制度

激励机制可导致可持续金融产品的供应和需求显著增加。激励机制可以使产品发行者和投资者更积极地了解可持续投资的类型和特点,并能鼓励新的行动主体加入,使新加入的行动主体将大量资金转移到可持续投资中。

应根据国际倡议和欧盟可持续金融行动计划的精神,以透明和开放的方式对激励机制进行分析。有必要制定获得可持续金融激励的明确标准,同时还需由认证机构进行适当的核准并采取后续行动。

1. 分析和重新设计激励机制

可以通过设计激励机制,以鼓励长期、可持续的投资,并阻止不可持续的投资。激励机制应包括对激励机制的性质的评估(即确定何种类型的投资可以获得激励)和获得激励的条件(例如,免除资本收益税(exoneration of capital gains)的最短持有期或单位连结合同的最短期限)。此外,还需要评估针对产品发行人、投资者和被投资方的激励机制的倍增效应。

激励机制可以与具体的投资模式挂钩。例如,一项投资的财务业绩可能与其环境或社会效益有关。这种创新的激励计划需要与一些专业技能相结合,这些专业技能主要涉及衡量额外财务绩效(extra – financial performance)的方法。

2.认购税(subscription tax)和直接税

对于被投资方和投资者而言,直接税都具有重要的倍增潜力(multiplier potential)。对小额信贷基金(microfinance funds)免征认购税推动了这一行业的发展。但还应进行分析,以确定在何种条件下可对整个可持续投资基金采取同样的措施。

卢森堡劳动、就业、社会和团结经济部已开始对商业公司进行认证,证明它们在商业模式、业绩指标、审计和报告方面遵守了严格的标准。这些具有社会影响力的公司(SIS)享有税收优势和更大的公共采购渠道。可以让更多的公司或商业活动享受到此种优惠,但是它们必须遵守严格的 ESG 条件,对此,可以参考适用目前欧盟制定的分类标准。投资者可获得可持续投资方面的个人或公司所得税减免,例如对具有可持续标记的投资基金或 SIS 公司进行投资时,就可以享受税费减免。

3.间接税

间接税也有可能激励以社会和环境为导向的商业模式的发展。今天,一些基本部门和产品(从社会角度看)被纳入到可享受增值税税率优惠的清单之中,但在通常情况下,环境因素不被视作可享受增值税税率优惠的因素。降低增值税税率可以包括更普遍的可持续商业模式和活动,这一措施将支持这些小型初创企业的增长和发展。

综上所述,具体建议为:(1)重新设计投资激励机制,促进产品开发商、投资者和被投资方的长期投资;(2)分析直接税收激励如何与可持续的金融活动和商业模式相联系;(3)分析是否应为可持续发展的公司和商业模式扩大间接税的减免范围。①

有研究指出,养老基金、基金会、捐赠及宗教机构等被定义为"长期投资者"。为满足信托责任(fiduciary duty),这些机构有义务实施合理的关注、技术、警告并且忠于信任目的。信托责任源于英国的衡平法,处在信托法律关系中的受信人必须对委托人和受益人负有诚信(faith)、忠实(loyalty)、正直(candor)并为其最佳利益工作的义务。信托责任必须超越公司和机构投资者利益最大化的财务责任。政府必须以财政激励和长期政策促进可持续消费和责任投资。②

(八)以身作则并进行概念验证

以可信赖的方式引领可持续金融的发展,关键是要有一个雄心勃勃的可持续金融战略和一以贯之的措施。其他关键因素包括将可持续性标准纳入投资战略,以及清晰透明地报告财务绩效和社会影响力或环境影响力。公共采购也是如此。为了确定其 ESG 稳定性和碳足迹(carbon footprint),必须对公共投资进行筛选。需要制定和传达关于公共投资、主权基金和公共养老金的明确准则。此外,公共基金还应通过行使投票权和实行积极的股东参与来发挥其巨大的影响力。此行为与国际条约和公约作出的承诺相一致。

政府的作用之一是利用公共手段,确保对创新投资和高风险投资的概念进行验证。卢森堡—欧洲投资银行气候金融平台就是一个很好的例子。公共资金投资于各部门、各国或各类风险,其目的是承担额外的风险,并吸引商业和私人资金进入可持续金融领域。同时。也应考虑其他项目,例如设立一个社会和环境影响力基金或为这些类型的投资提供种子资金(seed funding)。在绿色信贷方面,公共融资也可以发挥主导作用。公共信贷机构应起到补充作用,并将社会和环境标准纳入其融资政策和贷款条件之中,以改善投资者获得资金的机会,促进可持续和绿色企业的蓬勃发展。

---

① UNEP Finance Initiative, *Luxembourg Sustainable Finance Roadmap*, Luxembourg, October 2018.
② [美]卡里·克劳辛斯基、尼克·罗宾斯:《绿色金融:可持续投资的国际经验》,于雅鑫、李鉴墨译,东北财经大学出版社 2017 年版,第 172、175、182 页。

综上,具体建议为:(1)为了确定其 ESG 稳定性和碳足迹,对公共投资进行筛选。(2)为主权基金和公共养老金制定明确的指导方针,并传达这一指导方针。(3)通过积极的股东参与来发挥公共资金的影响力。(4)利用公共资金来进行概念验证(证明可持续金融的可行性),例如通过建立一个社会和环境影响力基金来进行验证。同时,还可以利用公共资金建立种子基金等倡议组织。(5)在公共信贷机构中制定和实施绿色贷款政策。

(九)评估衡量发展情况

实施本路线图各项建议需要设计和建立一个管理框架:(1)目前的情况是什么(可以量化的)?(2)将采取何种行动(提供短期、中期和长期的投入)来改变目前的状况?(3)哪些社会和环境指标被纳入政策规划措施之中?(4)衡量变化的有意义的指标是什么?(5)如何保障数据收集和报告?(6)如何追踪指标,必要时进行调整?(7)如何追踪计划的实施情况和实施过程,并在必要时进行调整?

详细的数据收集工具、衡量工具和报告工具将有助于评估可持续金融领域所有行动主体所取得的进展。就所取得的进展进行沟通对于加强认同和凝聚力至关重要。可持续金融倡议有利于促使金融部门以及国家统计局、中央银行、金融和保险部门监管机构和协会、大学和研究机构等行动主体作出贡献、发挥作用。

根据欧盟可持续增长金融行动计划将要出台的分类标准来定义各项指标,该分类标准的具体技术要求将在今后几个月内制定完成。然后应当保证:(1)这些指标被纳入数据收集的过程之中;(2)数据和结果不会使人产生误解;(3)随着时间的推移,这些统计数字仍具有连续性和连贯性。

以下是一些相关指标的例子,这些指标的灵感来自国际可持续发展金融中心联盟(International Network of Financial Centres for Sustainability,FC4S)的工作。但是这些指标只是半成品,仍需完善。

1.将在卢森堡发行或存放的可持续性资产管理规模与总的资产管理规模(AUM)进行对比:(1)按照公众投资者、机构投资者和散户投资者的分类进行对比;(2)按照居民投资者和国际投资者的分类进行对比;(3)按产品类型分类:如债券、投资基金、储蓄账户、保险和养老产品,进行对比。

2.签署了 PRI、PSI 或其他促进可持续投资原则的绿色债券发行人、绿色贷款提供者、资产所有者或管理人的数量。

3.与传统贷款相比,银行发放的绿色贷款的数量和金额:(1)向私人客户发放的数量;(2)向公司客户发放的数量;(3)向机构客户发放的数量;(4)向公共实体发放的数量。

4.贴有标签的可持续投资产品数量:(1)私募股权和/或债务基金;(2)上市股票和/或债务基金;(3)绿色债券。

5.以可持续金融为重点的培训课程的数量。

6.已经通过 ESG 适应性评估的认证董事(certified directors)人数。

7.公布碳排放量的上市公司和投资基金数量。

8.与传统标准相比,遵循可持续性标准的公共采购的数量。

随着时间的推移不断发展的监管措施将会在必要时采取纠正措施。此外,监管和报告发展情况具有滚雪球的潜力(snowball potential),并将增加所有利益相关方的自主权。

综上,具体建议为:(1)与诸如国际可持续发展金融中心联盟的倡议组织一起,参与最佳实践和指标的制定;(2)确定利益相关者以保障控制框架实施,并保证其定义的准确;(3)随着实践的推移,不断对发展情况进行衡量与交流;(4)必要时采取纠正措施。

综合本节上述内容,卢森堡可持续金融路线图的主要建议内容如表3-1所示。①

表 3-1　卢森堡可持续金融路线图的主要建议

主要建议	具体内容
制定和传达一项雄心勃勃、量身定做、清晰明确的可持续金融战略	1.制定有雄心的、连贯一致的、透明的可持续金融战略,体现卢森堡的特色及附加价值;2.确保获得所有的利益相关者的认可并保证沟通的透明。

---

① UNEP Finance Initiative, *Luxembourg Sustainable Finance Roadmap*, Luxembourg, October 2018. 笔者翻译整理。

主要建议	具体内容
建立一个协调实体	以公私合作(PPP)的形式,建立一个可持续金融行动组织(Sustainable Finance Initiative)作为一个协调的实体,并建立具有明确角色和职责的部门和/或特定主题工作组。
利用金融部门的专长	1.结合现有工具,并根据可持续金融的需要,为可持续投资基金和其他金融产品开发工具包;2.增加流动产品的供应,例如可持续的UCITS、上市的绿色债券和可持续债券、储蓄账户和保险产品;3.分析卢森堡如何利用其混合金融框架和专业知识,更好地连接投资者和投资对象,为可持续发展筹集资金。
提高意识,将可持续发展融入教育和专业培训	1.组织有关可持续金融的定期活动和会议,提高认识,展示可持续金融行动举措和产品;2.将可持续性融入国家品牌(national branding),以促进整个生态系统的可持续性:可持续发展是社会凝聚力、经济机会和差异化因素的创造者;3.将金融知识和可持续金融纳入学校课程和高等教育;4.将可持续金融纳入所有金融部门的培训;5.考虑采用对董事会成员进行ESG适应性评估的标准。
促进创新	1.在孵化培育中心(incubators)、学校和研究中心之间建立密切联系,以吸引人才和建设人力资本(human capital);2.促进创新,为可持续发展目标服务,探索如何更好地利用金融技术,实现可持续发展目标。
发展专业知识和最佳实践	1.推动混合金融研究计划,为可持续发展提供资金;2.设立可持续金融的硕士和博士课程,如资产管理、影响力管理以及影响力衡量等课程;3.建立、加强和扩展关于评估衡量社会与环境影响力投资方面的现有专业知识;4.制定有效的ESG报告系统和报告指南。
分析并重新设计激励机制和税收制度	1.重新设计投资激励措施,促进产品开发商、投资者和被投资方的长期投资;2.分析直接税收激励如何与可持续的金融活动和商业模式相联系;3.分析是否应为可持续发展的公司和商业模式扩大间接税减税项目的范围。

主要建议	具体内容
以身作则并确保概念验证	1. 基于 ESG 有效性及其碳足迹(carbon footprint),对公共投资进行筛选;2. 为主权基金(sovereign funds)和公共养老金(public pensions)制定并传达明确的指导方针;3. 通过积极的股东参与(engagement)来利用公共资金的影响力;4. 利用公共资金确保概念验证(例如通过创建社会和环境影响力基金,social and environmental impact fund)并为这些行动举措提供种子基金(seed – fund)。
评估衡量进展	1. 采取诸如加入国际可持续金融中心联盟(International Network of Financial Centres for Sustainability, FC4S)等举措,参与制定最佳做法和指标;2. 明确利益相关者以保证控制框架的定义准确和有效实施;3. 组织数据收集、评估并随着时间的推移交流进展情况;4. 必要时采取纠正措施。

卢森堡发展绿色可持续金融的基础包括其政治社会稳定,法律制度健全创新,国小民富经济发达,金融业发达开放程度高,地理位置优越辐射力强,拥有掌握多种语言的高素质人才且社会保障体系完善,具有政治法律经济地理社会人才等多方面的优势;且制定了一系列优惠政策鼓励金融业企业进驻、发展,使得卢森堡具备了优越、宽松的金融环境,在税收政策和营商环境等方面也具有一定的优势。

卢森堡制定了一个全面的国内气候融资议程,并决心实现《巴黎协定》和联合国可持续发展目标。2018 年,卢森堡与联合国环境规划署金融行动机构合作起草了《卢森堡可持续金融路线图》,通过利用卢森堡作为国际金融中心的固有优势,进一步构建、实施和发展综合可持续的金融战略。卢森堡金融推广署 2019 年 11 月发布《可持续金融》,进一步阐述了发展可持续金融的目标与计划。

卢森堡通过先进的解决方案、试验并实施新措施以确保卢森堡在可持续金融产品方面处于领先地位。具体为:一是容易获得(easy to access)。投资者应该能够找到一个完整和透明的可持续投资机会。二是专业管理(expertly managed)。应支持资产管理者建立、管理和分销其可持续产品。三是明确目的(serving a purpose)。应支持可持续企业获得长期资金。四是可信度(credible)。应评估可持续金融产品的影响,以保证透明度并建立市场信心,以及避免"漂绿"(greenwashing)。①

为推进发展绿色可持续金融,卢森堡开展了设立卢森堡绿色交易所、卢森堡—欧洲投资银行气候金融平台、国际金融公司/Amundi Planet Emerging Green One(EGO)基金,推出气候金融和绿色债券标签,建立气候金融加速器,发布《卢森堡可持续金融路线图》等关键举措。

卢森堡通过制定并执行全面的国内气候金融战略,致力于为气候金融提供合适的环境,取得了显著的贡献成效,包括已成为全球领先的证券上市中心、世界绿色债券之都、欧洲领先的可持续投资基金注册地、拥有公私伙伴关系架构的理想环境、发展小额金融和普惠金融、提供可持续金融质量标签服务、协助管理慈善投资项目让财富发挥作用以及提供金融知识转移与透明标准。

《卢森堡可持续金融路线图》指出,绿色可持续金融的发展涉及多个群体的利益,需要采取集体行动、公共部门与私营部门共同努力发挥作用,以及分阶段持续开展实施。《卢森堡可持续金融路线图》提出了九项建议,具体为:制定和传达一项雄心勃勃、量身定做、清晰明确的可持续金融战略,建立一个协调实体,利用金融部门的专长,提高意识,将可持续发展融入教育和专业培训,促进创新,发展专业知识和最佳实践,分析并重新设计激励机制和税收制度,以身作则并确保概念验证,以及评估衡量进展。

---

① UNEP Finance Initiative, *Luxembourg Sustainable Finance Roadmap*, Luxembourg, October 2018, p.25.

第四章　香港地区绿色可持续金融法律政策

　　香港是世界三大国际金融中心之一,也是全球最大的人民币离岸业务中心,具有发展绿色金融的基础和优势。2018 年在香港安排和发行绿色债券总额达 110 亿美元,是 2017 年的 3 倍以上。其中只有 17% 的发行主体是在香港注册的企业,此外还有世界银行、欧洲投资银行以及我国内地的机构。气候债券倡议组织(CBI)的数据显示,2018 年非香港机构在香港安排及发行的绿色债券为 706 亿港元,约占当年总额的 83%,其中来自我国内地的机构发行的绿色债券为 70 亿美元,约占市场总额的 64%。① 2019 年中共中央、国务院印发的《粤港澳大湾区发展规划纲要》明确提出"支持香港打造大湾区绿色金融中心,建设国际认可的绿色债券认证机构"。② 香港地区的绿色可持续金融法律政策比较分散,相关规定散见于香港金融管理局官方网站"储备管理"职能下的"负责任投资","银行体系"职能下的"银行监管制度"之"绿色及可持续银行","国际金融中心"职能下的"绿色和可持续金融中心",以及"国际金融中心"职能下的"债券市场发展"之"政府绿色债券计

---

　　① 陈林龙:《发挥香港比较优势捕捉绿色金融机遇》,《中国银行业》2019 年第 10 期;于东智、周大勇、郝明杨:《绿色金融在香港:优势、措施及在港中资金融机构着力点》,《中国银行业》2020 年第 7 期。

　　② 中共中央、国务院:《粤港澳大湾区发展规划纲要》,2019 年 2 月 18 日印发。

划"和"税收优惠和激励措施"。① 有研究指出,香港目前实行"引导 + 监管 + 规划"的绿色金融政府主导发展模式,其绿色金融制度呈现出国际化程度高、认证规则严格、交易产品丰富等特点。② 本章内容拟结合相关资料,对香港地区实施绿色可持续金融的背景、工作机制、策略计划、政府示范引领、激励机制、标准认定等法律政策与实践作一分析研究。

第一节　香港地区实施绿色可持续金融的背景

一、保护资源与生态环境

（一）加强废物管理和资源回收

针对香港地区每日产生的人均家居废物量偏高的问题,急需妥善处置废弃物并推动"惜物减废"的生活方式。基于此,2013 年香港特别行政区环境局发布《香港资源循环蓝图 2013—2022》。《香港资源循环蓝图 2013—2022》的愿景是"将环保文化融入全港市民的日常生活当中,从而达至惜物、减废,共同珍惜地球资源";策略为"制订整全的废物管理计划,并与市民共同承诺落实革新,珍惜资源,减少废物";整体目标为"在 2022 年或以前减少40% 的都市固体废物人均弃置量";具体目标为"于 2022 年或以前,将都市固体废物人均弃置量,由现时每日 1.27 公斤减至 0.8 公斤"。

《香港资源循环蓝图 2013—2022》还明确了政策方向和主要行动。政策方向为:一是政府同时采取全方位的措施,以避免产生及减少废物;二是全力动员、全民参与;三是全面填补香港废物基建设施不足之处。主要行动包括:一是透过都市固体废物按量征费和生产者责任计划等减废政策及法规,推动行为改变;二是动员参与具有明确目标的全民运动,包括减少厨余、回

---

① 香港金融管理局官方网站:https://www.hkma.gov.hk/,2021 年 8 月 20 日访问。
② 卢雁、唐士亚、吴瑕:《香港绿色金融的政府主导发展模式及其启示》,《亚太经济》2021 年第 5 期。

收饮品玻璃樽、自备购物袋和社区环保站等;三是投放资源以完善废物相关基建,包括有机资源回收中心、转废为能的综合废物管理设施,以及堆填区扩建工程。[①]

在对《香港资源循环蓝图 2013—2022》的实施成效进行评估的基础上,结合新的形势,香港特别行政区环境局于 2021 年 2 月发布《香港资源循环蓝图 2035》,提出了以下主要内容。1. 三大新愿景:全民减废、资源循环、零废堆填。2. 两个新目标:中期目标是推行都市固体废物收费,把都市固体废物的人均弃置量逐步减少40%至45%,同时把回收率提升至约 55%;长远目标是发展足够的转废为能设施,长远摆脱依赖堆填区。3. 六大主要行动:全民减废、分类回收、资源循环、支援业界、协同创新、教育推广。[②]

(二)保持空气清新

为推行以健康为本的空气质素政策,减少空气污染以降低对公众健康的影响,2013 年 3 月香港特别行政区环境局发布了《香港清新空气蓝图》。目标包括:2014 年,实施新空气质素指标;2014 年,配合新空气质素指标推出新的空气质素健康指数(AQHI);2015 年,达致 2015 粤港减排目标;2020 年,达致新空气质素指标水平及 2020 粤港减排目标。主要策略包括:

1. 减少路边空气污染物排放

具体策略为:(1)更换柴油商业车计划:新的柴油商业车需于 15 年内退役;(2)专营巴士加装选择性催化还原器;(3)石油气的士或小巴安装催化转换器;(4)重组专营巴士路线;(5)推行专营巴士低排放区。

2. 减少船舶排放

具体策略为:(1)规管远洋轮船泊岸转油;(2)本地船只采用更清洁船用柴油。

3. 深化跨境合作

具体策略为:(1)研究区域光化烟雾;(2)在广东省推展清洁生产;(3)探

---

① 香港特别行政区环境局:《香港资源循环蓝图 2013—2022》,2013 年发布。

② 香港特别行政区环境局:《香港资源循环蓝图 2035》,2021 年 2 月发布。

讨在珠三角港口推展远洋轮船泊岸转油。此外,还明确了检视研究,即与本地及国际专家合作推展空气质素及健康研究。①

2017年6月,香港特别行政区环境局发布了《香港清新空气蓝图2013—2017进度报告》,分析阐述了落实2013年《香港清新空气蓝图》的具体措施和进度成果,包括改善空气素质及其管理系统、改善路边空气污染、减少船舶排放、管制发电厂排放、规管非道路移动机械排放、内地及区域合作等方面。②

2021年6月,香港特别行政区环境局、运输及房屋局、食物及卫生局、发展局联合发布《香港清新空气蓝图2035》,提出了"健康宜居、低碳转型、比肩国际"的三大愿景。目标是在2035年前成为空气质素媲美国际大都市的宜居城市,最终目标是空气质素全部符合世界卫生组织《空气质素指引》的最终指标。③

(三)改善水质

为保障公众健康和保护海洋生物,香港特别行政区环境局和环保署致力改善香港的水质。环保署制订了净化海港计划和污水收集整体计划,为所需的排污基础设施定下蓝图,把污水收集及引流到污水处理厂进行处理,并以符合环保的方式排出大海。

香港特别行政区政府正逐步落实净化海港计划和污水收集整体计划建议的工程,以配合香港现时和未来发展需要。透过推行净化海港计划和污水收集整体计划,污水收集网络现已覆盖全港93%人口,每日处理的总污水量达280万立方米。④

(四)自然保育和保护生物多样性

根据1976年颁布的《郊野公园条例》(第208章),香港设立了24个郊野公园和22个特别地区(其中一半位于郊野公园内),以保护大自然、向市

① 香港特别行政区环境局:《香港清新空气蓝图》,2013年3月发布。
② 香港特别行政区环境局:《香港清新空气蓝图2013—2017进度报告》,2017年6月发布。
③ 香港特别行政区环境局、运输及房屋局、食物及卫生局、发展局:《香港清新空气蓝图2035》,2021年6月发布。
④ 香港特别行政区政府:《香港特别行政区政府绿色债券框架》,2019年3月28日发布。

民提供户外康乐及教育设施,这些郊野公园和特别地区,涵盖 44300 公顷的树林、灌丛、草地和大部分河溪的源头,占香港土地总面积近 40%。

自 1995 年起,根据《海岸公园条例》(第 476 章)已指定 4 个海岸公园和 1 个海岸保护区,所占水域面积共达 2430 公顷,旨在保护和管理具重要生态价值的珊瑚群落、海草和海藻床、岩岸和其他海岸与海洋生境,以作保育、教育和康乐用途。

此外,根据《野生动物保护条例》(第 170 章),有 3 个具重要生态价值的生境已划为限制地区,限制进入,尽量减少对该区生境和野生生物的干扰。这些限制地区包括沙头角盐灶下村后的成熟林地、米埔沼泽区和内后海湾的潮间带泥滩,以及南丫岛深湾沙滩。除了划定自然保育用地外,政府亦通过规划土地用途和其他行政管制措施,保护具重要生态价值的生境,免受不协调的发展影响。《城市规划条例》(第 131 章)规定,法定图则可将生态敏感地点划定适当土地用途,以保护自然景观和生境。

2016 年 12 月,香港特别行政区环境局发布了香港首份城市级的《生物多样性策略及行动计划 2016—2021》,分析了对香港特别行政区生物多样性保护的现状、挑战和威胁;详细阐述了生物多样性策略及行动计划,涵盖了四个范畴(加强保育措施、推动生物多样性主流化、增进知识和推动社会参与)的 67 项具体行动计划;并提出了落实计划的 4 大举措,包括拨款资助、负责落实及统筹计划的单位、咨询机构以及监察汇报评价。①

二、节能与绿色低碳发展

(一)节约能源和提升能源效益

1. 节能目标

通过节约及更有效地善用能源,可以减少浪费、减少污染,以及减低对已透支的环境所造成的压力。2015 年 5 月,香港特别行政区环境局发布了《香港都市节能蓝图 2015—2025 +》。其提出的目标为:(1)能源强度。以

---

① 香港特别行政区环境局:《生物多样性策略及行动计划 2016—2021》,2016 年 12 月发布。

2005 年作为基年,于 2025 年之前达致将能源强度减少 40%。(2)政府建筑及公共房屋。建筑面积 5000 平方米以上并备有中央供冷系统及 10000 平方米以上的新建政府建筑物至少要达到绿建环评金级评级;以及新建公共房屋至少要达到绿建环评准金级。

2. 节能策略

节能策略主要有三个方面:(1)公营界别。政府和公营发展机构以身作则,为加快转变创造条件。(2)私营界别。集中在新建及现有私人楼宇的节约能源,抓紧具效益的潜在范畴。(3)伙伴合作。与能源和建筑环境相关的持份者协作,促进"节能"转型。

3. 节能重点

节能重点为:(1)政府牵头带动作示范;(2)提高新建和现有建筑物(占全港用电量 90%)的能源效益;(3)协助商界、机构和市民在选购具能源效益的电器和车辆;(4)推动全民节能的具体做法和生活方式。

4. 节能措施

《香港都市节能蓝图 2015—2025＋》提出的政策是通过结合教育、社会、经济和规管措施推动节约能源,尤其在建筑物及其用户方面,于 2025 年之前达到高能源效益。主要措施如下。

(1)经济措施。一是通过政府建筑物、公共房屋及公营发展机构,带头推动节约能源及绿色建筑。二是政府建筑物在 2020 年之前(以 2014 年为基年)达到 5% 的节电目标,并且于 2019—2020 年制定 2020—2025 年的进一步节能计划。

已实施的措施包括:全港七分之一的建筑物(约 6400 座建筑物)已受惠于 4.5 亿港元资助额的"建筑物能源效益资助计划";位于启德的区域供冷系统;给予私营界别绿色建筑项目的总建筑面积宽免措施;以及 2014—2018 年电力公司的绿适楼宇基金(中华电力有限公司(中电))和智"惜"用电基金(香港电灯有限公司(港灯))大约 1 亿港元。

(2)规管措施。定期检讨、扩大及/或收紧相关的能源标准,包括《建筑物能源效益条例》《建筑物(能源效率)规例》以及《能源效益(产品标签)

条例》。

已实施的措施有《建筑物能源效益条例》《建筑物（能源效率）规例》以及《能源效益（产品标签）条例》。

（3）教育措施。一是加强宣传及强化学校和公众教育计划；二是通过强化环保经理和能源监督的角色，加强政府部门的节能工作；三是促进公营界别节约能源。

已实施的措施有：在物理学课程包含节能课题；各种中学教材教导节能；香港科学馆的能源效益中心；有关能源的网站。

（4）社会措施。一是通过政府资助计划，支持社区节能活动；二是与耗能高的商业用户合作，推动适用于个别界别的运动；三是环境局局长邀请建筑环境相关的领袖共议，加快在私营界别采纳绿色建筑。

已实施的措施有：自2005年起有数以千计的节能约章合作伙伴，与证券交易所联手推动上市公司的碳足迹数据库及环境、社会及管治报告。①

（二）推广绿色建筑

建筑物占全港用电量约九成，因此香港特别行政区政府已采取多项措施推广绿色建筑。2015年，香港特别行政区环境局与发展局更新名为《绿色政府建筑》的内部联合通告，订明新建政府建筑物，如其建筑楼面面积超过5000平方米并设有中央空调，或建筑楼面面积超过10000平方米，应以取得绿色建筑环境评估（"绿建环评"）的第二最高评级（即"金"级）或以上评级为目标。

绿色建筑环境评估（"绿建环评"）就建筑物在规划、设计、施工、调试、管理、运作及维修中各范畴的可持续性，订立了一套全面的表现准则，评核结果受香港绿色建筑议会认可并发出认证。借着为建筑物在生命周期中的整体表现作公平、客观的评估，大大小小的机构及企业都可借助绿建环评，展示其致力推动可持续发展的决心。

此外，所有新建政府建筑物的能源效益表现须超越《建筑物能源效益条

---

① 香港特别行政区环境局：《香港都市节能蓝图2015—2025＋》，2015年5月发布。

例》(第610章)下《建筑物能源效益守则》所订标准3%至10%。至于现有政府建筑物,决策局及部门须致力取得绿色建筑认证,尤其是计划进行主要翻新或改装工程的政府建筑物,以展示环保成果。①

(三)发展可再生能源

香港并无进行大型商业化可再生能源发电的有利条件。香港地区的陆地面积只有1106平方公里,当中大部分属于天然山坡,海域亦有限。尽管如此,香港地区仍有适度发展可再生能源的潜质。估计由2017年至2030年间,香港地区能够以风力、太阳能及转废为能实现可再生能源的潜质约为3%至4%。②

香港特别行政区政府也一直在技术和财政可行的情况下,带头推动可再生能源的发展,以及利用市场上发展成熟的技术更广泛和具规模地应用可再生能源。就此,香港特别行政区政府已预留10亿港元(1.27亿美元)为现有政府建筑物、场地及小区设施设置小型可再生能源装置,又积极探讨发展大型可再生能源项目,例如在水塘设置浮动太阳能系统,以及在合适的堆填区设置太阳能系统。

此外,为支持私营界别发展可再生能源项目(例如安装于天台的太阳能板或风力发电系统),香港特别行政区政府引入上网电价,视发电容量每度电为3至5港元(即0.384至0.641美元)。③预计大部分可再生能源系统的回本期可缩短至十年以内。④

(四)发展清洁运输

为促进香港的可持续发展能力、交通连系、宜居程度和人口流动,香港特别行政区政府致力建立由不同交通工具组成的完善公共交通系统,并以铁路这种清洁运输工具作为系统的骨干。香港特别行政区政府优先发展铁

---

① 香港特别行政区政府:《香港特别行政区政府绿色债券框架》,2019年3月28日发布。
② 香港特别行政区环境局:《香港清新空气蓝图2013—2017进度报告》,2017年6月发布。
③ 目前香港两家电力公司的住宅用户电费(不包括回扣)分别为每度电约0.144美元(中华电力有限公司)和0.107美元(香港电灯有限公司)。
④ 香港特别行政区政府:《香港特别行政区政府绿色债券框架》,2019年3月28日发布。

路网络,以纾缓交通挤塞和减低空气污染。

2014年9月,香港特别行政区运输及房屋局公布《铁路发展策略2014》,建议在新市镇推展七个新铁路项目。当这些项目完成后,香港的铁路全长会超过300公里,覆盖本地75%人口居住的地区。铁路能带来环境效益,每年可减少路边污染物和温室气体排放量约2%至4%。[①]

三、应对气候变化

(一)《巴黎协定》的适用与核心内容

《巴黎协定》在2015年12月通过,承接在2020年届满的《京都议定书》。中国在2016年4月22日地球日正式签署《巴黎协定》,并于2016年9月3日予以批准。《巴黎协定》已于2016年11月4日生效。按中央人民政府决定,《巴黎协定》适用于香港特别行政区。

《巴黎协定》的核心内容是呼吁全球携手行动,以期"尽快达到温室气体排放(下称"碳排放")峰值,并在21世纪下半叶实现碳源与汇之间的平衡,即在2051年至2100年达致'碳中和';以及把全球平均气温升幅控制在工业化前水平低于2℃之内,并努力将气温升幅限制在1.5℃之内"。

《巴黎协定》的碳排放峰值目标和1.5℃至2℃的目标,有精密科学计算的依据:"气温上升2℃的影响,足以令世界部分地区的人类死亡率上升、引发极端天气事件、生物多样性降低、地域性食物减产等。如全球气温升幅超过该水平,将会引致更大的风险及灾害。"

《巴黎协定》对缔约方在制定时间表、订立自主行动贡献目标、构建开放透明的政策和执行机制、各部门机构企业组织公众共同参与合作行动等提出了要求。《巴黎协定》要求所有缔约方须自行编制适度进取的"国家自主贡献",并制订目标及时间表。且各缔约方须每五年编制一次"国家自主贡献"并检讨应对气候变化工作,新一份"国家自主贡献"在内容上须较上一份有所进步。

---

① 香港特别行政区政府:《香港特别行政区政府绿色债券框架》,2019年3月28日发布。

(二)我国内地与香港地区的气候行动目标

1. 我国内地的气候行动目标

我国内地至 2030 年的国家自主行动目标包括:(1)二氧化碳排放 2030 年左右达到峰值并争取尽早达峰;(2)单位国内生产总值二氧化碳排放比 2005 年下降 60% 至 65%;(3)非化石能源占一次能源消费比重达到 20% 左右;(4)森林蓄积量比 2005 年增加 45 亿立方米左右。

2. 香港地区的气候行动目标

2017 年 1 月香港特别行政区环境局发布由气候变化督导委员会所制订的《香港气候行动蓝图 2030 +》,其明确香港地区的目标是:在 2030 年把碳强度(即以每单位本地生产总值计的碳排放量)由 2005 年的水平降低 65% 至 70%,相等于在 2030 年把绝对碳排放量减低 26% 至 36%,或把人均排放量由 2016 年的 5.7 公吨减至 3.3 至 3.8 公吨。[①]

《香港气候行动蓝图 2030 +》的实施效果总体良好,香港碳排放总量在 2014 年达峰(即碳排放达到最高峰后不再增长然后回落)后已呈下降趋势。2020 年,香港的碳排放量较 2005 年的水平减少约五分之一,而每年的人均碳排放量则约为 4.5 公吨,较 2014 年的人均峰值(即 6.2 公吨)下降了接近 30%。在 2019 年,发电是香港最大的碳排放源,约占三分之二(66%),其次为运输(约占 18%)、废弃物(约占 7%,主要来自堆填区)、其他燃料耗用(约占 5%)和工业过程及产品使用(约占 4%)。2021 年 10 月,香港特区环境局发布《香港气候行动蓝图 2050》,提出的中期减碳目标是力争在 2035 年前把碳排放总量从 2005 年的水平减少 50%,即由 2005 年约 4000 万公吨的水平,降至 2035 年近乎 2000 万公吨;并及早在 2050 年前实现碳中和。[②]

(三)香港地区气候行动的策略

1. 香港气候行动蓝图 2030 +

香港特别行政区在 1997 年停止兴建新的燃煤发电厂,自此便逐步以天

---

① 香港特别行政区环境局:《香港气候行动蓝图 2030 +》,2017 年 1 月发布。
② 香港特别行政区环境局:《香港气候行动蓝图 2050》,2021 年 10 月发布。

然气和零碳能源取代燃煤发电。2017 年 1 月香港特别行政区环境局发布的《香港气候行动蓝图 2030＋》明确了具体气候行动策略,包括:在 2030 年前逐步减少燃煤发电并以天然气取代;发展风力、太阳能、生物质能等可再生能源;建筑节能;扩展铁路网络及改善公共交通服务,将香港运输业的人均运输碳排放保持在低量水平;优化市区的生态系统及适当的绿化,有助应对气候变化;加强社会对气候相关风险和紧急情况的反应等。[①]

2. 香港电动车普及化路线图

2021 年 3 月香港特别行政区环境局发布了首份《香港电动车普及化路线图》。该政策发布的背景是因应全球气候变化,减少碳排放和污染物排放,提高空气质素,创造绿色就业,支持绿色复苏,建设智慧城市。全面电气化已成为全球的大趋势,在各国政府的大力推动下,电动车使用率节节上升。在 2010 年全球只有 1.7 万辆纯电池驱动的电动车,至 2019 年已增近300 倍至超过 480 万辆。多国亦宣布,在未来 10 年大幅提高电动车的使用量,以及减少甚至停止生产燃油车的计划。基于此,香港特区政府发布《香港电动车普及化路线图》,全面加强推动使用电动车,目标是:配合 2050 年前碳中和的目标,争取在 2050 年前达到车辆零排放。主要包括以下措施。

(1)电动私家车。在 2035 年或以前停止新登记燃油私家车,包括混合动力车。

(2)电动商用车。在未来数年积极推动试验各种电动公共交通工具及商用车,力求约在 2025 年制定更具体推行的方向及时间表。

(3)政府车队。政府新购及到期更换的中小型私家车以电动车为标准,以作示范牵头之用。

(4)充电网络。建立各方面适切的电动车充电网络,当中涵盖公营及私人的充电设施,推动充电网络市场化以让其可持续发展。

(5)维修服务。提供合宜的进修、再培训及教育机会以培养所需的专业

---

① 香港特别行政区环境局:《香港气候行动蓝图 2030＋》,2017 年 1 月发布;香港特别行政区政府:《香港特别行政区政府绿色债券框架》,2019 年 3 月 28 日发布。

人员及技术工人,支持电动车技术及维修方面的发展。

（6）电池回收。争取在未来几年立法就电动车退役电池推行生产者责任计划。

此外,《香港电动车普及化路线图》明确五年一检与时并进,计划约每五年检视当中的策略及目标。[①]

3.《香港气候行动蓝图2050》

《香港气候行动蓝图2050》提出了以下四大减碳策略以及相应的目标与措施。

（1）净零发电。2035年或之前不再使用煤作日常发电,增加可再生能源在发电燃料组合中的比例至7.5%至10%,往后提升至15%;并试验使用新能源和加强与邻近区域合作,长远达至2050年前净零发电的目标。

（2）节能绿建。通过推广绿色建筑、提高建筑物能源效益和加强实行低碳生活,减少建筑物的整体用电量。目标是在2050年或之前,商业楼宇用电量较2015年减少30%至40%,以及住宅楼宇用电量减少20%至30%;并在2035年或之前能达到以上目标的一半。

（3）绿色运输。通过推动车辆和渡轮电动化、发展新能源交通工具及改善交通管理措施,长远达至2050年前车辆零排放和运输界别零碳排放的目标。政府会在2035年或之前停止新登记燃油和混合动力私家车,亦于推广电动巴士及商用车辆的同时,计划在未来三年内,与专营巴士公司及其他持份者合作,试行氢燃料电池巴士及重型车辆。

（4）全民减废。为实现2050年前废物处理达至碳中和的目标,政府会致力在2035年或之前发展足够的转废为能设施,以摆脱依赖堆填区处理生活垃圾。政府亦会加强推动减废回收,预计在2023年落实垃圾收费及2025年起分阶段管制即弃塑料餐具。

在资金投入方面,过去10年香港特区政府已拨款超过470亿港元,推行各项减碳措施;在未来15年至20年间将再投入2400亿港元,推动一系列应

[①] 香港特别行政区环境局:《香港电动车普及化路线图》,2021年3月发布。

对气候变化的工作,主要包括发展分布式可再生能源、管理能源需求(包括在新旧楼宇提升能源效益及节约能源)、推动车辆减碳以达至车辆零碳排放以及革新废物管理系统以停止以堆填方法处理都市废物等。

在机构方面,香港特区环境局将成立新的气候变化与碳中和办公室,加强统筹和推动深度减碳工作,并成立应对气候变化的专责咨询委员会,鼓励社会各界包括青年人积极参与气候行动。此外,香港特区政府将按《巴黎协定》的精神,对气候行动蓝图持续推进约五年一检、评估更新。①

第二节　香港地区绿色可持续金融的工作机制与策略计划

一、绿色可持续金融的工作机制

香港金融管理局(以下简称"金管局")是香港地区的中央银行机构,成立于1993年4月1日,由外汇基金管理局与银行业监理处合并而成。金管局的四项主要职能为:一是在联系汇率制度的架构内维持货币稳定;二是促进金融体系,包括银行体系的稳定与健全;三是协助巩固香港的国际金融中心地位,包括维持与发展香港的金融基建;四是管理外汇基金。②

香港地区关于绿色和可持续金融的组织架构与工作机制主要有:一是成立"绿色和可持续金融跨机构督导小组";二是在由绿色和可持续金融跨机构督导小组之下成立跨界别平台"绿色和可持续金融中心",并在绿色和可持续金融中心下设两个工作小组,分别为"技能培训工作小组"和"数据工作小组";三是香港品质保证局作为第三方认证机构;四是成立香港绿色金

---

① 香港特别行政区环境局:《香港气候行动蓝图 2050》,2021 年 10 月发布。
② 香港金融管理局网站:https://www.hkma.gov.hk/,2021 年 8 月 20 日访问。

融协会。

（一）绿色和可持续金融跨机构督导小组

成立绿色和可持续金融跨机构督导小组的目的是应对环境和气候变化对金融系统带来的严重风险与挑战，筹募资金促进低碳经济转型，协调香港的绿色金融策略，支持香港的绿色金融发展，巩固香港作为亚洲及全球领先的绿色和可持续金融中心的地位，并促进包括粤港澳大湾区在内的区域合作。

1. 督导小组的发起人和成员

2020 年 5 月 5 日，绿色和可持续金融跨机构督导小组由金管局和证券及期货事务监察委员会（证监会）共同发起成立。其他成员包括环境局、财经事务及库务局、香港交易及结算所有限公司（香港交易所）、保险业监管局（保监局）及强制性公积金计划管理局（积金局）。

2. 督导小组的主要工作职责

督导小组旨在通过以下方式协调金融业针对气候和环境风险的措施应对，加快香港绿色和可持续金融的发展，并支持政府的气候策略：（1）探讨关于绿色和可持续金融的政策和监管事宜，尤其是可能造成跨行业影响的课题；（2）协调政策方向，确保香港具备周密全面的绿色和可持续金融策略；（3）透过组成技术小组和咨询专家及持份者的意见，处理跨行业技术事宜；（4）掌握国际及区域绿色和可持续金融方面的趋势、议题和发展情况，研究香港如何更好地定位和在区内及全球发挥领导作用；（5）研究香港在绿色和可持续金融方面如何增强优势，提高在地区和国际领域的思维领导水平。①

（二）绿色和可持续金融中心

绿色和可持续金融中心是一个由绿色和可持续金融跨机构督导小组成立的跨界别平台。中心负责统筹金融监管机构、相关政府部门、业界持份者②及学术机构在培训、研究和政策制订方面的工作。

---

① 香港金融管理局网站：《有关成立绿色和可持续金融跨机构督导小组的联合声明》，https://www.hkma.gov.hk/gb_chi/news－and－media/press－releases/2020/05/20200505－8/，2021 年 8 月 20 日访问。

② "持份者"意指持有股份或对某件事情有一定的表决权的人或利益相关者——笔者注。

该中心一方面是建立了一个资源、数据及分析工具的知识库,支持业界向更可持续的发展模式转型;另一方面是成立了两个工作小组,分别为技能培训工作小组和数据工作小组,主要负责制订策略及蓝图,以促进人才及技能培训,建立数据储存库,提升数据分析能力。工作小组在制订建议时,将征询其他持份者的意见。

1.技能培训工作小组

技能培训工作小组成员包括:瑞银(联席主席)、香港科技大学(联席主席)、东方汇理资产管理香港有限公司、法国东方汇理银行、香港数码港管理有限公司、香港绿色金融协会、汇丰人寿保险(国际)有限公司、泰加保险有限公司、香港中文大学、香港保险业联会、香港总商会和香港大学。

2.数据工作小组

数据工作小组成员包括:花旗集团(联席主席)、香港保险业联会(联席主席)、北京绿色金融与可持续发展研究院、贝莱德、彭博、恒安标准人寿(亚洲)有限公司、香港数码港管理有限公司、香港绿色金融协会、工银亚洲、昆士兰保险(香港)有限公司、香港总商会、香港科技大学和香港大学。①

(三)香港品质保证局

考虑到培育本地绿色认证服务的专才的重要性,香港特区政府一直鼓励香港品质保证局设立绿色金融认证计划("认证计划")。认证计划参照多个国际及国家的绿色金融标准,为绿色金融工具提供第三方认证服务。

(四)香港绿色金融协会

香港绿色金融协会是在香港特区政府的支持下于2018年9月成立,目标和使命是汇聚业内专家,为特区政府及其他监管机构提供政策建议,推动香港发展绿色金融,打造香港成为首屈一指的国际绿色金融中心。

---

① 香港金融管理局网站:主页/主要职能/国际金融中心/绿色和可持续金融/绿色和可持续金融中心,https://www.hkma.gov.hk/gb_chi/key-functions/international-financial-centre/green-and-sustainable-finance/centre-for-green-and-sustainable-finance/,2021年8月20日访问。

二、绿色可持续金融的策略计划

为应对气候变化,争取香港在 2050 年前实现碳中和的目标,支援落实即将于 2021 年中更新的《香港气候行动蓝图》,提高香港未来路向的透明度,2020 年 12 月,督导小组发布了《香港的绿色和可持续金融策略计划——共建更绿和更可持续未来》,包括六个重点关注领域和五个短期行动纲领,以巩固香港金融生态系统,长远共建更绿和更可持续的未来。督导小组在制订策略计划时,已咨询主要持份者及业界的意见。

(一)重点关注领域

重点关注的六个领域为:(1)风险管理。加强管理气候相关财务风险,以巩固香港作为全球风险管理中心的地位。(2)资料披露。推动气候相关资讯在各层面的流通,以便利风险管理、资金分配及投资者保障。(3)技能建立。提升业内人士的相关技能,促进公众对绿色和可持续金融的关注。(4)金融创新。鼓励产品创新及研究措施,促使资金流向绿色和可持续项目。(5)内地机遇。把握内地带来的商机,发展香港成为粤港澳大湾区的绿色金融中心。(6)携手合作。加强区域及国际合作。

(二)短期行动纲领

五个短期行动纲领包括:(1)相关行业须在 2025 年或之前按照气候相关财务披露工作小组(TCFD)的建议就气候相关数据作出披露;(2)采纳共通绿色分类目录;(3)支持国际财务报告准则(IFRS)基金会在可持续汇报的工作;(4)鼓励进行以气候为重点的情境分析;(5)建立平台协调跨界别工作,包括技能提升及绿色和可持续金融资源库的编制。[①] 具体分述如下。

1. 相关行业必须在 2025 年或之前按照气候相关财务披露工作小组的建议,就气候相关资料作出披露

金融稳定理事会设立气候相关财务披露工作小组(Task Force on Climate

---

① 香港特别行政区绿色和可持续金融跨机构督导小组:《香港的绿色和可持续金融策略计划——共建更绿和更可持续未来》,2020 年 12 月。

– related Financial Disclosures），旨在改善及增加气候相关财务资料的汇报。气候相关财务披露工作小组的建议围绕四个主题范畴而制订，每个范畴均代表着机构营运方式的核心元素：管治、策略、风险管理，以及指标和目标。

根据现行规定，上市公司必须在 2020 年 7 月 1 日或之后开始的财政年度披露气候相关资料。此外，有关当局亦已就银行及资产管理公司在披露气候相关资料方面开展工作。在这基础上，积极加强金融机构（包括银行、资产管理公司、保险公司及退休金受托人）在气候相关资料方面的披露，并在切实可行的情况下尽快扩大强制披露的范围，务求令金融市场能够掌握更多企业及资产将如何受到气候变化影响的资讯，以支持更有根据的资本分配，并促进市场纪律。

2. 以采纳共通绿色分类目录为目标

绿色分类目录是指将被视为在环境方面可持续的经济活动加以分类的系统。"共通绿色分类目录"为各 IPSF（International Platform on Sustainable Finance）司法管辖区在环境方面可持续的投资的定义提供独一无二的共同参考指标，从而为所有投资者和公司提供透明度。

在国际可持续金融平台下、由中国及欧盟所领导的绿色分类目录工作小组（International Platform on Sustainable Finance Working Group on Taxonomies）计划于 2021 年年中前制订"共通绿色分类目录"。香港金融管理局和证券及期货事务监察委员会已经加入了国际可持续金融平台。

3. 支持国际财务报告准则基金会在可持续汇报的工作

支持国际财务报告准则（International Financial Reporting Standards, IFRS）基金会的建议，成立一个新的可持续准则委员会，以制订及维持一套全球统一的可持续汇报准则。督导小组将会支持其他准则制订组织的协调工作，使全球的可持续汇报准则趋向一致。这些措施将令可持续汇报准则纳入稳健的管治架构内，并促使全球适用的独立核证准则的制订，以提高披露资料的可靠性。

4. 鼓励进行以气候为重点的情境分析

鼓励进行以气候为重点的情境分析，以评估金融机构在不同气候变化情景下所受到的影响,例如透过银行及保险公司的气候风险压力测试试验计划,以及大型资产管理公司的情境分析。这些举措要求金融机构将气候考虑因素纳入其业务程序(包括风险管理)的有关措施中的一部分,并且有助于找出数据及技能方面的缺口,以便日后作出改进。

5. 建立平台协调跨界别工作

建立一个用作统筹金融监管机构、政府机关、业界持份者及学术机构的平台,协调跨界别技能建立、探讨前沿议题,及在可持续及绿色交易所以外编制一个公开的跨界别绿色和可持续金融资源库。[①]

第三节　香港地区绿色可持续金融的政府示范引领

香港金融管理局作为负责外汇基金投资管理的机构支持实施负责任投资,香港特区政府积极实施政府绿色债券计划,以此作为政府示范引领发展绿色可持续金融。

一、开展负责任投资

香港金融管理局作为负责外汇基金投资管理的机构,认为负责任投资理念与投资管理工作息息相关。

(一)适度强调负责任投资以及减低 ESG 相关风险的理念

香港金融管理局视负责任投资为一种顾及环境、社会及管治(ESG)因素对长期投资回报及其可持续性有影响的投资方式。金管局认为,通过适度强调负责任投资及考虑各项投资的可持续长期表现,将更有效达致外汇基金的投资目标,并且减低投资活动涉及的 ESG 相关风险。

---

① 香港金融管理局网站:《绿色和可持续金融跨机构督导小组推出策略计划巩固香港金融生态系统共建更绿和更可持续未来》,https://www.hkma.gov.hk/gb_chi/news - and - media/press - re-leases/2020/12/20201217 -4/(2020 年 12 月 17 日),2021 年 8 月 25 日访问。

（二）采取融入、主动行使资产拥有权和合作的负责任投资原则

香港金融管理局采取的指导性原则是，当 ESG 投资与其他投资项目的经风险调整长期收益相若时，一般会优先考虑 ESG 投资。作为负责任的长期投资者，香港金融管理局在投资管理过程中，会因应情况采纳以下的负责任投资原则。

1. 融入

金管局相信 ESG 因素会对投资项目的长期价值带来重大影响。具体措施包括：（1）将 ESG 因素融入投资分析程序，以辨察风险及物色良机；（2）选拔及聘任认同金管局的负责任投资理念的外聘投资经理，亦会向所有外聘投资经理传达金管局的负责任投资理念，并期望他们会与金管局的理念一致，以达致整体可持续的长期经济表现。

2. 主动行使资产拥有权

金管局就所持有的上市公司股票适当地行使股东权利，以维护投资的长期价值。金管局相信，顾及 ESG 因素的负责任企业行为，将有助创造长线的股东利益。金管局期望外聘投资经理透过行使表决权及与相关企业沟通时，主动行使资产拥有权，藉以协助金管局履行对投资项目的拥有权责任。

3. 合作

金管局致力于与理念相近的投资者及监管机构合作，推动良好的长期投资管理手法。

（三）将 ESG 因素纳入公开市场和私募市场的投资管理

金管局已将 ESG 因素并入公开市场及私募市场的投资管理过程中，具体措施如下。

1. 公开市场投资

（1）金管局规定负责管理香港股票组合及中国股票主动投资组合的外聘投资经理须承诺遵守证券及期货事务监察委员会于 2016 年颁布的《负责任的拥有权原则》，若未能遵守则须作出解释。而负责管理已发展市场股票组合的外聘投资经理则须恪守公认的国际 ESG 标准。

（2）金管局已将 ESG 因素纳入外聘投资经理的甄选、聘任及监察标准中。

（3）金管局已将 ESG 因素作为债券投资的信用风险分析的其中一环。

（4）金管局自 2015 年起投资于绿色、社会责任及可持续债券，是该类市场的早期投资者之一。金管局将继续透过直接投资或投资 ESG 债券基金，加大外汇基金的 ESG 债券组合。

（5）金管局已投资于国际金融公司的"联合贷款组合管理计划"。该计划重点投资新兴市场的可持续项目。

（6）金管局已采纳 ESG 股票指数作为被动投资组合的投资基准，在股票投资中建立以 ESG 为主题的委托投资管理。

（7）金管局会继续留意以 ESG 为题的投资机会，例如主动式的 ESG 投资组合及以低碳为题的投资工具。

2. 私募市场投资

（1）在尽职调查过程中，金管局会检视专责合伙人的 ESG 政策及具体措施。ESG 评估是外汇基金长期增长组合尽职调查中的必要评估项目。

（2）金管局会一如既往，继续物色具备可持续特点的投资项目。例如，金管局自 2013 年起已经以直接/合作投资方式投资于可再生能源项目。在房地产投资组合方面，金管局已投资于：（ⅰ）绿色建筑物，及（ⅱ）具有绿色及可持续特点的仓库。绿色认证已被列入为房地产投资的重要考虑因素。

（四）强化国际合作倡导 ESG 标准

香港金融管理局致力于与理念相近的投资者及国际组织互动合作，在投资管理过程中提倡 ESG 标准。

1. 金管局是 PRI 的签署人之一

金管局作为联合国支持的《负责任投资原则》（United Nations – supported Principles for Responsible Investment（PRI）的签署人之一，肩负作为全球倡导者的责任。金管局将会参与制定 ESG 最佳作业手法，并推动其他投资者采纳负责任的投资方法。

2.金管局是 FCLT Global 的成员

Focusing Capital on the Long Term(FCLT Global)作为非营利性机构,旨在透过举办工作坊及研究,推动以长远目标为本的业务及投资决策。金管局作为成员之一,会参与有关工作坊及讨论,以促进对长远效益的推广。

3.金管局支持"气候相关财务资讯披露工作小组"

"气候相关财务资讯披露工作小组"就气候相关财务资讯披露制定了四项建议,包括管治、策略、风险管理及指标与目标。金管局已加大力度采纳其建议。

(1)管治。外汇基金咨询委员会为外汇基金定下负责任投资的指导性原则及整体框架,并由辖下的投资委员会监察 ESG 相关的投资风险及检视负责任投资的实行。

(2)策略。致力研究运用不同工具及方法(包括利用气候情境分析)去识别气候变化为外汇基金投资带来的短期以至长远风险和机遇。

(3)风险管理。在投资过程中会评估气候相关风险及机遇,并设有一个涵盖不同政策范畴的跨部门工作平台,定期检视和讨论有关 ESG 的风险及机遇,以协调各部门对 ESG 相关事宜的处理方法。

(4)指标和目标。正研究合适的气候风险指标及数据以评估及管理外汇基金与气候相关的风险。

4.金管局是"央行与监管机构绿色金融网络"的成员

该网络的成员合力推动金融行业的环境及气候风险管理的发展,并鼓励主流金融领域支持过渡至可持续的经济模式。[1]

二、实施政府绿色债券计划

(一)背景与目的

香港地区是亚洲领先的债券枢纽,以发行量计,是亚洲(除日本外)第三

---

[1] 香港金融管理局网站:主页/主要职能/储备管理/负责任投资,https://www.hkma.gov.hk/gb_chi/key - functions/reserves - management/responsible - investment/,2021 年 8 月 25 日访问。

大债券市场,仅次于中国内地和韩国。金管局和香港特区政府已推出多项措施,以推动香港债券市场的进一步发展,包括实施外汇基金票据及债券发行计划、政府债券计划,以及政府绿色债券计划。政府向合资格的债券发行人和投资者,提供不同的税务优惠和激励措施。①

香港地区通过政府绿色债券计划下发行绿色债券,为特区政府工务计划下符合改善环境、应对气候变化和转型至低碳经济体等理念的工程项目融资或再融资。所有绿色债券均须符合《政府绿色债券框架》所载的原则和条件。在框架下发行的绿色债券须与国际资本市场协会发布的《绿色债券原则2018》②("《绿债原则》")或其日后的修订一致。③此外,香港地区的政府绿色债券计划与政府债券计划属两项不同的债券发行计划,两者在法律依据、规模上限和资金管理上是独立的。

《绿色债券原则》(Green Bond Principles, GBP)由国际资本市场协会(International Capital Market Association, ICMC)2014年制定发布,此后多次修订,目前最新版本为《绿色债券原则(Green Bond Principles)2021年版》。《绿色债券原则》与《社会责任债券原则》(Social Bond Principles, SBP)、《可持续发展债券指引》(Sustainability Bond Guidelines, SBG)、《可持续发展挂钩债券原则》(Sustainability – Linked Bond Principles, SLBP)及后续发布的其他相关原则或指引统称为《原则》,是遵循《原则》管理架构发布的文件。上述《原则》是一系列自愿性原则框架,其目标和愿景是推动全球债务资本市场为环境和社会可持续性提供融资发挥作用。

《绿色债券原则2021年版》除了强调原有的"募集资金用途、项目评估与遴选流程、募集资金管理和报告"四大核心要素外,还提出了提高透明度的两项重点建议,即"绿色债券框架和使用外部评审"。④

---

① 香港金融管理局网站:主页/主要职能/国际金融中心/债券市场发展,https://www.hkma.gov.hk/gb_chi/key – functions/international – financial – centre/bond – market – development/,2021年8月25日访问。
② 《绿色债券原则2018》已于2021年6月更新为《绿色债券原则2021年修订版》——笔者注。
③ 香港特别行政区政府:《香港特别行政区政府绿色债券框架》,2019年3月28日发布。
④ 国际资本市场协会:《绿色债券原则2021年版》,2021年6月发布。

(二)募集资金用途

《绿色债券原则 2021 年版》指出,绿色债券的核心是债券募集资金应当用于合格绿色项目,且应在证券的法律文件中进行合理描述。此外,《绿色债券原则》并不判定哪种绿色科技、标准或声明具有最佳的环境可持续发展效益。[①] 根据 2019 年 3 月 28 日香港特区政府发布的《香港特别行政区政府绿色债券框架》,发行绿色债券所募集的资金,只会为一个或多个符合下表"合资格类别"的工务项目融资或再融资。该等项目可带来环境效益,并支持香港可持续发展。《香港特别行政区政府绿色债券框架》把该等项目界定为"合资格项目"。合资格项目须在香港特区境内进行。[②] 香港特区政府绿色债券计划合格绿色项目说明与《绿色债券原则 2021 年版》的合格绿色项目类别对应关系见表 4 - 1。

表 4 - 1 香港特区政府绿色债券计划合格绿色项目说明与
《绿色债券原则 2021 年版》的项目类别

香港特区政府绿色债券计划合格绿色项目类别说明			《绿色债券原则 2021 年版》的合格绿色项目类别(包括但不限于)
合资格类别	目标及效益	说明	
可再生能源	减缓气候变化:1. 减少温室气体排放;2. 提高香港可再生能源的装机容量及发电量	为政府建筑物、场地、设施和基础建设设计、建造、安装、操作和接驳太阳能(光伏)、风力及水力等可再生能源系统	可再生能源(包括其生产、传输、相关器械及产品)
能源效益和节约能源	减缓气候变化:1. 减少温室气体排放;2. 推动公私营界别节省能源	1. 为政府建筑物和物业设计、建造、安装和操作具能源效益并节约能源的系统及装置;2. 设计、建造和操作具能源效益的基础建设,例如建设区域供冷系统	能效提升(例如新建/翻新建筑节能、储能、区域供热、智能电网、相关器械与产品等)

[①] 国际资本市场协会:《绿色债券原则 2021 年版》,2021 年 6 月发布。

[②] 香港特别行政区政府:《香港特别行政区政府绿色债券框架》,2019 年 3 月 28 日发布。

续表

香港特区政府绿色债券计划合格绿色项目类别说明			《绿色债券原则2021年版》的合格绿色项目类别(包括但不限于)
合资格类别	目标及效益	说明	
污染预防及管控	污染预防及管控：减少空气污染物排放，以改善空气质素	为改善空气质素而设的监测和处理系统及设施	污染防治(包括减少废气排放、温室气体控制、土壤修复、预防和减少废弃物、废弃物循环利用、高效或低排放废弃物供能)
废物管理及资源回收	一、污染预防及管控：减少产生废物及透过循环再造提高资源回收率；确保妥善处理废物及其最终弃置；二、减缓气候变化：利用可再生能源发电，以减少温室气体排放	1.废物处理、循环再造及资源回收项目；2.转废为能项目，例如利用固体废物和污泥发电的项目，而其转废为能效益比率达25%；3.把有机废物循环再造，例如把厨余转化为生物气体/可再生能源(即生物质能)	
水及废水管理	一、保护和可持续地运用水资源：1.增加经处理、重用和减省的废水比例；2.减少耗水量；二、适应气候变化：提升供水基础设施在应对恶劣天气(干旱、水灾)和气候变化事故时的能力	1.建立配备分析仪器的智能网络管理系统，并进行相关工程，以减少耗水量；2.建造洗盥污水、经处理污水及雨水的收集、处理和循环再用设施；3.提供和复用用以收集和处理污水的排污基础设施；4.建造和维护有助应对气候转变的供水基础设施	可持续水资源与废水管理(包括可持续发展清洁水和/或饮用水基础设施、污水处理、可持续城市排水系统、河道治理以及其余形式的防洪措施)
			气候变化适应(包括提高基础设施抵御气候变化影响的能力，以及气候观测和预警系统等信息支持系统)
自然保育/生物多样性	保育生物多样性：保育和以可持续方式使用陆地、内陆淡水和海洋生态系统	保育和恢复自然环境和生物多样性，例如在具高生态价值的地点推行改善计划	陆地与水域生态多样性保护(包括海洋、沿海及河流流域的环境保护)
			生物资源和土地资源的环境可持续管理(包括可持续发展农业、可持续发展畜牧业、气候智能农业投入如作物生物保护或滴灌、可持续发展渔业及水产养殖业、可持续发展林业例如造林或再造林、保护或修复自然景观)

香港特区政府绿色债券计划合格绿色项目类别说明			《绿色债券原则2021年版》的合格绿色项目类别（包括但不限于）
合资格类别	目标及效益	说明	
清洁运输	减缓气候变化：1.推广低碳运输，以减少温室气体排放；2.改善空气质素；3.推广低碳运输，以减少空气污染物排放	开发、建设和操作低碳运输解决方案，包括作出以下投资：1.建设或营办公共、都市铁路、重型或轻型电轨、非机动、多式联运的运输项目；2.建造支持低碳运输的基础设施，例如植林地准备工作、车站、信号设备、网络衔接（包括乘客通道、乘客辅助设施、让网络保持安全、清洁和有效运作所需的设施）、公用设施及其他辅助基础设施；3.建造促进使用单车的基础设施（如单车径和单车存放处）和作出相关支出	清洁交通（例如电动、混合能源、公共、轨道、非机动、多式联运等交通工具类型、清洁能源车辆相关及减少有害排放的基础设施）
绿色建筑	减缓气候变化：提升建筑物的可持续发展表现，包括发展绿色建筑，以减少温室气体排放	兴建预期会获得认可绿色建筑认证的新政府建筑物/设施，以及翻新/改装已获得或预期会获得有关认证的现有政府建筑物/设施，例如：绿建环评计划的暂定/最终"金"或"铂金"评级，或绿建环评既有建筑自选评估计划的"卓越"或"优良"评级；或美国能源和环境设计领先认证计划（LEED）的"金"或"铂金"评级	符合地区、国家或国际认可标准或认证的绿色建筑
		——	循环经济产品、生产技术及流程（例如可重复利用、可回收和翻新的材料、组件和产品的设计和推广，循环工具和服务）和/或经认证的生态高效产品

资料数据来源：笔者结合香港特区政府发布的《香港特别行政区政府绿色债券框架》（2019年3月28日发布）和国际资本市场协会发布的《绿色债券原则2021年版》（2021年6月发布）整理制作。"——"表示暂无对应项目——笔者注。

《香港特别行政区政府绿色债券框架》特别强调，"为免生疑问，合资格项目并不包括使用化石燃料发电或提升化石燃料发电效能的项目，以及大型水力发电站（发电容量大于 20 兆瓦）及太阳能聚热发电。生物质发电原料只限于都市固体废物、厨余和污泥，该等原料不会损耗农业或森林资源等现有地面碳汇"。[①]

（三）项目评估与遴选

《绿色债券原则 2021 年版》提出，绿色债券发行人应向投资者阐明：1. 合格绿色项目对应哪些环境目标；2. 发行人判断项目是否为认可绿色项目类别的评估流程；3. 发行人如何识别和管理与项目相关的社会及环境风险的流程。

《绿色债券原则 2021 年版》还鼓励发行人：1. 结合其环境可持续管理相关的总体目标、战略、制度和/或流程，阐述上述信息；说明项目与现有一些官方或经市场发展形成的分类标准（如适用）一致性程度的信息，相关评判标准、排除标准（如有）。2. 同时披露项目遴选过程中参照的绿色标准或认证结论。3. 针对项目有关的负面社会和/或环境影响所引致的已知重大风险，发行人制定风险缓解措施等有关流程。此类风险缓解措施包括进行清晰中肯的利弊权衡与分析，若发行人评估后认为承担潜在风险执行该项目具有意义，应进行必要监控。[②]

为保证项目评估遴选的公开公正科学合理，香港特别行政区政府专门成立了"政府绿色债券计划督导委员会"（以下简称"督导委员会"），由财政司司长担任主席，成员包括财经事务及库务局局长、环境局局长、香港金融管理局副总裁，负责监察政府绿色债券计划的执行工作，以及根据本框架所订条款审议和核准以下事项：（1）本框架下绿色债券的发行；（2）每批绿色债券所募集资金分配予合资格项目的情况；（3）合资格项目在债券存续期是否

---

① 香港特别行政区政府：《香港特别行政区政府绿色债券框架》，2019 年 3 月 28 日发布。
② 国际资本市场协会：《绿色债券原则 2021 年版》，2021 年 6 月发布。

持续符合相关资格准则;以及(4)所草拟的报告。有需要时,相关决策局和部门的高层人员会获邀参与督导委员会。

《香港特别行政区政府绿色债券框架》进一步明确,特区政府各决策局和部门可向督导委员会提交预期符合资格项目及下述数据,以考虑该等项目是否符合募集资金用途部分所载的资格准则:1.项目说明,以及相关技术/科学方法以展示预期达至的环境效益;2.就符合相关标准而取得的初步、临时或最终认证;3.根据相关标准或基准,对能源、水、废物管理数据作出的评审(如适用)。

项目如获督导委员会根据本框架评为合资格项目,会在框架下获分配使用募集资金。督导委员会秘书处会备存文件及记录,详列所有核准合资格项目及绿色债券募集资金的分配情况。特区政府可委托具备资格的第三方,就项目是否属本框架下的合资格项目进行调查和作出报告。①

(四)募集资金管理

每批绿色债券所募集的资金在未分配予合资格项目前,会记入由财经事务及库务局(财库局)管理的基本工程储备基金。每批绿色债券所募集的资金,只会分配予在紧接该批债券发行日前后两个财政年度内的开支项目上。过半募集资金预期会分配予未来的开支项目。

香港特区财库局会就每批绿色债券备存内部记录册,记录以下数据。1.绿色债券的详情:各项主要细节,包括发行机构、交易日期、募集资金本金额、到期日、利息或票息、国际证券号码等。2.募集资金分配情况:确认督导委员会已批准把项目列为合资格项目;根据本框架获分配绿色债券募集资金的合资格项目详情摘要;每个合资格项目获分配该批绿色债券募集资金金额;各合资格项目获分配的绿色债券募集资金总额;未分配的募集资金余额;预期的环境效益;合资格项目的工程进度(即兴建进度或投入运作情况);合资格项目的再融资追溯期;以及其他相关数据。

① 香港特别行政区政府:《香港特别行政区政府绿色债券框架》,2019年3月28日发布。

有待分配的募集资金继续保存在基本工程储备基金,作为财政储备中营运及资本储备的一部分,并根据特区政府与香港金融管理局的现行安排,按每年厘定的固定回报率存放于外汇基金。

（五）报告

香港特区财库局会按年发表《绿色债券报告》,说明绿色债券的募集资金净额的分配情况。《绿色债券报告》包含以下资料:摘要;披露每批绿色债券的募集资金分配情况;披露每批已发售绿色债券的效益。

（六）外部评核

《香港特别行政区政府绿色债券框架》的内容获独立的环境、社会及管治研究机构 Vigeo Eiris 审核。Vigeo Eiris 就框架发出独立意见书,有关的独立意见书已上载至特区政府绿色债券计划网页。首批在框架下发行的绿色债券获香港质量保证局颁发"绿色金融认证计划"发行前阶段认证。在框架下发行的绿色债券获得香港品质保证局颁发"绿色金融认证计划"发行前阶段认证。首批绿色债券亦获得香港品质保证局颁发"绿色金融认证计划"发行后阶段认证。

（七）实施情况

1. 2018—2019 年度《财政预算案》的政府绿色债券计划

香港特区行政长官在 2017 年施政报告公布,为彰显政府对可持续发展的支持、应对气候变化的决心,以及推动绿色金融在香港的发展,政府将带头发行绿色债券。其后,财政司司长在 2018—2019 年度财政预算公布。

财政司司长在 2018—2019 年度《财政预算案》公布推出政府绿色债券计划,发行规模上限为 1000 亿港元的政府绿色债券,并将集资所得为政府的绿色公务项目提供资金,作为促进绿色金融尤其是绿色债券市场在香港发展的措施。

2018 年 11 月 15 日,立法会根据《借款条例》(《香港法例》第 61 章)第 3 条通过决议案(即第 61F 章),授权政府根据政府绿色债券计划借入任何时

候最高未偿还本金总额不超过 1000 亿港元或等值款项。政府绿色债券计划
期望可达致以下目的：彰显政府对可持续发展的支持及应对气候变化的决
心；为市场上的绿色债券产品提供基准；给其他潜在绿色债券发行人树立良
好榜样；推广绿色金融的认知和香港在发展绿色金融的国际形象；在政府绿
色债券计划中，金管局负责协助政府在计划下推行债券发行工作。①

2. 2021—2022 年度《财政预算案》的政府绿色债券计划

财政司司长随后于 2021—2022 年度财政预算公布计划将政府绿色债券
计划的借款上限提升一倍至 2000 亿港元，让政府有更大的空间尝试扩大绿
色债券的币种、项目的种类、发行的渠道，进一步丰富香港绿色和可持续金
融的生态。

根据立法会于 2021 年 7 月 21 日就《借款条例》第 3 条所通过的决议
案②（即第 61H 章），政府获授权根据政府绿色债券计划借入任何时候最高
未偿还本金总额不超过 2000 亿港元或等值款项。该项决议案已于 2021 年
7 月 23 日刊宪并生效，取代先前的相关决议案（即第 61F 章）。绿色债券计
划下所募集的资金将拨入基本工程储备基金，为政府的绿色项目提供资金。
香港金融管理局协助政府在计划下推行绿色债券发行工作。③

3. 政府绿色债券发售情况

（1）首批绿色债券

发行时间、金额和收益率。2019 年 5 月 22 日，香港特区政府宣布在政

---

① 香港金融管理局网站：主页/主要职能/国际金融中心/债券市场发展/政府绿色债券计划，
https://www.hkma.gov.hk/gb_chi/key – functions/international – financial – centre/bond – market – de-
velopment/government – green – bond – programme/,2021 年 8 月 25 日访问。

② 《立法会决议（基本工程储备基金）（2021 年 7 月 21 日）》（2021 年第 4 号编辑修订记录），
立法会于 2021 年 7 月 21 日根据《借款条例》（第 61 章）第 3(1) 条提出和通过的决议。议决——（a）
批准政府为基本工程储备基金（由 1982 年 1 月 20 日通过的决议（第 2 章，附属法例 A）所设立者）
的目的，不时向任何人借入总额不超过 2000 亿港元的款项或等值款项，该款额是根据本段借入的所
有款项在任何时间的未清偿本金的上限；（b）根据（a）段借入的款项，须记入基本工程储备基金账目
的贷方下；及（c）本决议取代在 2018 年 11 月 15 日通过的决议（第 61 章，附属法例 F）。

③ 香港特别行政区政府债券网站：主页/政府绿色债券计划概览/计划概览,https://www.
hkgb.gov.hk/sc/greenbond/greenbondintroduction.html,2021 年 8 月 25 日访问。

府绿色债券计划下成功发售首批绿色债券。该次绿色债券的发行金额为10亿美元,年期为5年。自2019年5月10日起于香港、伦敦、巴黎、法兰克福、阿姆斯特丹、波士顿、纽约和新加坡举行路演后,这批根据规则144A／规例S发售的美元绿色债券于2019年5月21日定价,收益率为2.555%（与5年期美国国债差距为32.5基点）。

投资者情况。这批绿色债券吸引认购金额超过40亿美元,为发行金额的逾4倍,使最终定价较初步价格指引收窄17.5基点。获得超过100个国际机构投资者认购,包括了不同类别的传统和绿色投资者,最终50%分配予亚洲的投资者、27%予欧洲的投资者,以及23%予美国的投资者。按投资者类别计,29%分配予银行,30%分配予基金经理、私人银行及保险公司,以及41%分配予主权基金、中央银行及国际组织。

评级与交易上市情况。这批绿色债券获标普全球给予AA＋以及惠誉给予AA＋评级,于香港交易所和伦敦证券交易所上市。

资金用途与认证发售。计划下所募集的资金将拨入基本工程储备基金,为具环境效益和推动香港可持续发展的工务工程提供资金。特区政府发布与政府绿色债券计划相关的绿色债券框架,表述政府如何运用债券发行所募得的资金,改善环境和推动低碳经济的发展。Vigeo Eiris 就绿色债券框架提供独立意见书。这批绿色债券亦获香港品质保证局颁发“绿色金融认证计划”发行前阶段认证。在该次发售绿色债券中,东方汇理银行及汇丰为联席全球协调行、联席牵头行、联席簿记行及联席绿色结构银行。①

（2）第二批绿色债券

发行时间、金额和收益率。2021年1月27日,香港特区政府宣布在政府绿色债券计划下成功发售总发行金额为25亿美元的绿色债券。该次绿色债券发行共有3期:5年期发行金额为10亿美元,10年期为10亿美元,30

---

① 香港金融管理局网站:《香港特区政府发售首批绿色债券》,https://www.hkma.gov.hk/gb_chi/news-and-media/press-releases/2019/05/20190522-3/(2019年5月22日),2021年8月25日访问。

年期为 5 亿美元。其中,30 年期为亚洲首个由政府发行的 30 年期绿色债券,也是香港特区政府目前所发行最长年期的债券。在 2021 年 1 月 25 日举行网上路演后,这批根据规则 144A / 规例 S 发售的美元绿色债券于 2021 年 1 月 26 日定价:5 年期的收益率为 0.635%(与 5 年期美国国债差距为 22.5 基点),10 年期为 1.414%(与 10 年期美国国债差距为 37.5 基点),30 年期为 2.431%(与 30 年期美国国债差距为 62.5 基点)。

投资者情况。5 年期及 10 年期皆各自吸引逾其发行金额 5 倍的认购金额,而 30 年期则吸引逾其发行金额 7 倍的认购金额。亚洲区的机构投资者夺得总发行额 65%,欧洲和美国投资者分别获分配总发行额的 20% 和 15%。其中,欧洲和美国投资者对长年期的绿债有较明显的偏好,合共取得 30 年期的一半发行额。按投资者类别计,34% 分配予银行,46% 予基金经理、私人银行及保险公司,以及 20% 予中央银行、主权基金及国际组织。

评级与交易上市情况。这批绿色债券获标普全球 AA + 以及惠誉 AA − 评级,于香港交易所和伦敦证券交易所上市。

资金用途与认证发售。香港金融管理局为此次根据政府绿色债券计划发售绿债的香港特区政府代表。该计划所募集的资金将拨入基本工程储备基金,为具环境效益和推动香港可持续发展的工务工程提供资金。特区政府于 2019 年发布绿色债券框架,表述政府如何运用绿色债券发行所募得的资金,以改善环境和推动低碳经济的发展。Vigeo Eiris 就该框架提供独立意见书。这批绿色债券亦获香港品质保证局颁发"绿色金融认证计划"发行前阶段认证。该次发售绿色债券由东方汇理银行及汇丰担任联席全球协调行、联席牵头行、联席簿记行及联席绿色结构银行。法国巴黎银行、花旗、工银亚洲、摩根大通及渣打银行为联席簿记行和联席牵头行。[①]

(3)第三批绿色债券

发行时间、金额和收益率。2021 年 11 月 18 日,香港特区政府宣布在政

---

① 香港金融管理局网站:《香港特区政府发售绿色债券》,https://www.hkma.gov.hk/gb_chi/news-and-media/press-releases/2021/01/20210127-3/(2021 年 1 月 27 日),2021 年 8 月 25 日访问。

府绿色债券计划下成功发售 30 亿美元等值的美元及欧元绿色债券。该次绿色债券发行共有 3 期:美元计价的 10 年期绿色债券发行金额为 10 亿美元,欧元计价的 5 年期及 20 年期绿色债券分别为 12.5 亿欧元及 5 亿欧元。其中,20 年期是当时亚洲地区最长发行年期的政府类欧元绿色债券,也是香港特区政府首次发行欧元债券。这批根据规例 S 发售的绿色债券在 2021 年 11 月 15 及 16 日举行网上路演,并于 11 月 17 日定价:10 年期美元债券的收益率为 1.855% (与 10 年期美国国债差距为 + 23 基点),5 年期欧元债券为 0.019% (与 5 年期欧元掉期利率中间价差距为 + 10 基点),20 年期欧元债券为 1.059% (与 20 年期欧元掉期利率中间价差距为 + 65 基点)。

投资者情况。10 年期美元债券吸引逾 29 亿美元认购金额,而 5 年期及 20 年期欧元债券共吸引逾 22 亿欧元认购金额。美元绿色债券当中 72% 分配予亚洲的投资者,28% 予欧洲的投资者。按投资者类别计,63% 分配予银行,16% 予基金经理、私人银行及保险公司,以及 21% 予中央银行、主权基金及国际组织。欧元绿色债券 27% 分配予亚洲的投资者,73% 予欧洲的投资者。按投资者类别计,25% 分配予银行,56% 予基金经理、私人银行及保险公司,以及 19% 予中央银行、主权基金及国际组织。

评级与交易上市情况。这批绿色债券获标普全球 AA + 以及惠誉 AA - 评级,于香港交易所和伦敦证券交易所上市。

资金用途与认证发售。该计划所募集的资金将拨入基本工程储备基金,为具环境效益和推动香港可持续发展的政府项目提供资金。香港特区政府于 2019 年发布绿色债券框架,表述政府如何运用绿色债券发行所募得的资金,以改善环境和推动低碳经济的发展。Vigeo Eiris 就该框架提供第二方意见。该次发行的绿色债券获香港品质保证局颁发"绿色金融认证计划"发行前阶段认证。该次发行的所有绿色债券由东方汇理银行及汇丰担任联席全球协调行、联席牵头行、联席簿记行及联席绿色结构银行。美元绿色债券的联席全球协调行亦包括花旗,欧元绿色债券的联席全球协调行则包括摩根大通。此外,花旗、摩根大通、法国巴黎银行、法兴企业和投资银行及瑞银皆获委为此次发行的联席牵头行和联席簿记行。①

(4)第四批绿色债券

发行时间、金额和收益率。2021年11月24日,香港特区政府宣布在政府绿色债券计划下成功发售50亿元离岸人民币绿色债券。分两个年期:3年期发行金额为25亿元人民币,5年期为25亿元人民币。该次为香港特区政府首次发行人民币债券,为人民币离岸市场提供重要的新基准。这批绿色债券在11月23日定价:3年期人民币债券的收益率为2.80%,5年期为3.00%。

投资者情况。两期人民币债券共吸引逾142亿元人民币认购金额。54%分配予银行,35%予基金经理、私人银行及保险公司,以及11%予国际组织、官方机构及私营企业。

评级与交易上市情况。这批绿色债券获标普全球AA+以及惠誉AA-评级,于香港交易所和伦敦证券交易所上市。

资金用途与认证发售。该计划所募集的资金将拨入基本工程储备基金,为具环境效益和推动香港可持续发展的政府项目提供资金。香港特区政府于2019年发布绿色债券框架,表述政府如何运用绿色债券发行所募得的资金,以改善环境和推动低碳经济的发展。Vigeo Eiris就该框架提供第二方意见。该次发行的绿色债券获香港品质保证局颁发"绿色金融认证计划"发行前阶段认证。该次发售绿色债券由东方汇理银行及汇丰担任联席全球协调行、联席牵头行、联席簿记行及联席绿色结构银行。工银亚洲亦担任联席全球协调行,并与中国银行(香港)、交通银行、瑞穗证券及渣打银行为联席牵头行和联席簿记行。②

香港特区政府目前四个批次的绿色债券发售概况如下表4-2所示。

---

① 香港金融管理局网站:《香港特区政府发售绿色债券》,https://www.hkma.gov.hk/gb_chi/news - and - media/press - releases/2021/11/20211118 - 3/(2021年11月18日),2021年11月25日访问。

② 香港金融管理局网站:《香港特区政府发售绿色债券》,https://www.hkma.gov.hk/gb_chi/news - and - media/press - releases/2021/11/20211124 - 3/(2021年11月24日),2021年11月25日访问。

表4-2　香港特区政府绿色债券发售概况

发行时间	首批	第二批	第三批	第四批
	2019年5月22日	2021年1月27日	2021年11月18日	2021年11月24日
发行金额	10亿美元,年期为5年	25亿美元,共有3期:5年期发行金额为10亿美元,10年期为10亿美元,30年期为5亿美元	30亿美元等值的美元及欧元绿色债券,共有3期:美元计价的10年期为10亿美元,欧元计价的5年期及20年期分别为12.5亿欧元及5亿欧元	50亿元离岸人民币绿色债券,共有2期:3年期为25亿元人民币;5年期为25亿元人民币
收益率	2.555%	5年期:0.635%;10年期:1.414%;30年期:2.431%	10年期美元债券:1.855%;5年期欧元债券:0.019%;20年期欧元债券:1.059%	3年期:2.80%;5年期:3.00%
评级	标普全球:AA+惠誉:AA+	标普全球:AA+惠誉:AA-	标普全球:AA+惠誉:AA-	标普全球:AA+惠誉:AA-

三、推动绿色及可持续的银行业发展

气候变化是影响人类福祉的主要风险之一。银行和金融体系如何运作,显然对气候变化风险的管理和缓解方式有影响。金管局致力于推广绿色及可持续金融以应对气候变化风险。

金管局将会分三阶段推动绿色及可持续的银行业发展。第一阶段:与业界建立一个共同框架,评估银行目前的"绿色"基准(Greenness Baseline)。金管局亦会与国际组织合作,为本港银行提供技术支援,掌握进行"绿色体检"的原则和方法。第二阶段:就绿色及可持续银行的监管期望或要求咨询业界及其他持份者,以订立一套提升香港银行业的绿色和可持续发展的具体目标。第三阶段:确立目标后,落实、审视及评估银行在这方面的进度。

金管局也会积极参与国际论坛,以支持全球发展绿色金融。作为央行与监管机构绿色金融网络(NGFS)的成员,金管局参与该网络的工作小组,探讨如何将气候风险以及其他绿色和可持续因素纳入监管架构及宏观监察工作。

第四节　香港地区绿色可持续金融的激励机制

香港地区绿色可持续金融的激励机制主要通过推出"税务优惠——合资格债务票据计划"和"绿色和可持续金融资助计划"两种形式实施。

一、促进香港债券市场发展的税务优惠——合资格债务票据计划

香港地区在 1996 年推出合资格债务票据计划,目的是吸引海外发债机构来港发债、拓展本地债券市场,以及提高香港的竞争力。该计划主要为来自合资格债务票据的利息收入及买卖利润提供税务优惠。[①]

（一）关于符合资格的债务票据的定义

符合资格的债务票据,是指有关债务票据是按照香港地区《税务条例》附表 6 第 I 部所指明并符合以下条件:(a)是关乎一项债务发行,而所发行的票据是全数由金融管理专员所营办的债务工具中央结算系统托管和结算,或是在香港的证券交易所上市的;(b)须在所有有关时间具有获金融管理专员承认的信贷评级机构所给予的并可获金融管理专员接受的信贷评级;(c)如在 1999 年 4 月 1 日之前发行,须最低面额为 500000 美元或等值外币;或如在 1999 年 4 月 1 日之后发行,须最低面额为 50000 美元或等值外币;(d)是在香港向公众发行的。由 2011 年 3 月 25 日开始,债务票据须在发行时,是在香港(i)向不少于 10 人发行或(ii)向少于 10 人发行,而其中并

---

① 香港金融管理局网站:主页/主要职能/国际金融中心/债券市场发展/税务优惠和激励措施,https://www.hkma.gov.hk/gb_chi/key – functions/international – financial – centre/bond – market – development/tax – concessions – and – incentive – schemes/,2021 年 8 月 25 日访问。

无该票据的发债人的"相联者";①以及(e)如它属无纸票据而如其为有形体的,即会按本定义的条款符合资格。

（二）关于税务宽减或豁免

对持有的不同时间段发行的符合资格的债务票据分别规定了不同的税务宽减或豁免,包括:(1)在2011年3月25日前发行的;或者(2)在2011年3月25日当日或之后,但在2018年4月1日之前发行的;或者(3)在2018年4月1日当日或之后发行的。其中持有在2018年4月1日当日或之后发行的符合资格的债务票据可以获得的税务宽减或豁免规定是,不论到期期间的长短,在2018年4月1日当日或之后发行的符合资格的债务票据所得的利息收入及利润一律获豁免征收利得税。但是,如果在收取或累算利息收入及利润时,有关人士是该债务票据的发债人的相联者,则有关税务豁免将不适用。②

二、促进香港债券市场发展的激励措施——绿色和可持续金融资助计划

2018年5月10日,香港金融管理局公布了有效期三年的《债券资助先导计划》以推动债券市场发展。香港地区财政司司长宣布的《2021—2022年度财政预算案》绿色和可持续金融资助计划,旨在促进香港的绿色和可持续债券发行和贷款活动。这项计划资助合资格的债券发行人和借款人的发债及外部评审服务支出。基于此,香港地区金融管理局于2021年5月4日公布了全新的《"绿色和可持续金融资助计划"指引》("绿色和可持续金融资助计划"以下简称"计划"),并于2021年5月10日开始实施,为期三年。

---

①　就债务票据的发债人而言,"相联者"的定义可参考《税务条例》第14A(4)条。本质上,"相联者"是指任何直接或间接控制发债人、或受发债人控制、或受控制发债人的同一人所控制的实体。但是,那些纯粹因为由某国家的中央政府或其主权基金或类似的国营企业共同拥有,但实际上以独立商业实体形式分开营运的公司,不会被视为相联者。

②　香港特别行政区税务局网站:主页/常见问题/符合资格的债务票据,https://www.ird.gov.hk/chs/faq/qdi.htm,2021年8月25日访问。

（一）"计划"出台的背景及目的

1. 主要背景

一是全球绿色债券市场在过去 10 年间迅速增长,至 2020 年达到 2700 亿美元的规模。二是香港地区自 2019 年起已成功发行两批政府绿色债券,并计划扩大规模,在未来五年因应市场情况再发行合共约 1755 亿港元等值的绿色债券。三是政府先前推出的"债券资助先导计划"和"绿色债券资助计划"于 2021 年年中届满,所以整合两个计划为"绿色和可持续金融资助计划",资助合资格的债券发行人和借款人的发债支出及外部评审服务,具体由金融管理局(以下简称"金管局")公布详情。①

2. 主要目的

一是鼓励机构进行相关的投融资及认证,促进绿色和可持续债券发行和贷款活动,推动香港地区的可持续项目,在 2050 年之前香港地区实现碳中和的目标。二是进一步丰富香港绿色和可持续金融的生态,提升香港地区作为绿色和可持续金融枢纽的地位。

（二）资助费用及其条件

资助计划的费用分为"一般债券发行费用"和"外部评审费用"两部分。

1. 一般债券发行费用

该费用涵盖合资格首次绿色和可持续债券发行人的债券发行费用,例如债券安排、法律顾问、审计、上市费用等。可见此"发行费用"仅限于"绿色和可持续债券"。

首先,明确了主体条件。主体条件为"首次绿色和可持续债券发行人",具体要求是指"于该债券定价日前的五年内,未曾在香港发行绿色和可持续债券的发行人"。需要注意的是,本计划下的债券安排行不能以发行人的身份申请本计划。相关释义还明确指出,在本计划中,"发行人"是指发行债券的实体及其相联者。"相联者"是指(i)受发行人控制的人/法团;(ii)控制发

---

① 陈茂波:《香港特区政府财政司司长动议二读〈2021 年拨款条例草案〉的演辞》,https://www.budget.gov.hk/2021/chi/speech.html. (2021 年 2 月 24 日),2021 年 5 月 10 日访问。

行人的人/法团;或(iii)受控制发行人的同一人/法团所控制的人/法团。此外,在该五年内只曾发行非绿色和可持续债券的发行人也符合申请资格。

其次,明确了合资格债券的条件。合资格债券必须符合以下五个条件:一是已由认可外部评审机构就该债券发行提供发行前外部评审服务;二是于香港发行;三是发行金额最少达到 15 亿港元(或等值外币);四是全数由金管局营办的债务工具中央结算系统(CMU)托管及结算或于香港联合交易所(SEHK)上市;五是在发行时,在香港(i)向不少于 10 人发行,或(ii)向少于 10 人发行,而其中并没有发行人的相联者。

再次,明确了资助金额及其上限。每笔绿色和可持续债券发行的资助金额相当于合资格费用的一半,上限为:250 万港元(如该笔债券、其发行人或其担保人具备金管局承认的信贷评级机构所给予的信贷评级);或者 125 万港元(如该笔债券、其发行人或其担保人均不具备金管局承认的信贷评级机构所给予的信贷评级)。每个发行人最多可为其两笔绿色和可持续债券发行申请资助。其中,"金管局承认的信贷评级机构"仅有以下四个:惠誉评级(Fitch Ratings)、穆迪投资者服务(Moody's Investors Service)、评级投资情报中心(Rating and Investment Information Inc.)和标普全球评级(S&P Global Ratings)。

最后,明确了合资格费用的范围。合资格费用包括:支付予香港安排行的费用;支付予香港法律顾问的费用;支付予香港核数师及会计师的费用;支付予香港信贷评级机构的费用;SEHK 上市费用;CMU 托管及结算费用。需要注意的是,已由香港或香港以外地方的其他资助计划所涵盖的费用不符合申请资格。外部评审服务之相关费用则由第二部分"外部评审费用涵盖"。

2. 外部评审费用

该费用涵盖合资格绿色和可持续债券发行人和贷款借款人与发行或借款相关的外部评审费用(包括发行前外部评审和发行后外部评审或报告),首次和非首次发行人和借款人均可申请。可见此"外部评审费用"包含了"绿色和可持续债券"和"绿色和可持续贷款"两大类。

首先,明确了合资格发行人/借款人的条件。绿色和可持续债券发行人及贷款借款人,包括首次和非首次发行人及借款人。但需要注意的是,本计划下的安排行/贷款人不能以发行人/借款人的身份申请本计划。

其次,明确了合资格债券/贷款的条件。其一,合资格绿色和可持续债券必须符合以下条件:一是已由认可外部评审机构就该债券发行提供发行前外部评审服务;二是于香港发行;三是发行金额最少达到 2 亿港元(或等值外币);四是全数由 CMU 托管及结算或于 SEHK 上市;五是在发行时,在香港(i)向不少于 10 人发行;或(ii)向少于 10 人发行,而其中并没有发行人的相联者。其二,合资格绿色和可持续贷款必须符合以下条件:一是已由认可外部评审机构就该贷款提供发行前外部评审服务;二是于香港发行;三是贷款金额最少达到 2 亿港元(或等值外币)。

再次,明确了资助金额及其上限。支付予认可外部评审机构的合资格费用之全额,每笔债券发行/贷款的资助金额上限为 80 万港元。

最后,明确了合资格费用的范围。合资格费用包括所有以下与债券发行或贷款相关的外部评审费用:一是发行前外部评审,例如,认证(certification)、第二方意见(second party opinion)、验证(verification)、ESG 评分/评级(scoring/rating)、保证(assurance)、就设立绿色和可持续债券/贷款框架提供的咨询服务;二是发行后外部评审或报告。但是,已由香港或香港以外地方的其他资助计划所涵盖的费用不符合申请资格。

3. 相关要求的解释

(1)于香港发行。其认定标准是:一是如一笔债券有一半或以上的牵头安排行为认可安排行,该债券会被视作于香港发行。债券安排活动包括债券发行及结构设计、准备法律及交易文件、销售及分配等活动。二是如一笔贷款至少一半的贷款额由香港的贷款人借出,该贷款会被视作于香港发行。

(2)认可安排行。金管局会根据安排行数据表格(Arranger Information Form)所得的数据,评价该安排行在香港是否有可观的债券资本市场(DCM)业务,考虑因素包括:DCM 业务规模、使用香港服务提供者的情况、香港 DCM 业务的发展计划以及其他相关因素。

（3）认可外部评审机构。在评价外部评审机构时，金管局会根据外部评审机构数据表格（External Reviewer Information Form）所得的数据，评价该机构是否于香港拥有一定业务规模（金管局会考虑其香港团队目前的人数和职能，其维持或扩大香港业务规模的计划以及其他相关因素）；是否在遵循国际认可的标准方面表现良好；是否在为绿色和可持续债券和贷款（尤其是国际发行）提供外部评审服务方面拥有良好往绩。

此外，《"绿色和可持续金融资助计划"指引》还规定了申请手续，包括申请资助、申请成为认可安排行、申请成为认可外部评审机构三种。①

第五节　香港地区绿色可持续金融的认证评定

香港品质保证局（Hong Kong Quality Assurance Agency，HKQAA）是由香港地区政府于1989年成立的非牟利机构，致力协助工商业发展质量、环境、安全、卫生、社会及其他管理体系，提供全方位的合格评定服务。香港品质保证局获得中国国家认证认可监督管理委员会（CNCA）批准，在中国境内设立认证机构——标准认证服务（上海）有限公司，之后并设立广州分公司，为中国大陆企业提供认证服务。此外，亦在澳门成立子公司，并于西安设立办事处。② 香港品质保证局制定了相关的标准、条件和程序，对绿色贷款、绿色债券、绿色基金、ESG基金在内的绿色金融进行认证。

一、绿色金融认证计划的类别

香港品质保证局将绿色金融认证计划进一步分为三种类型：绿色和可

---

① 古小东、郑泽华：《我国内地与香港绿色金融的激励政策》，《环境保护》2021年第14期；香港金融管理局网站：《"绿色和可持续金融资助计划"指引》，https://www.hkma.gov.hk/chi/news - and - media/press - releases/2021/05/20210504 - 4/.2021 - 05 - 10，2021年5月10日访问。

② 香港品质保证局网站：本局简介，http://www.hkqaa.org/gb_abthkqaa.php? catid = 1，2021年6月12日访问。

持续金融认证计划、绿色金融认证计划—ESG 基金、绿色金融认证计划—绿色基金。

(一)绿色和可持续金融认证计划

1.认证目的

绿色和可持续金融认证计划的目的是提升绿色和可持续金融公信力及持份者信心。"绿色和可持续金融认证计划"沿用原有"绿色金融认证计划"的主要元素及方法学,并强调影响性评估、持份者参与方案及透明度等重要元素。因应市场多元化需求,认证范畴由原来的绿色扩展至绿色和可持续,覆盖适应不同议题的认证服务,包括可持续发展表现挂钩、绿色和气候转型等,供发行者选择与金融工具主题有关或用途相符的认证服务,亦为投资者及持份者提供更清晰的资讯,了解募集资金是计划用于何种特定议题的项目或带来何种正面效益。

2.参考标准

香港品质保证局在制定绿色和可持续金融认证计划的过程中,参考了多个国际及国家标准和原则,包括:

(1)国际资本市场协会(ICMA)的《绿色债券原则》《社会债券原则》《可持续发展债券指引》《可持续发展挂钩债券原则》《气候转型融资手册》;

(2)贷款市场协会(LMA)、亚太区贷款市场公会(APLMA)、美国银团与贷款交易协会(LSTA)的《绿色贷款原则》《可持续发展关联贷款原则》;

(3)ISO/DIS 14030 环境绩效评估——绿色债务工具(第1—4部分);

(4)欧盟技术专家组关于欧盟绿色债券标准的建议;

(5)中国人民银行、中国证券监督管理委员会公告(2017)第20号——绿色债券评估认证行为指引(暂行)。

另外,香港品质保证局容许发行者从受广泛认可的国际或国家所制定的绿色和社会分类中,根据其适用的情况,为其募集资金选取合适的分类。

3.认证效益

主要包括:(1)透过独立、公正的第三方合格评定,协助提升绿色和可持续金融的公信力及持份者信心;(2)透过绿色和可持续金融证书及认证标志,协助发行者吸引更多潜在投资者或借贷方;(3)让发行者向公众展示推动绿色和可持续投资的决心;(4)让更多发行者、投资者、业界和大众认识绿色和可持续金融的理念。

4.认证种类

一是绿色金融发行前证书,其适用于在债务工具发行前寻求认证的发行者;二是绿色金融发行后证书,其适用于发行债务工具后寻求认证的发行者。①

(二)绿色金融认证计划—ESG 基金

1.认证目的

"绿色金融认证计划—ESG 基金"的目的是进一步推广 ESG 倡议。根据全球可持续投资联盟(Global Sustainable Investment Alliance, GSIA)的数据,全球 ESG 投资规模在 2018 年已达到 30 万亿美元,并有望持续增长。全球对 ESG 投资的需求上升也带动了更多本地基金市场的投资者对 ESG 倡议的关注。因应香港地区证监会的绿色金融策略框架以及愈来愈多投资者对 ESG 基金清晰度的期望,香港品质保证局在 2019 年 9 月启动有关绿色基金的认证服务后,继而开发和延伸计划至"绿色金融认证计划—ESG 基金"。

ESG 基金泛指透过在投资过程中纳入 ESG 因素,从而对 ESG 作出正面影响的基金,许多投资者也因而认为在缓解或管理关键风险、识别投资机遇以及提供可观的经风险调整回报方面,ESG 投资可有突出的表现。

2.参考标准

ESG 基金的认证框架建基于"绿色金融认证计划",并在开发过程中参考了一系列的国际原则和指引,其中包括联合国的负责任投资原则(UN Principles for Responsible Investment, UNPRI)。ESG 基金和绿色基金的认证要求十分相似,而为了配合 ESG 更广的涵盖范围,香港品质保证局相应调整了计划下对术语和基金的目标要求,包括如何达致有关 ESG 方面的目标、扩

---

① 香港品质保证局网站:《绿色和可持续金融认证计划》,http://www.hkqaa.org/gb_certservice.php?catid=26&id=45,2021 年 6 月 12 日访问。

大相关的分类方案等。

3. 认证效益

透过推行 ESG 基金认证,香港品质保证局希望推动资金流向绿色及可持续发展用途,为投资者提供更一致、透明和充分的 ESG 基金资讯披露。①

(三)绿色金融认证计划—绿色基金

1. 认证目的

"绿色金融认证计划—绿色基金"的目的是回应持份者的需要及提高基金市场对绿色倡议的意识。投资行业的不同持份者一直积极回应全球对具绿色或环境、社会及管治(ESG)目标的金融产品日益增长的需求,以引导资金流向至带来正面影响的项目或公司,但在资讯披露方面,市场上仍存在一致性、透明度及充分性的问题。高度关注环境的投资者亦期望金融产品的绿色相关表现能有更高的披露标准,以便作出有根据的投资决策。香港地区证监会于 2019 年 4 月 11 日,也就加强绿色或 ESG 基金的披露安排发出指引。

基于绿色基金市场有望持续增长的趋势,HKQAA 制定"绿色金融认证计划—绿色基金",以回应持份者的需要及提高基金市场对绿色倡议的意识,并继续支持证监会的绿色金融策略框架。认证计划旨在鼓励更多基金市场的投资者支持绿色项目、行业以及致力为联合国可持续发展目标作出贡献的组织。

2. 认证核心要素及要求

现行适用于绿色债券和绿色贷款的"绿色金融认证计划"将扩展至包括绿色基金。在制定计划时,香港品质保证局参考了一系列获广泛认可的重要文件。认证计划将应用可衡量定性方法的核心方法学,采用可持续发展目标以评估带来的正面环境影响。该计划的核心要素包括:基金目标、基金管理、绿色资产的评价和筛选、绿色资产监察、信息披露和报告以及参与和

① 香港品质保证局网站:《绿色金融认证计划—ESG 基金》,http://www. hkqaa. org/gb_certservice. php? catid =26&id =58,2021 年 6 月 12 日访问。

积极拥有权。

认证计划让投资者明确理解基金管理公司如何评价、筛选和管理基金的绿色资产,从而提高绿色投资过程的透明度。香港品质保证局期望透过市场推广和教育,以改善和提高基金就绿色披露标准的一致性,从而便利投资者在充份资讯下作出投资决策,挑选与他们取向一致的基金。

3.认证类别

该计划将颁发两种类型的证书:绿色金融发行前阶段证书和绿色金融发行后阶段证书。管理公司应根据其基金状况申请不同的证书,见表4-3。①

表4-3 "绿色金融认证计划—绿色基金"的认证证书类别

	绿色金融发行前阶段证书	绿色金融发行后阶段证书
目标	新基金或现有基金	现有基金
证书有效期	截至当日(无到期日)	三年
证书维护	不需要进行年度评审	需要进行年度评审
目的	审定环境方法声明的充分性(注意:与实施相关的要求不适用于此认证)	审定环境方法声明的充分性及核查其有效性
评审	此证书的评审将重点关注与订定和记录基金目标、机制(包括投资策略,方法、适用的准则)、过程和能力有关的要求。 此阶段针对机制的订定,不需要执行记录。	此证书的评审范围将较发行前阶段认证所涵盖的更广更深。 此评审还会要求审核相关机制、过程、目标实践和基金资产组合的执行记录。

二、绿色金融认证计划的条款及条件

香港品质保证局于2019年9月23日发布了《绿色金融认证计划之条款及条件》(以下简称"计划"或"条款及条件"),明确规定了申请、评审、认证、

---

① 香港品质保证局网站:《绿色金融认证计划—绿色基金》,http://www.hkqaa.org/gb_certser-vice.php? catid=26&id=54,2021年6月12日访问。

义务、费用、责任等内容。

（一）释义

《条款及条件》第 1 条规定,除文义另有所指外,本条款及条件内的相关术语释义如下。

1. "上诉委员会":为了听取认证计划有关的上诉而成立的委员会。就每次上诉所成立的委员会必须由 HKQAA 董事局主席(或其委任的代表)和至少两名其他董事局成员组成。

2. "申请":申请者为了认证其绿色金融而提交或即将提交的申请。

3. "申请者":参与本计划(包含相关的手册和相关的指南中规定的条件和细节)的法律实体。

4. "评审":由 HKQAA 进行的深入评审以确认申请者是否满足认证的要求。

5. "评审员":一名独立的评审员向 HKQAA 提供确认、评审和/或结论,以确认申请者是否满足本计划的要求。

6. "证书":由 HKQAA 颁发、经董事(HKQAA 董事局成员之一)及总裁加签,确认相关的绿色金融按照 HKQAA 的条款及条件、相关的手册和相关的指引完成评审后符合本计划的条款及条件、相关的手册和相关的指引的认证要求。有关证书类型及其特性的信息,详列于相关的手册。

7. "认证标志":由 HKQAA 设计,具有独特证书编号,表明申请者发行、投资、建立、创建和/或设立的(视情况而定)指定的绿色金融已获得本计划的认证。

8. "总裁":由 HKQAA 董事局所委任,目前掌管日常管理 HKQAA 事务的 HKQAA 全职职员。

9. "董事局":HKQAA 的理事管治机构。

10. "环境方法声明":按照本计划要求,申请者需在申请过程中向HKQAA 提交环境方法声明。

11. "绿色债券":指相关手册中定义的"绿色债券"。

12. "绿色金融":指绿色债券,绿色贷款,绿色基金和/或其他绿色金融产品。

13."绿色基金":指相关手册中定义的"绿色基金"。

14."绿色贷款":指相关手册中定义的"绿色贷款"。

15."指引":认证标志的使用指引,HKQAA 拥有对指引的起草、设计、修正、补充和/或添加的唯一和绝对的斟酌权。

16."手册":由 HKQAA 为本计划所撰写及预备的计划手册,以及由 HKQAA 按其独有及绝对酌情决定不时作出的修订、补充和/或增订,并具有为相关绿色金融制定的认证要求。

17."HKQAA":即香港品质保证局,为一间非营利机构,并且运营本计划。

18."香港":中华人民共和国香港特别行政区。

19."其他绿色金融产品":指在促进环境可持续发展的大前提下,提供,创造,参与,关联,投资和/或与环境效益和/或环境友好项目相联,并具有于相关手册中定义的特性的金融产品和/或服务。

20."相关监管局":指所有对绿色金融拥有管辖权的相关政府部门、政府机构、公共机构及监管机构,包括但不限于香港金融管理局(金管局)、香港保险业监管局(保监局)及香港证券及期货事务监察委员会(证监会)。

21."计划":由 HKQAA 运营的本绿色金融认证计划,当所认证的绿色金融适当地及完全符合所有认证条件,包括本条款和条件及相关手册和相关指引时,便可申请认证。

22."条款及条件":此等 HKQAA 认证计划的条款及条件,及 HKQAA 按其独有及绝对酌情决定权不时作出的其他修订、补充和/或增订。①

(二)特定的限制及豁免

《条款及条件》第 2 条规定:

1.HKQAA 不会:向申请者提供任何财务、法律、税务、顾问和咨询服务;向申请者提供有关安排交易或起草交易文件的建议;提供任何类型的咨询、

---

① 香港品质保证局:《绿色金融认证计划之条款及条件》第 1 条,2019 年 9 月 23 日发布。

顾问或其他建议;确定应该执行哪些建议;在规定的报告范围和期限之外为信息提供保证;核实申请者的财务报表和经济表现;核实申请者的陈述(描述其对意见、信仰、志向、期望、目的或未来意向,以及申请者提供的国家或全球社会经济和环境方面的表述);及就申请者的偿还能力、盈利能力、财务稳定性、运营和/或业务模式提供任何建议或意见。

2. 证书的颁发不得被解释或被表示为 HKQAA 对全部或部分由相关绿色金融募集资金所支持的任何项目、项目组合、产品或产品组合表达建议、投资建议、保障、担保和/或保证。

3. 申请者了解到由 HKQAA 颁发的证书,并不会为任何绿色金融的市场价格、投资者偏好或投资者适宜性作出评论,申请者同意并保证其不会利用证书进行以上演绎。HKQAA 颁发的证书和/或认证标志不能也不包含任何投资建议。证书及认证标志由 HKQAA 根据该计划的所有认证要求发出,并不代替投资建议。申请者同意并担保不会以任何此类方式使用证书和/或认证标志。

4. 针对相关手册中的适用要求,HKQAA 在考虑到不同类型的绿色金融的性质后,按其独有及绝对酌情决定权决定采用的方法以确定申请者是否符合认证要求。例如,HKQAA 应依赖申请者在使用和管理募集资金时所雇的会计师或审计师所提供的确认、评审和/或结论以确定申请者在使用和管理募集资金、基金和/或资产的认证要求的符合性。HKQAA 不用且没有责任去核实并提供保证予申请者提供的有关财务记录和募集资金、基金和/或资产(视情况而定)。

5. HKQAA 会于证书申请过程中使用到申请者所提供的信息、文件和证据。但是,HKQAA 不会且没有责任对申请者所提供的任何信息、文件和证据进行评审;也不会对任何申请者所提供的信息、文件和证据进行尽职调查或独立核实。①

---

① 香港品质保证局:《绿色金融认证计划之条款及条件》第 2 条,2019 年 9 月 23 日发布。

（三）申请

《条款及条件》第 3 条规定：

1. 在本计划下想要对其绿色金融进行认证的申请者,需同意提交一份申请表,并向 HKQAA 递交书面申请,且提供由 HKQAA 按其独有及绝对酌情决定权不时所要求的所有信息、文件和证据(如其法律实体文件和其他信息)。HKQAA 根据本条款及条件、相关的手册和相关的指引所规定的要求、方针、条款和条件,对申请者递交的申请进行核查和处理。

2. 递交申请后,HKQAA 应尽快评审申请,以确保所有必需的信息、文件和证据都已提交,并确保申请者准备好接受评审。申请所需的信息、文件和证据及其他要求应参考本条款及条件、相关的手册和相关的指引。

3. 在申请者向 HKQAA 提出申请后,HKQAA 有权提出询问和/或要求申请者提供更多的信息、文件和证据,来确定绿色金融在本计划中进行认证的资格。申请者同意 HKQAA 有权保留这些信息、文件和证据以及相关副本。提交给 HKQAA 的所有信息、文件和证据,只会被用于认证,在任何情况下恕不退还。

4. 申请者理解并同意评审所有信息、文件和证据所需的时间,并根据不同因素(包括但不限于信息的完整性等)在每个申请中提出询问。因此,HKQAA 不保证完成每次申请的评审和检阅所需的时间。①

（四）评审

《条款及条件》第 4 条规定：

1. 按照本条款及条件、相关的手册和相关的指引所准备的申请提交之后,申请者将接受认证评审。如果所提交的信息、文件和证据不充分,无法支持申请者满足相关的手册规定的认证要求,那么 HKQAA 有权按其独有及绝对酌情决定权下不时采取跟进措施。跟进措施包括文件评审、现场评审、电话或电子邮件评审和/或 HKQAA 认为合适的其他行动。

2. 如果申请者拒绝或者不配合 HKQAA,也没有参加如条款 4.1 中所规

---

① 香港品质保证局:《绿色金融认证计划之条款及条件》第 3 条,2019 年 9 月 23 日发布。

定的认证评审和跟进环节的任何一部分,那么 HKQAA 有权撤销或不批准相关申请者所提交的申请。

3. 持有受到 HKQAA 持续监督的证书类别的申请者,应了解 HKQAA 应按其独有及绝对酌情决定权不时进行监督评审,以核实和检查按照本条款和条件、相关的手册及相关的指引所编制的计划下,所规定的认证要求的持续符合性并得到实现。

4. 所有的评审活动将根据本条款及条件、相关的手册和相关的指引中所规定的要求、方针、条款和条件,由 HKQAA 执行。申请者在此确认并同意遵守本条款及条件、相关的手册和相关的指引中的所有要求、政策、条款和条件。尽管 HKQAA 将会执行客观评审和评估,且对申请者提供的任何信息、文件证据没有责任进行尽职调查和独立核实,HKQAA 在此依然对以下事项保留权利,即(a)核实和检查自我声明(申请者按照本条款及条件、相关的手册和相关的指引而编制的)的有效性;(b)要求申请者向 HKQAA 提供所有必要信息、文件和证据,以核实评审员所提供的确认、评审和/或结论;(c)要求申请者向 HKQAA 提供所有必要信息、文件和证据,以便于能按照本计划不时执行监督评审和其他评审活动。

5. 不限于条款 4.4:(1)所有评审活动将由 HKQAA 雇用或签订合约的合格且经验丰富的员工进行。HKQAA 应为申请者提供所有参与评审小组的人员名单。(2)HKQAA 同意是否批准申请将基于申请者根据本条款及条件、相关的手册和相关的指引中的认证要求提供的客观证据而决定。(3)申请者知悉其有责任确保认证标志是按照 HKQAA 在认证时或认证前向申请者提供的相关的指引而使用。(4)HKQAA 应通知申请者任何评审活动的日期。(5)所有申请者要展现、知悉、同意、担保并确保(a)在本计划下向 HKQAA 提交的所有信息、文件和证据真实、正确、准确、完整且在重要方面无误导;(b)该绿色金融,以及所有相关信息、文件和证据都与认证要求相一致,HKQAA 会进行客观评审和评估,且对申请提供的任何信息、文件和证据没有责任进行尽职调查或独立核实。(6)HKQAA 应通知申请者有关执行该绿色金融的评审和/或评估的所需的所有安排,包括提供检查文档,有权使用所有过程和区域、记录、工作人员和测试,所有这些都是为了评审认证,以及后来所进行的持续的监督评审。

6. HKQAA 在必要时会向获认证的申请者提出短期内进行评审或跟进,以便调查投诉、对变更做出反馈。在此类情况下:(1)申请者须允许 HKQAA 与其员工一起进行评审或跟进措施,并不时完全配合协助 HKQAA 及其员工;(2)HKQAA 应提前向申请者说明并通知申请者即将要进行的评审的时间。①

(五)认证

1. 一旦申请被批准,申请者同意在规定的期间该绿色金融认证(在本计划中)完全或适当地遵守以下要求并取得证书。然而 HKQAA 应保有所获证书的所有权。证书将会就每一认证申请颁发单独证书。(1)申请者接受并完全遵守本条款及条件、相关的手册和相关的指引;(2)申请者诚实地进行其业务;(3)如 HKQAA 需要,申请者需要向 HKQAA 提供其法定身份的证明和证据;(4)申请者按时向 HKQAA 支付所需的所有费用。

2. 一旦申请得到批准,HKQAA 应向申请者发放确认书。(1)从申请之日起三年内,HKQAA 要对申请进行评审,如果申请者没有和/或拒绝提供 HKQAA 要求的所有信息、文件和证据,不论何种原因,该申请应被视为已拒绝,申请者向 HKQAA 支付的所有费用(包括但不限于申请费用)都将被 HKQAA 没收,且在任何情况下,不会向申请者退款。如果申请者想重新申请,必须要提交新的申请。②

(六)信息

有关该绿色金融证书的首次申请、首次颁发和持续使用,申请者同意向 HKQAA 提供或促使向其提供认证要求内罗列的所有信息、文件和证据以厘定下列各项:(1)有关是否向申请者颁发证书;(2)有关申请者从 HKQAA 决

---

① 香港品质保证局:《绿色金融认证计划之条款及条件》第 4 条,2019 年 9 月 23 日发布。
② 香港品质保证局:《绿色金融认证计划之条款及条件》第 5 条,2019 年 9 月 23 日发布。

定向申请者颁发证书的首次日期起对认证要求的持续遵守和实现。①

（七）公正性

HKQAA 承认在本计划运营中的公正的重要性、冲突的积极解决管理以及客观性。HKQAA 同意尽一切合理的努力，公正公平地运营本计划。②

（八）分配和分包

《条款及条件》第 8 条规定：

1. 若无 HKQAA 的书面许可，在任何情况下，申请者不能且不允许将证书和/或认证标志的使用特许、分配或转让出去。

2. 如果申请者违反条款 8.1 规定，在不通知申请者的情况下，HKQAA 有权收回并撤销发给申请者的证书。

3. HKQAA 可以将申请者在本计划中的评审、评估或其他认证活动分包或外包给第三方，如果：（1）HKQAA 应保有颁发、更新、暂停或撤销认证的最终决定权；（2）HKQAA 应完全负责所有外包的活动。这些外包活动应根据本条款及条件来提供。③

（九）申请者的义务

《条款及条件》第 9 条规定：

1. 申请者向 HKQAA 表明、保证及承诺：

（1）时刻遵守本条款及条件、相关的手册和相关的指引中的条款和条件；

（2）只声称在本计划的认证中与有关绿色金融相关的合规和权利；

（3）准备、保持和保存在本条款及条件、相关的手册和相关的指引中规定的所有信息、文件和证据，并按时根据 HKQAA 的需求，向其提供上述信息、文件和证据。

（4）向 HKQAA 书面通知可预见或实际的变更，变更有关（i）申请者的

---

① 香港品质保证局：《绿色金融认证计划之条款及条件》第 6 条，2019 年 9 月 23 日发布。
② 香港品质保证局：《绿色金融认证计划之条款及条件》第 7 条，2019 年 9 月 23 日发布。
③ 香港品质保证局：《绿色金融认证计划之条款及条件》第 8 条，2019 年 9 月 23 日发布。

法定身份;(ⅱ)该绿色金融的法定身份;(ⅲ)可预见或实际变更发生一个月内的有关环境方法声明的任何变更。

(5)知悉并接受由于9.1.4中所述的变更而可能需要额外的评审或新的申请;

(6)在使用证书的过程中,不会损坏 HKQAA 的声誉。申请者不得作出和/或应终止作出任何被 HKQAA 认为是不恰当、不准确或误导性的有关其证书的声明。

(7)确保其认证文件包括但不限于证书,或任何报告及报告部分,认证标志和商标以及 HKQAA 的商标名称不能被修改,不能有误导作用或违反本条款及条件、相关的手册和相关的指引中的任何条款和条件。

(8)确保①向公众和/或相关投资者发放的有关该绿色金融的发行章程(如适用)和其他文件包括以下方面的详细信息(a)证书的类型;(b)绿色金融的认证范围;(c)本计划中的评审方法;或②可能通知公众和/或相关投资者获得以下方面的详细信息(a)证书类型;(b)绿色金融的认证范围;(c)本计划中的评审方法。

(9)尤其当需要进行现场评审的时候,允许香港品质保证局的代表(若香港品质保证局要求则无须事先通知)于正常工作时间(包括轮班操作时间)内,进入正在进行或提供与本计划的认证相关的工作或服务的处所或场地,其主要目的是:(a)检查材料、过程、已完成的文章、测试方法、运营方法、记录、体系和管理体系文件。核实并检查该绿色金融是否符合本计划中的认证要求。(b)进行审核,或确定商户已经如条款 16 所述,履行了有关撤销认证资格的义务。

(10)提名一名授权代表,以及一名或多名助理,在必要时(提名要得到 HKQAA 的批准),代替被任命者,应负责本计划下与认证要求相关的所有事宜。

(11)需要时,HKQAA 可以使用所有投诉和利益相关方的意见(如适用)的记录以及申请者回应投诉和利益相关者的意见(如适用)时所采取的措施、反馈和回复。

（12）在评审活动或考虑评审活动期间（由 HKQAA 执行的），向 HKQAA 提供所需的所有信息、文件和证据（包括但不限于申请者名称或该绿色金融名称的中英文译文），并确保所有这些信息、文件和证据真实、准确、完整且在所有重大方面无误导性。并且没有任何事实未披露会导致任何此类资料、文件或证据在任何重大方面不准确或具有误导性，或如果披露，可能会合理地影响 HKQAA 就申请作出的决定；和

（13）只使用与该绿色金融相关的证书，并且不意味着任何母公司、子公司、分支机构、合伙人或其他实体或其他非认证项目、任何其他非认证债务工具或其他非认证绿色金融都得到了本计划下的认证（如使用某一实体或产品名称的错误的中英文翻译版本）。

2. 申请者承认由 HKQAA 所认证的绿色金融与本计划一致，而任何持续认证已或将部分基于申请者向 HKQAA 所提供的信息、文件、证据和记录。申请者在此要保证那些过去及将来的信息、文件、证据和记录完全准确、真实、完整，且在一些重大方面无误导性。申请者在本计划下的持续认证取决于申请者遵守该保证的严格程度。

3. 申请者同意，如果该绿色金融不符合本条款及条件，相关的手册和/或相关的指引的认证要求，那么必须立即（在意识到不符合存在的一个月内）向 HKQAA 书面说明不符合的事实。①

（十）费用

《条款及条件》第 10 条规定：

1. HKQAA 应收取而商户申请者应缴付的费用如下：

（1）申请费用在任何情况下不会退还，并应在提交规定的申请表格后支付；

（2）就每份获颁发并按相关的手册订明将受持续监督（如监督评审）的证书每年应缴年费。申请者应在 HKQAA 向申请者发放支付申请书或票据之后的三十天内支付。申请者在获颁发证书时必应支付第一年的年费。后

---

① 香港品质保证局：《绿色金融认证计划之条款及条件》第 9 条，2019 年 9 月 23 日发布。

续年费应不迟于认证每一周年到期日缴付。即使申请者的认证权利被暂停,又或撤销或申请者终止认证资格,年费也不予退还;

(3)评审活动的评审费用应根据实际人天以及 HKQAA 决定的一般人天的单位价格来支付,在 HKQAA 向申请者发放支付申请书或票据之后的三十天内支付;

(4)在申请过程中所花费的海外差旅费用,包括餐饮、交通和住宿费用,要将发票或其他票据交给申请者,申请者在票据提交后的三十天之内将费用报销给 HKQAA。

(5)HKQAA 向申请者提交发票或其他票据后的三十天内,由于不符合本条款及条件而引起的任何附加费用。

2.根据条款 10.1 规定,申请者所要支付的所有费用(包括但不限于上述申请费用、评审费用、海外差旅费、附加费用和年费),应该由 HKQAA 在公平、合理的基础上进行确定,HKQAA 按照条款 10.1 规定,有权按其独有及绝对酌情决定权不时决定和改变所有费用的数额。HKQAA 应向申请者提供有关本计划的所有费用的全部细节和信息。

3.申请者应在提交认证申请时缴付申请与文件评审费(不会退还)。认证评审和跟进审核的费用应在 HKQAA 开展规定的工作前缴付。监督评审、再认证评审、海外旅费的付还以及年费(不会退还),应在发票开具日期的 30 日内缴付。在任何条件下,所有按照条款 10.1 规定已付费用均不会退还,并且不予扣除或抵销。所有费用都不受最终的申请结果影响。

4.如果申请者不能、拒绝和/或没有在各自截止日期内支付条款 10.1 规定的任何费用,HKQAA 有权 (ⅰ)立刻终止与申请者的合同,不会事先通知,HKQAA 有权要求申请者由于事先违反而进行赔偿;(ⅱ)没收申请者支付的所有费用;(ⅲ)根据 4% 的利率(高于香港上海汇丰银行的优惠利率),对于未支付的款项向申请者索取利息,从未支付款项到期之时算起,直到支付完实际款项。①

---

① 香港品质保证局:《绿色金融认证计划之条款及条件》第 10 条,2019 年 9 月 23 日发布。

（十一）信息披露和保密

《条款及条件》第 11 条规定：

1. 为提高结果的透明度,本计划中的评审方法和要求,申请者理解并同意:HKQAA 有权通过其网站和/或其他渠道,向公众公开披露以下信息:(1)绿色金融的名称;(2)申请者的名称;(3)绿色金融的发行日期、成立日期或设立日期(视情况而定);(4)绿色金融的规模(如美元的债券规模、贷款金额,基金规模或资产价值);(5)发行国家;(6)证书类型及其有效期;(7)绿色类别(如适用);(8)核查声明(如适用);(9)环境方法声明;及(10)在相关手册中要求披露的其他信息;(11)申请者同意披露的其他信息;(12)能够提高结果、本计划中的评审方法和要求的透明度,且 HKQAA 按其独有及绝对酌情决定权决定披露的其他信息。

2. 根据条款 11.1 规定,在申请过程中,申请者向 HKQAA 公开的有关技术或业务的所有信息,都应被视为机密,且如有所需,应只能由 HKQAA 向其员工进行公开。HKQAA 应保证其员工能够将这些信息视为机密。根据条款 11.1 规定,这些信息应只能由 HKQAA 在申请过程中进行使用,未经申请者预先的书面同意,HKQAA 不得将信息向第三方公开。但是,以上保密义务不适用于以下信息:(1)公共领域内的信息;(2)已经为 HKQAA 所有,或之后成为 HKQAA 所有,对于独立第三方无保密义务,独立第三方可以得到申请者的信息;(3)根据申请者的书面同意书,向第三方公开的信息;(4)根据法律法规或其他法律要求包括法院命令,向第三方公开的信息。

3. 根据条款 11.2.4 规定,在公开信息之前,HKQAA 应通知申请者准备公开的信息(除法律禁止外)。

4. HKQAA 确认通知所有员工(包括委员会成员),其行为代表着 HKQAA 对如上所规定信息的保密义务,HKQAA 负责确保这些员工对所有相关信息进行保密。①

---

① 香港品质保证局:《绿色金融认证计划之条款及条件》第 11 条,2019 年 9 月 23 日发布。

（十二）免责

《条款及条件》第 12 条规定：

1. 关于绿色金融,对于申请者的申请或在本计划下该绿色金融的认证或债务工具的销售(包括但不限于申请人已发行、接收、将发行或将收到绿色债券或绿色贷款)或基金投资(包括但不限于指定绿色基金的投资)或申请者向公众销售产品或提供服务(不论有否引用认证标志)而直接或间接以任何原因或任何方式对申请者造成的任何损失或伤害,HKQAA 概不负责。尽管上述规定具有一般性的原则,对于申请者遭受相关性的损失或损害,包括申请者的客户或顾客索赔造成的损失或损害,或者利润、业务、收入、信誉或预期节省额的损失,HKQAA 明确排除任何责任。

2. 根据条款 12.1 规定,HKQAA 在法规、普通法或其他方面所隐含的所有条件和保证都明确排除。

3. 在不影响条款 12.1 和 12.2 的情况下,以及在香港法院考虑到本条款及条件所载的所有免责条款不合理的情况下,对于 HKQAA 在为商户进行评审和/或认证提供和/或实施认证计划过程中的行动或疏忽而引起的任何索赔,HKQAA 在合同、侵权或其他方面对商户担负的责任,应当不超过;(i)在所指称责任出现的年份中 HKQAA 从商户收到的费用的十倍;(ii)港币 200000 元,以较低者为准。

4. 申请者知悉 HKQAA 只有在收到申请者提供的根据本条款及条件、相关的手册和相关的指引准备的信息、文件和证据后,才会开始考虑申请。在本计划下,根据相关的指引的规定,申请者获得证书后,有权使用认证标志、标签和/或贴纸(视情况而定)。对于在本计划下做出的自我声明的真实性、准确性和完整性,申请者完全负责。

5. 证书及认证标志由 HKQAA 根据本计划的所有认证要求真诚地发出,但 HKQAA 不会对于证书和/或认证标志用于申请和/或满足相关当局、其他组织、其他政府部门和/或其他法定机构授予和/或颁发的其他资格、批准、证明、许可、要求的准确性、充分性、有效性、可靠性或完整性作出任何隐含或明示的保证或陈述。①

(十三)赔偿

《条款及条件》第 13 条规定:

申请者若违反本条款及条件、相关的手册和相关的指引,对于在任何情况下产生的责任、损失、费用、法律费用、专业或其他费用,或者由于任何纠纷、合约或侵权或其他索赔,或第三方提出的针对 HKQAA 的诉讼,致使 HKQAA 直接或间接得承受这些费用(包括但不限于任何经济损失或其他利益、业务或商誉上的损失),那么申请者应有责任、不可撤销且无条件地,根据完全的赔偿准则来赔偿 HKQAA。②

(十四)认证标志的所有权和使用

《条款及条件》第 14 条规定:

1. 除非在本计划的认证条款规定下,HKQAA 是认证标志法律上的实益拥有人,并不知晓认证标志的使用会否侵犯香港或其他地方任何第三方的权利,但 HKQAA 并不担保上述第三方权利会否在香港或其他地方受到侵犯。

2. 申请者不得做出任何表述或任何行为来表示其对认证标志的所有权和使用权有任何权利、产权或权益,申请者并应明白在本条款及条件的任何内容均不会给予申请者对认证标志的任何权利、产权或权益。

3. 颁发证书时,根据相关的指引规定,申请者有权使用认证标志。申请者应根据要求,向 HKQAA 提供与使用认证标志相关的所有信息、文件和证据。

4. 申请者同意并知悉认证标志的布局设计,HKQAA 按其独有及绝对酌情决定权不时进行修改和改进。③

---

① 香港品质保证局:《绿色金融认证计划之条款及条件》第 12 条,2019 年 9 月 23 日发布。
② 香港品质保证局:《绿色金融认证计划之条款及条件》第 13 条,2019 年 9 月 23 日发布。
③ 香港品质保证局:《绿色金融认证计划之条款及条件》第 14 条,2019 年 9 月 23 日发布。

（十五）证书暂停

《条款及条件》第15条规定：

1. 如果申请者暂时不符合认证要求和/或不遵守本条款及条件,相关的手册和相关的指引的要求,包括但不限于不许可进行监督评审,那么HKQAA有权:(a)要求申请者即时停止使用认证标志和/或停止声称按本计划获得相关证书。直到重新满足认证要求,以及申请者对违反本条款及条件、相关的手册和相关的指引(视情况而定)做出补救。和/或(b)对于原始证书的完整范围,如果申请者没有遵守本条款及条件、相关的手册和相关的指引(视情况而定)的话,HKQAA有权临时修改证书的范围。

2. HKQAA会根据申请者的要求,暂停向申请者颁发的证书。[①]

（十六）证书的撤销和取消

《条款及条件》第16条规定：

1. 如有以下情况发生,HKQAA有权按其独有的绝对酌情决定权,(i)撤销和取消向申请者颁发的证书,和/或(ii)通过书面通知,拒绝申请者提出的申请:(1)申请者没有遵守认证要求和/或违反了本条款及条件,相关的手册和相关的指引的规定,包括但不限于没有允许进行监督评审,除非可以采取补救措施。在向申请者发出补救的书面通知一个月内,申请者拒绝和/或没有进行补救,就会发出拒绝申请的书面通知。(2)申请者在条款15下收到暂停通知或修改通知超过六个月。(3)申请者受到任何清算诉求,或清算命令,或与其债权人做出任何安排,或进入清算,不论是义务的还是自愿的(不包括以重建为目的的清算),或有指派其业务接收人,或申请者的高级人员被判定犯有诋毁申请者声誉和诚信的罪行。

2. 一旦发生撤销,HKQAA在撤销之前发生的所有未支付的费用应根据条款10.1立即得到支付。撤销前已支付给HKQAA的所有费用将被HKQAA没收,在任何情况下都不会给申请者退回。[②]

---

① 香港品质保证局:《绿色金融认证计划之条款及条件》第15条,2019年9月23日发布。

② 香港品质保证局:《绿色金融认证计划之条款及条件》第16条,2019年9月23日发布。

（十七）撤销和取消的后果

《条款及条件》第 17 条规定：

撤销和取消证书时，申请者同意，保证并确保会立刻：

1. 停止以任何方式使用证书和/或认证标志，停止使用含有本计划认证的该绿色金融信息的广告或资料。

2. 停止以任何方式进行的业务或运营（含有本计划认证的该绿色金融信息），停止与 HKQAA 相关的现有的任何联系。

3. HKQAA 按 HKQAA 独有的酌情选择权，在其代表在场的情况下，将证书、有认证标志的材料和物品，以及其他条款 17.1.1 中考虑到的材料收回或者销毁。

4. 将其在本计划中的证书被终止的消息通知给申请者的所有客户。①

此外，《绿色金融认证计划之条款及条件》第 18—27 条对持续时间、投诉、上诉、修改、无效材料、通知、弃权声明、合规、不可抗力分别作了规定，在此不再赘述。②

三、绿色贷款的评定

香港品质保证局于 2020 年 11 月 16 日推出《绿色贷款"评定易"条款及条件》（*Green Loan e‑Assessment Terms and Conditions*），其第 1—5 条为"申请条款"（Application Terms），第 7—22 条为"申请者须知及义务"（Applicant's Notes and Obligations），第 23—34 条分别为免责声明、费用、使用供应商引起之责任、赔偿、责任限制、修改、无效材料、通知、弃权声明、合规、管辖法律和语言。现就部分内容阐述如下。

（一）关于申请者对文件信息的保证义务

《绿色贷款"评定易"条款及条件》第 6 条规定，申请者保证及承诺会准备、保持和保存在本条款及条件和手册中规定的所有信息、文件和证据，并

---

① 香港品质保证局：《绿色金融认证计划之条款及条件》第 17 条，2019 年 9 月 23 日发布。

② 香港品质保证局：《绿色金融认证计划之条款及条件》第 18—27 条，2019 年 9 月 23 日发布。

按时根据香港品质保证局的需求,向其提供上述信息、文件和证据。第 7 条规定,申请者保证及承诺会确保所有提供的信息、文件和证据真实、准确、完整且在所有重大方面无误导性,并且没有任何事实未披露会导致任何此类资料、文件或证据在任何重大方面不准确或具有误导性,或如果披露,可能会合理地影响香港品质保证局就申请作出的决定。①

(二)香港品质保证局的尽职调查和独立核实

《绿色贷款"评定易"条款及条件》第 8 条规定,申请者明白尽管香港品质保证局对申请者提供的任何信息、文件证据没有任何明确、暗示性和法律责任进行尽职调查和独立核实,香港品质保证局在此依然对以下事项保留权利,即 (a) 核实和检查合规声明的有效性;(b) 要求申请者向香港品质保证局提供所有必要信息、文件和证据,以核实评定的确认、评定和/或结论。②

(三)评定结果

《绿色贷款"评定易"条款及条件》第 9 条规定,申请者承认并同意,无论评定结果如何,香港品质保证局均不认可、推荐或提供任何有关债务工具或投资产品的财务优势或其他意见。在进行任何投资决策时,不可以任何信息作为依据。评定结果仅反映了绿色贷款项目按本计划的要求,具绿色属性及有进行环境效益报告。评定结果不反映申请者的信誉,也不反映有关贷款及其项目有否遵守其对本地或国际法律,或是否与绿色贷款的标准或原则全面一致。③

(四)随机抽样检查

《绿色贷款"评定易"条款及条件》第 10 条规定,为进一步加强评定的可信性,申请者明白及同意,在申请者提交申请后或取得评定报告后,香港品质保证局皆有权以随机抽样检查形式,向申请者提出询问和/或要求提供更多的信息、文件和证据作评定之用。申请者同意充分配合香港品质保证局

---

① 香港品质保证局:《绿色贷款"评定易"条款及条件》第 6、7 条,2020 年 11 月 16 日发布。
② 香港品质保证局:《绿色贷款"评定易"条款及条件》第 8 条,2020 年 11 月 16 日发布。
③ 香港品质保证局:《绿色贷款"评定易"条款及条件》第 9 条,2020 年 11 月 16 日发布。

就评定进行的合理询问和/或要求。①

(五)评定报告的撤回

《绿色贷款"评定易"条款及条件》第 11 条规定,申请者明白及同意,在发出评定报告后,如香港品质保证局在随机抽样检查中发现申请者未能提供证据支持申请者于自我评估表中所提交的资料或说法,香港品质保证局保留权利按其独有的酌情权撤回原有的评定报告并通知有关银行。②

香港地区实施绿色可持续金融的背景包括保护资源与生态环境的要求、节能与绿色低碳发展的要求、应对气候变化的要求。其通过制定实施《香港资源循环蓝图 2035》《香港清新空气蓝图 2035》、净化海港计划和污水收集整体计划、《生物多样性策略及行动计划 2016—2021》等加强废物管理和资源回收、保持空气清新、改善水质、自然保育和保护生物多样性;通过制定实施《香港都市节能蓝图 2015—2025 +》《建筑物能源效益条例》《铁路发展策 2014》等节约能源和提升能源效益、推广绿色建筑、发展可再生能源、发展清洁运输;通过制定实施《香港气候行动蓝图 2050》、落实《巴黎协定》精神、提出"双碳目标"等措施应对气候变化。

香港地区绿色和可持续金融的组织架构与工作机制主要为:一是成立"绿色和可持续金融跨机构督导小组";二是在由绿色和可持续金融跨机构督导小组之下成立跨界别平台"绿色和可持续金融中心",并在绿色和可持续金融中心下设两个工作小组,分别为"技能培训工作小组"和"数据工作小组";三是香港品质保证局作为第三方认证机构;四是成立香港绿色金融协会。

2020 年 12 月,香港地区"绿色和可持续金融跨机构督导小组"发布《香港的绿色和可持续金融策略计划——共建更绿和更可持续未来》,提出了六个重点关注领域和五个短期行动纲领,以巩固香港金融生态系统,长远共建

---

① 香港品质保证局:《绿色贷款"评定易"条款及条件》第 10 条,2020 年 11 月 16 日发布。
② 香港品质保证局:《绿色贷款"评定易"条款及条件》第 11 条,2020 年 11 月 16 日发布。

更绿和更可持续的未来。六个重点关注领域包括风险管理、资料披露、技能建立、金融创新、内地机遇、携手合作。五个短期行动纲领包括：一是相关行业须在 2025 年或之前按照气候相关财务披露工作小组（TCFD）的建议就气候相关数据作出披露；二是采纳共通绿色分类目录；三是支持国际财务报告准则（IFRS）基金会在可持续汇报的工作；四是鼓励进行以气候为重点的情境分析；五是建立平台协调跨界别工作，包括技能提升及绿色和可持续金融资源库的编制。

香港金融管理局作为负责外汇基金投资管理的机构支持实施负责任投资。香港特别行政区政府积极实施政府绿色债券计划，以此作为政府示范，引领发展绿色可持续金融。香港地区绿色可持续金融的激励机制主要通过推出"税务优惠——合资格债务票据计划"和"绿色和可持续金融资助计划"两种形式实施。

香港品质保证局是由香港地区政府于 1989 年成立的非牟利机构，致力协助工商业发展质量、环境、安全、卫生、社会及其他管理体系，提供全方位的合格评定服务。香港品质保证局制定了《绿色金融认证计划之条款及条件》《绿色贷款"评定易"条款及条件》等相关的标准、条件和程序，对绿色贷款、绿色债券、绿色基金、ESG 基金在内的绿色金融进行认证。

第五章　我国内地绿色可持续金融法律政策及发展现状

本章主要对我国内地绿色金融发展的相关法规政策进行梳理分析,重点以国家绿色金融改革创新试验区的广东省广州市和浙江省湖州市为例,通过社会调查、数据分析等对广州市、湖州市的绿色金融创新发展的现状进行分析。

第一节　绿色金融发展的相关法规政策

绿色金融是指为支持环境改善、应对气候变化和资源节约高效利用的经济活动,即对环保、节能、清洁能源、绿色交通、绿色建筑等领域的项目投融资、项目运营、风险管理等所提供的金融服务。绿色金融体系是指通过绿色信贷、绿色债券、绿色股票指数和相关产品、绿色发展基金、绿色保险、碳金融等金融工具和相关政策支持经济向绿色化转型的制度安排。国家和地方(以广东省广州市为例)绿色金融发展的相关法规政策分析如下。

一、绿色金融发展的国家相关法规政策

(一)我国绿色金融体系和绿色金融试验区的发展

2015 年 9 月,中共中央、国务院发布的《生态文明体制改革总体方案》中首次提出"建立我国的绿色金融体系"。2016 年 8 月 31 日,经国务院批准,中国人民银行、财政部等七部委联合发布《关于构建绿色金融体系的指导意见》(银发〔2016〕228 号)。该《意见》标志着构建绿色金融体系在金融市场和各级地方政府的全面落实和正式启动,共三十五条措施,分为九个部分的内容:构建绿色金融体系的重要意义;大力发展绿色信贷;推动证券市场支持绿色投资;设立绿色发展基金,通过政府和社会资本合作(PPP)模式动员社会资本;发展绿色保险;完善环境权益交易市场、丰富融资工具;支持地方发展绿色金融;推动开展绿色金融国际合作;防范金融风险,强化组织落实。在同年的 G20 杭州峰会上,在中国倡导下绿色金融被首次纳入会议议程,并设立了 G20 绿色金融研究小组。

2017 年 6 月 14 日,国务院常务会议决定在浙江、江西、广东、贵州、新疆五省(区)选择部分地方建设各有侧重、各具特色的绿色金融改革创新试验区,在体制机制上探索可复制可推广的经验。主要任务:一是支持金融机构设立绿色金融事业部或绿色支行,鼓励小额贷款、金融租赁公司等参与绿色金融业务。支持创投、私募基金等境内外资本参与绿色投资。二是鼓励发展绿色信贷,探索特许经营权、项目收益权和排污权等环境权益抵质押融资。加快发展绿色保险,创新生态环境责任类保险产品。鼓励绿色企业通过发债、上市等融资,支持发行中小企业绿色集合债。加大绿色金融对中小城市和特色小城镇绿色建筑与基础设施建设的支持力度。三是探索建立排污权、水权、用能权等环境权益交易市场,建立企业污染排放、环境违法违规记录等信息共享平台,建设绿色信用体系。推广和应用电子汇票、手机支付等绿色支付工具,推动绿色评级、指数等金融基础设施建设。四是强化财税、土地、人才等政策扶持,建立绿色产业、项目优先的政府服务通道。加大

地方政府债券对公益性绿色项目的支持。通过放宽市场准入、公共服务定价等措施,完善收益和成本风险共担机制。五是建立绿色金融风险防范机制,健全责任追究制度,依法建立绿色项目投融资风险补偿等机制。促进形成绿色金融健康发展模式。

2017 年 6 月 23 日,中国人民银行等七部门联合印发了《浙江省湖州市、衢州市建设绿色金融改革创新试验区总体方案》《广东省广州市建设绿色金融改革创新试验区总体方案》《新疆维吾尔自治区哈密市、昌吉州和克拉玛依市建设绿色金融改革创新试验区总体方案》《贵州省贵安新区建设绿色金融改革创新试验区总体方案》和《江西省赣江新区建设绿色金融改革创新试验区总体方案》。该次选择的 5 省份 8 个试验区在经济发展水平、产业结构、资源禀赋及环境承载能力等方面有所差异,能够体现试验区的差异化和代表性。既要考虑经济发展阶段,同时也要考虑到空间布局,东部、中部和西部都要覆盖到。从各自的特色和侧重来看,试验区可分成三类,第一类是浙江和广东,第二类是贵州和江西,第三类是新疆。在浙江两个城市,要探索"绿水青山就是金山银山"在金融方面的实现机制,创新绿色金融对传统产业转型升级,对中小城市整体实现绿色发展方面的服务;广东则侧重发展绿色金融市场;新疆着力探索绿色金融支持现代农业、清洁能源资源等,充分发挥其建设绿色丝绸之路的示范和向外辐射的作用;在贵州和江西,则要探索如何避免再走"先污染后治理"的老路,利用良好的绿色资源发展绿色金融机制,构建绿色发展方式。虽然 8 个试验区的试点时间均是 5 年左右,但目标上有所侧重。如浙江湖州、衢州的主要目标是,通过 5 年左右的努力,试验区绿色融资规模较快增长,"两高一剩"行业融资规模逐年下降,绿色贷款不良贷款率不高于小微企业贷款平均不良贷款率水平;而江西赣江新区则要初步构建组织体系完善、产品服务丰富、基础设施完备、稳健安全运行的绿色金融服务体系。

2019 年 11 月,甘肃兰州新区获批为又一个国家级绿色金融改革创新试验区。按照《兰州新区建设绿色金融改革创新试验区总体方案》要求,把兰州新区绿色金融改革创新试验区打造成甘肃金融支持生态产业发展的"新支点",打造甘肃金融改革创新的"排头兵",打造甘肃绿色金融体系的"先行区",打造甘肃金融对外开放的"新亮点"。至此,全国有六省(区)九地成为国家级绿色金融改革创新试验区。

(二)我国绿色信贷政策文件

我国的绿色信贷政策可追溯到1995年,正式启动于2007年7月原国家环境保护总局、中国人民银行、原中国银行业监督管理委员会三部门联合印发《关于落实环保政策法规防范信贷风险的意见》(环发〔2007〕108号)。[①]此后,陆续发布了多项相关政策文件。

2009年6月原环境保护部办公厅、中国人民银行办公厅印发《关于全面落实绿色信贷政策进一步完善共享工作的通知》(环办〔2009〕77号)。2012年1月,原银监会印发《关于印发绿色信贷指引的通知》(银监发〔2012〕4号),目的是推动银行业金融机构以绿色信贷为抓手,积极调整信贷结构,有效防范环境与社会风险,更好地服务实体经济,促进经济发展方式转变和经济结构调整。

2013年7月,原银监会印发《关于报送绿色信贷统计表的通知》(银监办发〔2013〕185号),要求各家银行对所涉及的环境、安全重大风险企业贷款和节能环保项目及服务贷款进行统计。2014年6月,原银监会办公厅印发《绿色信贷实施情况关键评价指标》(银监办发〔2014〕186号)。2015年1月,原银监会、发展改革委印发《能效信贷指引》(银监发〔2015〕2号),目的是为了落实国家节能低碳发展战略,促进能效信贷持续健康发展,积极支持产业结构调整和企业技术改造升级,提高能源利用效率,降低能源消耗。

2018年1月,中国人民银行印发《关于建立绿色贷款专项统计制度的通知》(银发〔2018〕10号),明确了绿色贷款的标准,从用途、行业、质量维度分

---

　　① 古小东、刘秀明:《我国商业银行绿色信贷的现状、问题与对策》,《海南金融》2014年第1期。

别对金融机构发放的节能环保项目及服务贷款和存在环境、安全等重大风险企业贷款进行统计。2018年7月,中国人民银行印发的《关于开展银行业存款类金融机构绿色信贷业绩评价的通知》(银发〔2018〕180号)。通知提出,为提升绿色金融支持高质量发展和绿色转型的能力,大力发展绿色信贷,中国人民银行制定了《银行业存款类金融机构绿色信贷业绩评价方案(试行)》作为中国人民银行分支机构开展绿色信贷业绩评价的基础参照。从2019年第一季度起,绿色信贷业绩评价在全国范围内正式实施。同时将评价结果正式纳入宏观审慎评估(MPA),中国也是全球第一个广泛开展绿色信贷业绩评价的国家。

2019年2月,国家发展改革委、工业和信息化部、自然资源部、生态环境部、住房和城乡建设部、中国人民银行、国家能源局七部门联合印发了《绿色产业指导目录(2019年版)》对节能环保产业、清洁生产产业、清洁能源产业、生态环境产业及基础设施绿色升级、绿色服务方面加以分类,还附录了《绿色产业指导目录(2019年版)解释说明》,对每个产业的内涵、主要产业形态、核心指标参数等内容加以解释。2019年12月,中国人民银行印发《关于修订绿色贷款专项统计制度的通知》(银发〔2019〕326号)。

(三)我国绿色债券政策文件

2015年12月,国家发展改革委办公厅印发《绿色债券发行指引》(发改办财金〔2015〕3504号)。2015年12月,中国金融学会绿色金融专业委员会发布了《绿色债券支持项目目录(2015年版)》,这是我国第一份关于绿色债券界定与分类的文件,为绿色债券审批与注册、第三方绿色债券评估、绿色债券评级和相关信息披露提供参考依据。中国人民银行在其官网上发布银行间市场发行绿色金融债券的公告(人民银行公告〔2015〕第39号),也将《目录》以公告附件的形式同时发布。

2017年3月,中国证监会印发《关于支持绿色债券发展的指导意见》(〔2017〕6号)。2019年4月26日,中国人民银行印发《关于支持绿色金融改革创新试验区发行绿色债务融资工具的通知》(银发〔2019〕116号)。该

《通知》的创新之处有：一是募集资金可以投资于试验区绿色发展基金。"研究探索试验区内企业发行绿色债务融资工具投资于试验区绿色发展基金，支持地方绿色产业发展"。二是绿色企业募集资金可不对应到具体绿色项目。"探索试验区内绿色企业注册发行绿色债务融资工具，主要用于企业绿色产业领域的业务发展，可不对应到具体绿色项目。"三是重视和鼓励绿色资产支持票据创新。"鼓励试验区内企业通过注册发行定向工具、资产支持票据等不同品种的绿色债务融资工具，增加融资额度，丰富企业融资渠道。""因地制宜，研究探索与试验区经济特征相适应的创新产品。支持试验区内企业开展绿色债务融资工具结构创新，鼓励试验区内企业发行与各类环境权益挂钩的结构性债务融资工具、以绿色项目产生的现金流为支持的绿色资产支持票据等创新产品。"

2021 年 4 月 2 日，中国人民银行、发展改革委、证监会三部门印发《〈绿色债券支持项目目录（2021 年版）〉的通知》（银发〔2021〕96 号），要求各相关单位要以《绿色债券支持项目目录（2021 年版）》为基础，结合各自领域绿色发展目标任务和绿色金融体系建设情况，研究制定和落实相关配套支持政策，发挥好绿色债券对环境改善、应对气候变化和资源节约高效利用的支持作用，推动经济社会可持续发展和绿色低碳转型，并做好《绿色债券支持项目目录（2021 年版）》与《绿色债券支持项目目录（2015 年版）》（中国人民银行公告〔2015〕第 39 号公布）、《绿色债券发行指引》（发改办财金〔2015〕3504 号文印发）的衔接。

（四）我国绿色保险政策文件

2007 年 12 月，原国家环境保护总局和原中国保险监督管理委员会联合印发《关于环境污染责任保险工作的指导意见》（环发〔2007〕189 号），启动了环境污染责任保险政策试点。2013 年 1 月，原环境保护部和原中国保险监督管理委员会印发《关于开展环境污染强制责任保险试点工作的指导意见》（环发〔2013〕10 号），明确了环境污染强制责任保险的试点企业范围以及相关的程序、机制和措施。2013 年 12 月，原环境保护部办公厅印发《关于开展环境污染责任保险试点信息报送工作的通知》。

（五）碳达峰碳中和政策文件

2021年10月24日，中共中央、国务院印发《关于完整准确全面贯彻新发展理念做好碳达峰碳中和工作的意见》（以下简称《意见》）。作为碳达峰碳中和"1＋N"政策体系中的"1"，《意见》为碳达峰碳中和这项重大工作进行了系统谋划、总体部署。根据《意见》，到2030年，经济社会发展全面绿色转型取得显著成效，重点耗能行业能源利用效率达到国际先进水平；到2060年，绿色低碳循环发展的经济体系和清洁低碳安全高效的能源体系全面建立，能源利用效率达到国际先进水平，非化石能源消费比重达到80%以上。2021年10月24日，国务院印发《2030年前碳达峰行动方案》，提出将碳达峰贯穿于经济社会发展全过程和各方面，重点实施能源绿色低碳转型行动、节能降碳增效行动、工业领域碳达峰行动、城乡建设碳达峰行动、交通运输绿色低碳行动、循环经济助力降碳行动、绿色低碳科技创新行动、碳汇能力巩固提升行动、绿色低碳全民行动、各地区梯次有序碳达峰行动等"碳达峰十大行动"。

二、绿色金融发展的地方法规政策——以广州市为例

2017年6月23日，经国务院同意，中国人民银行、发展改革委、财政部、原环境保护部、原银监会、证监会、原保监会七部门印发《广东省广州市建设绿色金融改革创新试验区总体方案》（银发〔2017〕154号），提出了总体要求、主要任务和保障措施。相关文件政策规定，广州市绿色金融改革创新试验区的具体落户在花都区，形成"枢纽在花都、节点在各处、广州一张网、扩展到全省、服务大周边"的发展大格局。基于此，广东省、广州市以及花都区均出台了多项相关政策文件。

2018年5月5日，广东省人民政府办公厅印发《广东省广州市建设绿色金融改革创新试验区实施细则》（粤府办〔2018〕13号），在培育发展绿色金融组织体系、创新发展绿色金融产品和服务、支持绿色产业拓宽融资渠道、

稳妥有序探索建设环境权益交易市场、加快发展绿色保险、夯实绿色金融基础设施、加强绿色金融对外交流合作、构建绿色金融服务主导产业转型升级发展机制、建立绿色金融风险防范化解机制、加大保障力度等十个方面,提出了39个具体的实施细则措施。2018年6月5日,原广州市金融工作局印发《广州市绿色金融改革创新试验区绿色企业与项目库管理办法》(穗金融规〔2018〕3号)。2018年10月12日,原广东银监局印发《关于广东银行业加快发展绿色金融的实施意见》(粤银监发〔2018〕40号),在工作目标、重点支持领域、补齐管理和服务短板、丰富产品体系、有效防控风险、强化考核通报等方面提出了具体实施意见。

2019年7月16日,广州市人民政府办公厅印发《关于促进广州绿色金融改革创新发展的实施意见》(穗府办函〔2019〕103号),对深化绿色金融改革创新、落实重点工作任务、发挥粤港澳大湾区绿色金融示范引领作用、加强绿色金融风险防范、完善保障措施等五个方面提出了22项具体的实施意见。2019年9月12日,广州市花都区人民政府办公室印发《广东省广州市绿色金融改革创新试验区绿色企业、绿色项目认定管理办法(试行)》(花府办〔2019〕14号)。2019年广州市会同香港品质保证局、澳门银行公会共同制定了《广东省广州市绿色金融改革创新试验区碳排放权抵质押融资实施方案》和《广东省广州市绿色金融改革创新试验区构建基于林业碳汇的生态补偿机制实施方案》,提出大湾区共同参与的碳排放权抵质押融资实施标准和林业碳汇生态补偿机制。

2020年1月7日,广州市花都区人民政府办公室印发《花都区支持绿色金融创新发展实施细则》(花府办规〔2020〕1号)。2020年12月4日,广州市地方金融监督管理局印发《广州市绿色金融改革创新试验区绿色企业与项目库管理实施细则(试行)》(穗金融规〔2020〕5号)。

以上国家和广东省、广州市以及花都区制定实施的相关法规政策,为发展绿色金融,同时促进资源节约、减少环境污染、保护生态环境、应对气候变化发挥了重要的作用。随着我国生态文明建设、"碳达峰碳中和"、绿色可持续发展等战略的推进,国家及地方还在陆续制定实施相关法律法规政策。

第二节　绿色金融发展的激励政策评析

一、国家层面的激励政策

我国内地绿色金融发展的激励政策在国家层面侧重于宏观性的制度设计和业务指导。例如2018年7月中国人民银行印发《关于开展银行业存款类金融机构绿色信贷业绩评价的通知》,通过对银行业存款类金融机构开展绿色信贷业绩评价,并将评价结果纳入宏观审慎评估体系(Macro Prudential Assessment,MPA),增强了对金融机构的激励约束。又如2019年4月中国人民银行发布《关于支持绿色金融改革试验区发行绿色债务融资工具的通知》,主要内容包括募集资金可投资于绿色发展基金、绿色企业募集资金可不对应到具体项目、鼓励绿色资产支持票据创新等,其目的在于支持绿色金融改革试验区发行绿色债务融资工具、发展绿色金融市场。

2021年11月,中国人民银行宣布创设推出"碳减排支持工具"这一结构性货币政策工具。该工具是为了贯彻落实党中央、国务院关于碳达峰、碳中和的重要决策部署,完整准确全面贯彻新发展理念,以稳步有序、精准直达方式,支持清洁能源、节能环保、碳减排技术三大重点领域的发展,并撬动更多社会资金促进碳减排。具体而言,清洁能源领域主要包括风力发电、太阳能利用、生物质能源利用、抽水蓄能、氢能利用、地热能利用、海洋能利用、热泵、高效储能(包括电化学储能)、智能电网、大型风电光伏源网荷储一体化项目、户用分布式光伏整县推进、跨地区清洁电力输送系统、应急备用和调峰电源。节能环保领域主要包括工业领域能效提升、新型电力系统改造等。碳减排技术领域主要包括碳捕集、封存与利用等。后续支持范围可根据行业发展或政策需要进行调整。中国人民银行通过碳减排支持工具向金融机构提供低成本资金,引导金融机构在自主决策、自担风险的前提下,向碳减排重点领域内的各类企业一视同仁提供碳减排贷款,贷款利率应与同期限档次贷款市场报价利率(LPR)大致持平。碳减排支持工具发放对象暂定为全国性金融机构,中国人民银行通过"先贷后借"的直达机制,对金融机构向碳减排重点领域内相关企业发放的符合条件的碳减排贷款,按贷款本金的60%提供资金支持,利率为1.75%。为保障碳减排支持工具的精准性和直达性,中国人民银行要求金融机构公开披露发放碳减排贷款的情况以及贷款带动的碳减排数量等信息,并由第三方专业机构对这些信息进行核实验证,接受社会公众监督。[①]"碳减排支持工具"也可以理解为鼓励社会资金更多投向绿色低碳领域的一种激励机制。

二、地方层面的激励政策

在地方层面,为贯彻落实国家绿色发展理念、发展绿色金融,截至2020年12月已有20个省(区)发布了省级绿色金融综合指导文件,23个省(区)发布了绿色金融的专项指导文件。有部分地方政策尽管规定了"对绿色信贷、绿色债券进行贴息",但没有具体的贴息比例和条件程序,宣示性内容较多,操作性不强。也有部分地方政策对金融机构落户入驻、开展绿色信贷、发行绿色债券等规定了具体的奖补标准、申请条件程序并予以兑现落实,提升了金融机构和企业参与绿色金融改革创新的积极性。下文以江苏、浙江、广东等地的相关政策为例进行分析。总体而言,地方层面绿色金融激励政策的制定主体、实施范围、奖补类型、奖补标准、条件要求等不尽相同,有的差异极大。

(一)地方绿色金融激励政策的制定主体和实施范围不同

一是由省政府相关部门联合印发,面向全省实施。例如,2019年7月江苏省生态环境厅、江苏省地方金融监督管理局、江苏省财政厅等七部门印发

---

① 中国人民银行官方网站:《人民银行推出碳减排支持工具》,http://www.pbc.gov.cn/redianzhuanti/118742/4357176/4357209/4384182/index.html(2021年11月8日),2021年11月10日访问。

《江苏省绿色债券贴息政策实施细则(试行)》《江苏省绿色产业企业发行上市奖励政策实施细则(试行)》《江苏省环境污染责任保险补贴政策实施细则(试行)》《江苏省绿色担保奖补政策实施细则(试行)》四个文件。

二是由经济特区政府印发,在经济特区范围实施。例如,2018年12月广东省深圳市人民政府印发《关于构建绿色金融体系的实施意见》。

三是由地级市政府办公室印发相关意见,再由该地设立的"国家绿色金融改革创新试验区建设领导小组办公室"印发具体的意见操作办法,在地级市范围内实施。例如,2017年11月浙江省湖州市人民政府办公室印发《关于湖州市建设国家绿色金融改革创新试验区的若干意见》,2018年9月湖州市国家绿色金融改革创新试验区建设领导小组办公室印发《湖州市建设国家绿色金融改革创新试验区若干意见操作办法(试行)》。

四是由区政府办公室印发,在区内实施。例如,2017年7月广东省广州市花都区政府办公室在全国首批五个国家级绿色金融改革试验区中率先制定印发"1+4"配套政策文件,具体为《广州市花都区促进绿色金融和绿色产业发展的若干措施》《广州市花都区支持绿色金融创新发展实施细则》《广州市花都区支持绿色产业创新发展实施细则》《广州市花都区支持绿色企业上市发展的实施细则》及《广州市花都区支持绿色金融和绿色产业发展专项资金管理办法》。其中,《广州市花都区支持绿色金融创新发展实施细则》于2020年1月修订后重新印发。

五是由区金融工作局印发,在区内实施。例如,2020年7月广州开发区金融工作局印发《广州市黄埔区广州开发区促进绿色金融发展政策措施实施细则》。

(二)地方绿色金融激励政策的奖补类型不同

江苏省绿色金融的奖补类型非常明确,即绿色债券贴息、绿色产业企业发行上市奖励、环境污染责任保险保费补贴和绿色担保奖补四种。其中,绿色担保奖补包括绿色债券担保奖励和中小企业绿色集合债担保风险补偿两种。

广东省深圳市绿色金融激励的类型较多,但明确有奖补标准的类型主要为绿色信贷、绿色担保、绿色企业上市、绿色债券和绿色保险五种。

浙江省湖州市绿色金融激励的类型多、涵盖范围广,明确有奖补标准的类型有 16 种,即金融机构扩大融资规模奖励、全国性总部金融机构奖励、金融机构全国性业务总部或功能性总部奖励、区域性总部金融机构奖励、金融机构绿色化改造奖励、绿色金融专营机构奖励、企业上市和挂牌融资扶持、绿色贷款贴息、绿色信用贷款风险补偿、绿色债券发行补助、绿色融资租赁奖励、绿色金融产品服务创新案例奖励、绿色金融高端人才奖励、绿色金融中介和研究机构奖励和小额贷款公司补助。

广东省广州市花都区的绿色金融激励类型主要有金融机构落户奖励、金融机构经营发展奖励、金融人才奖励、人才公寓、绿色信贷补贴、绿色保险补贴、绿色债券补贴和风险补偿八种。其中,前面四种主要是为了吸引金融机构和金融人才,后面四种属于绿色产品服务的奖补。

广东省广州市黄埔区广州开发区绿色金融激励政策内容非常详尽,类型多、范围广。明确有奖补标准的类型有绿色金融组织机构奖励、绿色贷款奖励、绿色债券及资产证券化奖励、绿色保险补贴、绿色基金奖补、绿色企业上市挂牌奖励、地方金融机构绿色业务奖励、绿色金融风险补偿、绿色认证费用补贴、绿色金融创新奖励十种。其中,绿色金融组织机构奖励包括绿色金融专业服务机构或社会组织奖励、办公用房补贴;绿色贷款奖励包括银行业金融机构绿色贷款奖励、绿色贷款企业/项目的奖励;绿色保险补贴包括对企业购买绿色保险产品的补贴、对引入保险资金支持绿色企业或项目发展的保险业金融机构给予奖励;地方金融机构绿色业务奖励包括小额贷款公司、融资担保公司、融资租赁公司和商业保理公司。

(三)地方绿色金融激励政策的奖补标准和条件要求不同

因各地绿色金融的奖补类型及其标准条件差异大,此部分内容以常见的绿色债券和绿色信贷为例进行分析。

一是绿色债券激励政策比较。通过对前文所述江苏省、广东省深圳市、浙江省湖州市、广州市花都区、广州市黄埔区广州开发区的绿色金融政策文件分析可以看出,各地对绿色债券贴息补助的对象、条件和标准均有不同。

就贴息标准而言,江苏省规定按照企业年度实际支付利息的30%进行贴息,单支债券每年最高不超过200万元,持续时间为2年。广东省深圳市规定按照发行规模的2%进行贴息,给予单个项目、单个企业最高50万元的补贴。浙江省湖州市规定按照贴标绿色债券实际募集金额的1‰给予补助,每单债券补助不超过50万元。广州市花都区规定按其实际发行债券金额的1%给予补贴,每家机构或企业每年最高补贴100万元。广州市黄埔区广州开发区规定对每笔债券在存续期内给予利息补贴,贴息比例为每年累计实际付息额的10%;同一笔债券业务补贴期最长3年;每家企业每年债券市场融资贴息累计不超过200万元。

二是绿色信贷激励政策比较。通过对相关地方绿色金融政策文件分析可以看出,江苏省没有相关内容规定,其他各地对绿色信贷的补助对象、条件和标准也各有不同。广东省深圳市将其区分为绿色信贷风险分担机制和绿色信贷增信机制分别给予一定的比例进行贴息或补偿。浙江省湖州市的规定详细,且将融资企业或项目区分为"深绿""中绿""浅绿",分别给予不同的贴息标准。广州市花都区的规定相对简单,仅规定对符合条件的企业通过区内银行获得绿色贷款的,按其贷款金融一定比例(1%)给予补贴,每家企业每年最高补贴100万元。广州市黄埔区广州开发区则分别规定了三种对象类型的奖励标准,分别为绿色贷款余额增量达到一定标准的银行业金融机构、获得银行业金融机构绿色贷款的企业和项目、获得小额贷款公司六个月(含)期限以上贷款的绿色企业和项目。①

三、我国内地与香港地区绿色金融激励政策的比较

我国内地与香港地区关于绿色金融的激励政策存在以下区别。

(一)激励类型的差异

我国内地绿色金融激励的类型多、范围广,浙江省湖州市明确有奖补标

---

① 古小东、郑泽华:《我国内地与香港绿色金融的激励政策研究》,《环境保护》2021年第14期。

准的类型有 16 种,有的是对金融机构设立入驻的奖励,有的是对金融机构绿色信贷业务的补贴,有的是对企业绿色贷款融资或者发行绿色债券等的贴息,有的是对绿色金融高端人才或绿色金融中介和研究机构的奖励等;江苏省明确有奖补标准的类型也有四种。而香港地区绿色金融资助的类型只有绿色债券和绿色贷款两种,且主要是针对绿色债券。

（二）激励对象的差异

我国内地绿色金融激励的对象既有企业（项目）,也有金融机构、金融中介机构、金融研究机构、个人（金融人才）。而香港地区绿色金融资助的对象是债券发行人/贷款借款人,债券安排行/贷款人不能以发行人/借款人的身份申请。

（三）激励标准的差异

我国内地绿色金融激励的标准是根据绿色信贷、绿色债券、绿色保险等的利息/费用进行补贴,或者按照一定的业绩进行奖励,且各地的差异大。而香港地区绿色金融资助的标准是按照"合资格首次绿色和可持续债券发行人的债券发行费用"以及"合资格绿色和可持续债券发行人和贷款借款人与发行或借款相关的外部评审费用",与债券利息、贷款利息、保险保费、金融机构业绩等无关。

（四）激励条件要求的差异

我国内地绿色金融激励虽然设定了一定的条件要求,但由于各地对绿色项目、绿色企业、绿色认证的标准存有较大的争议,乃至我国绿色债券标准也有相当部分不符合国际标准,导致政策实施的实际效果无法得到科学客观的评估,并受到国际社会与社会公众的一些质疑。而香港地区绿色金融资助的条件要求以及程序规定明确详细,且尤为重视相关的认证评审。[1]

---

[1]　古小东、郑泽华:《我国内地与香港绿色金融的激励政策研究》,《环境保护》2021 年第 14 期。

第三节　广州市绿色金融创新发展的现状

我国自 2011 年开始在北京、天津、上海、重庆、湖北、广东和深圳等地（"两省五市)开展碳排放权交易试点工作,广东具体落在广州。2017 年 6 月,国务院决定在浙江、江西、广东、贵州、新疆等五省(区)开展绿色金融改革创新试验区的建设,广东具体也是落在广州,且以花都区为核心。2019 年 2 月中共中央、国务院印发的《粤港澳大湾区发展规划纲要》提出"支持香港打造大湾区绿色金融中心,建设国际认可的绿色债券认证机构。支持广州建设绿色金融改革创新试验区,研究设立以碳排放为首个品种的创新型期货交易所"。2019 年 10 月党的十九届四中全会审议通过的《中共中央关于坚持和完善中国特色社会主义制度推进国家治理体系和治理能力现代化若干重大问题的决定》指出,要"完善绿色生产和消费的法律制度和政策导向,发展绿色金融"。2019 年 10 月《中共广东省委全面深化改革委员会关于印发广州市推动"四个出新出彩"行动方案的通知》提出要"深化建设国家绿色金融改革创新试验区,推动碳资产抵押贷款业务"。

上述一系列政策充分体现了党中央、国务院发展绿色金融助推绿色发展的决心、魄力和智慧,充分体现了党中央、国务院和广东省委、省政府对广州的高度信任、大力支持和殷切期望。广州 GDP 总量和全球金融中心指数均位居全国第四,发展绿色金融的产业经济基础和金融优势明显。开展绿色金融改革创新试验区的浙江、江西、广东、贵州、新疆、甘肃等六省(区)九个试验区中,广州是唯一的一线城市。广东省、广州市以及花都区先后出台了专门的建设文件,花都区在首批试点地区中率先出台了绿色金融"1 + 4"政策,每年安排 10 亿元资金用于支持绿色产业和绿色金融发展。广州市高层次金融人才评定中明确将绿色金融人才纳入评定范围;广州市税务部门发布支持绿色金融改革创新试验区的 10 项纳税服务举措。出台的相关绿色金融配套政策,为发展绿色金融提供了良好的制度保障。

一、绿色金融组织体系

广州近年大力发展绿色组织体系,涵盖了绿色分行、绿色支行、绿色金融事业部、绿色基金等多个类别,为绿色金融发展提供了组织机构和专业人才的基础与保障。截至 2019 年 9 月末,花都区绿色金融街聚集了绿色金融机构近 250 家,注册资本近 140 亿元。截至 2021 年 6 月底,设立了以下绿色金融组织。

(一)绿色分行

绿色分行有中国建设银行股份有限公司广州市绿色金融改革创新试验区花都分行、中国农业银行股份有限公司广州市绿色金融改革创新试验区花都分行、中国工商银行股份有限公司广州市绿色金融改革创新试验区花都分行、中国银行股份有限公司广州市绿色金融改革创新试验区花都分行、交通银行花都分行。

(二)绿色支行

绿色支行有邮储银行花都支行、浙商银行花都支行、兴业银行广州开发区绿色创新支行。

(三)绿色金融创新中心

绿色金融创新中心有建设银行广东产品创新实验室绿色金融创新中心。

(四)绿色金融事业部

绿色金融事业部有广州银行绿色金融事业部、兴业银行广州分行绿色金融部、浦发银行广州分行绿色金融事业部、广东粤财信托绿色金融部。

(五)绿色金融实验室

绿色金融实验室有中国人民财产保险股份有限公司绿色保险产品创新实验室、广州 AI 研究院绿色金融科技实验室、环境权益绿色金融研发基地。

（六）绿色基金

绿色基金有广东绿色金融投资控股公司、广东省广业绿色基金管理有限公司、广州绿色基础设施产业投资基金管理有限公司。

（七）绿色融资担保机构

绿色融资担保机构有科学城（广州）绿色融资担保有限公司。

（八）绿色交易场所

绿色交易场所有广东省环境权益交易所、广州碳排放权交易中心、广州期货交易所。其中，广州期货交易所于 2019 年 2 月列入《粤港澳大湾区发展规划纲要》，2021 年 1 月 22 日中国证券监督管理委员会批准设立，并于 2021 年 4 月 19 日挂牌成立。广州期货交易所原计划以碳排放为首个品种，2022 年 12 月 22 日广州期货交易所首个品种、全国首个新能源金属品种——工业硅期货挂牌上市。

（九）其他与绿色金融相关的组织机构

其他与绿色金融相关的组织机构有广州绿色金融协会、广州绿色金融研究院、国家级经济开发区绿色发展联盟、绿色评估认证中心。①

二、绿色信贷

我国的绿色信贷政策 2007 年正式启动，据笔者于 2012 年对广州市商业银行绿色信贷实施情况的调查研究显示，为响应低碳经济、绿色发展的世界趋势，广州地区的部分商业银行进行绿色金融创新，推出了环保信用卡、碳金融等产品和服务。例如，中国工商银行广州第二支行于 2010 年 9 月推出"名人灵通卡"，产品和服务的主要内容是利用名人的号召力和影响力，宣传低碳生活理念，倡导节能减排、环保健康的绿色生活；并于 2011 年 3 月大力实施"绿色信贷"，以绿色信贷促进环境保护、资源节约、污染治理等作为信贷决策的重要依据，通过合理有效配置信贷资源、引导全社会最大限度地控

---

① 相关数据资料由笔者调研获得并整理。

制和减少资源环境损耗。中国银行广州某支行积极实施中国银行总行于 2010 年推出"碳金融"系列产品,包括 CDM 碳交易融资和 EPA 保函两种产品。"CDM 碳交易融资"是指在 CDM 项目开发和运营过程中,国内项目业主(卖方)将现在或将来的基于 CDM 项目碳减排协议项下产生的预期收益转让给商业银行,由商业银行为其提供融资服务;"EPA 保函"是针对美国环保总署(EPA)关于小型通用汽油机类产品进入美国必须先提交相应保函才能完成最终清关的新规定,进而开发的保函产品。通过绿色信贷政策的制度建设和相应措施,在退出"两高一剩"(高污染、高能耗、产能过剩)领域和支持环保类贷款方面都取得了一定的成效。中国建设银行广东省分行于 2011 年当年回收"两高一剩"行业客户及项目贷款 9.3 亿元,完全退出客户 23 户。中国农业银行广州某支行于 2010 年至 2011 年支持绿色信贷项目 4 个,其中节能减排项目 2 个,新能源开发和利用项目 2 个,贷款余额近 20 亿元;2011 年将部分"两高一剩"行业客户列为退出客户,退出总额 2 亿余元。但总体而言,对绿色信贷的重视程度、社会认知、实施成效等方面不尽理想。①

笔者认为,分水岭发生在 2016—2017 年。2016 年 8 月 31 日中国人民银行等七部委联合印发的《关于构建绿色金融体系的指导意见》(银发〔2016〕228号)是一个非常重要的政策导向。2017 年 10 月 18 日,党的十九大报告进一步强调了生态文明建设的重要性。习近平总书记在党的十九大报告中指出,坚持人与自然和谐共生。建设生态文明是中华民族永续发展的千年大计。必须树立和践行绿水青山就是金山银山的理念,坚持节约资源和保护环境的基本国策,像对待生命一样对待生态环境,统筹山水林田湖草系统治理,实行最严格的生态环境保护制度,形成绿色发展方式和生活方式,坚定走生产发展、生活富裕、生态良好的文明发展道路,建设美丽中国,为人民创造良好生产生活环境,为全球生态安全作出贡献。② 2017 年之后,我国绿色金融的发展如雨后

---

① 古小东、刘秀明:《我国商业银行绿色信贷的现状、问题与对策》,《海南金融》2014 年第 1期。

② 习近平:《决胜全面建成小康社会　夺取新时代中国特色社会主义伟大胜利——在中国共产党第十九次全国代表大会上的报告》(2017 年 10 月 18 日),中华人民共和国中央人民政府网站,http://www.gov.cn/zhuanti/2017 - 10/27/content_5234876.htm.

春笋,2020 年我国明确提出"碳达峰碳中和"目标之后尤甚。

近年来,广州地区的银行机构创新开展"绿色租融保"业务,采用一次性买断租赁公司对公交企业的应收账款,并利用其海外分支机构低成本融资优势,在全口径宏观审慎框架下开展跨境融资业务,为广州新能源公交汽车置换提供融资解决方案。采用"特许经营权 + 股东股权质押 + 股东连带责任保证"的三重联保模式为广州市某垃圾处理项目提供贷款,助力广州市破解"垃圾围城"的困局,租赁机构以河道黑臭水体治理一期项目的污水处理设备,通过售后回租向环境科技公司投放融资租赁款。建设银行绿色分行发放了首笔"碳排放权抵押贷款",工商银行花都支行创新推出"绿色供应链融资"方案支持绿色企业。绿色贷款余额从 2018 年的 2621.654 亿元增长至 2020 年的 3820.679 亿元,绿色信贷不良率在 2018 年、2019 年和 2020 年分别为 0.1921%、0.1004% 和 0.2121%(见表 5 - 1)。[①]

表 5 - 1　广州绿色信贷主要数据(2018—2020 年)

		2018 年	2019 年	2020 年
绿色贷款余额(百万元)	期末值	262165.4	343554	382067.9
绿色贷款余额占比(%)	期末值	6.43	7.29	7.02
绿色贷款余额同比增幅(%)	期末值	37.18	31.04	11.21
绿色信贷不良率(%)	期末值	0.1921	0.1004	0.2121
新增绿色贷款金额(百万元)	本期变动值	71055.31	59632.98	93664.29
新增绿色贷款金额同比增幅(%)	本期变动值	未统计	- 16.08	57.07

数据来源:笔者调研获得并整理。

相关资料显示,广州地区金融机构推出的绿色信贷产品服务众多,以下为部分绿色信贷产品服务的名称、产品特点、准入条件、贷款额度、贷款期限和贷款利率。

(一)中国工商银行广东省分行的可再生能源补贴确权贷款

产品特点:向可再生能源(包括风能、太阳能、生物质能等)发电企业发

---

① 相关数据资料由笔者调研获得并整理。

放的,以已确权应收未收的财政补贴资金为还款来源的贷款。具有方便、快捷的产品特点。

适用对象:从事可再生能源(包括风能、太阳能、生物质能等)发电企业。

准入条件:已列入财政专项补贴的企业。

贷款额度:已确权应收未收补贴金额的80%。

贷款期限:根据具体项目产品和客户进行投融资期限评估。

贷款利率:对绿色产业予以优先配置贷款规模,给予优惠利率。

其他要求:如申请新建项目类贷款的,还需提供项目立项批复、环评批复等相关资料。

(二)中国农业银行广东省分行的生态修复贷

产品特点:生态修复贷是指农业银行向从事生态修复工程的借款人发放的,满足其生态修复过程中产生的合理资金需求的贷款,业务品种适用范围为固定资产贷款。

适用对象:提供生态修复服务,且符合法律法规规定可以办理信贷业务的法人、非法人组织,或国家规定可以作为借款人的其他组织。

准入条件:借款人所有者权益不低于1000万元(含),具备单个或多个生态修复建设特种行业资质或经验,或者经有权管理部门授权或委托作为生态修复项目实施主体。

贷款额度:根据项目资本金及自有资金、还款现金流等因素合理确定,一般不超过项目资总投的80%。

贷款期限:最长不得超过项目建设期加上20年。

贷款利率:结合贷款市场报价利率(LPR)情况,并经农行审批后执行。

中国农业银行广东省分行还开展了碳排放权质押融资、合同能源管理未来收益权质押贷款、可再生能源补贴确权贷款等绿色信贷产品服务。

(三)中国银行广东地区的租赁保理业务

产品特点:租赁保理业务是指出租人将对承租人的应收租金转让给中国银行,由中国银行为出租人提供的保理服务,包括融资、账款管理、账款催收、信用风险担保等在内的综合性金融服务。租赁保理业务广泛服务于绿色公交、风电、航空、地铁等领域,有助于减轻承租人(一般为绿色生产企业)在生产经营中对于大型设备的采购支付压力。

适用对象:从事经营租赁或者融资租赁的租赁公司。

准入条件:出租人依法设立,经营正常,对租赁物拥有完整、合法、有效的所有权,可提供相对应的销售合同、发票或权属证明等足以确定权属关系的单据或文件。

贷款额度:按需。

贷款期限:按需。

贷款利率:按贷款发放时的当期相应贷款市场报价利率(LPR)执行。

其他要求:租赁合同、租赁物接收证明、租金支付明细表和应收租金转让通知书。

中国银行广东地区还开展了新能源汽车分期业务、可再生能源补贴确权融资业务等绿色信贷产品服务。

(四)中国建设银行广东省分行的绿色"电桩融"

产品特点:绿色"电桩融"是一款专门针对充电桩行业的融资产品,将充电站的运营收费权作为质押品,结合企业结算、纳税、代发工资、缴纳租金等资质,给予充电站信用贷款。

适用对象:充电站场的建设主体或融资主体。

准入条件:企业成立且实际经营 2 年(含)以上;企业主从事本行业 3 年(含)以上;前 12 个月企业对公结算账户与企业主及其配偶个人结算账户借贷方累计结算笔数 100 笔(含)以上,且贷方累计结算额 200 万元(含)以上;充电桩场地已建设完毕并投入运营;企业承诺在贷款发放前将企业归集充电桩运营收入的结算账户开立在建设银行,贷款期间在建设银行结算占比不低于50%或不低于在建设银行贷款占比;申请评分卡数据驱动评分结果在 270 分(含)以上或企业在建设银行信用等级为 11 级(含)以上;企业在建设银行无授信额度。

贷款额度:贷款额度综合考虑借款人持有充电桩设备规模、项目运营收入、企业主家庭资产等因素确定,单户贷款额度最高 100 万元。

贷款期限:对于信用方式办理的,贷款期限最长 1 年。

贷款利率:按贷款发放时的当期相应贷款市场报价利率(LPR)执行。

中国建设银行广东省分行还开展了乡村振兴复垦贷、新能源车购车分期、绿色城市环保支持贷、绿色租融保等绿色信贷产品服务。

(五)交通银行广东省分行的碳普惠业务

产品特点:该产品推行碳配额质押,支持拥有碳配额的企业(含发电企业、石化、化工等多领域),实现新的抵质押方式获得融资。

适用对象:拥有碳配额的企业。

准入条件:纳入碳配额管理的单位或碳排放交易机构投资者。

贷款额度:按需。

贷款期限:一般不超过 1 年。

贷款利率:市场利率。

其他要求:提供碳排放权质押登记证明和其他企业融资材料。

(六)中国邮政储蓄银行广州市分行的小企业污水处理收益权质押贷款

产品特点:额度高达 3000 万,担保方式多样,接受收费权质押、房产抵押担保等。

适用对象:主要向符合条件的、从事节能环保行业的法人发放的,用于满足借款人生产经营活动的人民币贷款。

准入条件:掌握核心技术,具备合同能源管理专业人才和项目运作经验,财务和经营情况良好;接受该行对节能服务收入、支出款项的封闭式监管。

贷款额度:单笔贷款金额不超过合同能源管理项目投资总额的 60% 或者项目未来收益权评估价值的 60%。

贷款期限:最长 3 年。

贷款利率:按贷款发放时的当期相应贷款市场报价利率(LPR)执行。

中国邮政储蓄银行广州市分行还有合同能源管理项目未来收益权质押贷款、垃圾处理贷款、光伏贷款等绿色信贷产品服务。

（七）华夏银行广州分行的储能项目世行转贷

产品特点：省，融资成本低；长，可与项目建设经营周期相匹配。

适用对象：专业储能公司。

准入条件：用户侧一般工商业用户和大工业用户的峰谷电价差超过 0.7 元/kWh 区域的项目；电网侧和电源侧火电机组全年运行稳定、区域考核严格且补偿力度大的火电联合调频调峰项目。

贷款额度：最高可达项目总投资额的 70%。

贷款期限：可与项目建设经营周期相匹配。

贷款利率：按贷款发放时的当期相应贷款市场报价利率（LPR）及世行贷款利率报价执行。

其他要求：提供企业基准资料、项目立项、可研报告等资料。

华夏银行广州分行还有合同能源管理融资等绿色信贷产品服务。

（八）浦发银行广州分行的工业节能贷

产品特点：业务品种可为流动资金贷款，也可为项目贷款。

适用对象：用能单位、节能服务公司。

准入条件：项目为重点行业系统改造、高耗能通用设备改造、余热余压高效回收利用、煤炭清洁高效利用、园区系统节能改造。

贷款额度：最高可达项目总投资额的 80%。

贷款期限：根据广州分行流动资金贷款和项目贷款的相关规定。

贷款利率：根据项目议定。

其他要求：银行授信基本材料。

浦发银行广州分行还有合同能源管理项下应收账款（未来收益权）质押融资、可持续发展挂钩贷款/碳减排挂钩贷款—计划、可再生能源补贴确权贷款等绿色信贷产品服务。

（九）兴业银行广州分行的海上风电银租联动方案

产品特点：利用融资租赁利率可抵扣、节税特点，降低融资成本；绿色审批通道，响应快。

适用对象:适用于有海上风电项目投资需求的企业。

准入条件:借款人所属集团具备相关项目开发经验及专业技术能力,且拥有较多经营性资产。

贷款额度:不限。

贷款期限:根据企业及项目情况确定。

贷款利率:按贷款发放时的当期相应贷款市场报价利率(LPR)执行。

兴业银行广州分行还有绿色厂房贷、绿色周转贷、排污权抵质押授信等绿色信贷产品服务。

(十)招商银行广州分行的绿色票据再贴现业务

产品特点:绿色票据是指为环境改善、资源节约高效利用、应对气候变化等目标相关的绿色产业或项目经营活动而开展的相关商业汇票业务;中国人民银行对此类绿色票据提供再贴现专项支持额度。

适用对象:融资主体为绿色企业,融资项目、贸易背景为绿色相关领域,其余按照人行再贴现办理要求。

准入条件:融资主体为绿色企业,融资项目、贸易背景为绿色相关领域,其余按照人行再贴现办理要求。

贷款额度:按照人行给予的再贴现额度办理。

贷款期限:根据票据期限执行。

贷款利率:按照市场再贴现价格执行。

其他要求:办理人民银行绿色票据再贴现业务,要求融资主体为绿色企业,融资项目、贸易背景为绿色相关领域,需要提供相关资质材料和贸易背景材料向分行票据业务部申请。

(十一)民生银行广州分行的绿色供应链

产品特点:围绕光伏、风电、水电等清洁能源行业新建及运营环节的设备采购、应收账款等资产盘活需求,提供多样化、定制化的供应链解决方案,为产业链上下游的整套供应链服务模式。

适用对象:清洁能源产业链上下游。

准入条件:视客户实际情况。

贷款额度:视客户实际情况。

贷款期限:视客户实际情况。

贷款利率:视客户实际情况。

民生银行广州分行还有绿色项目融资、绿色并购融资等绿色信贷产品服务。

(十二)平安银行的乡村振兴贷款

产品特点:乡村振兴贷款指借款人因其生产、经营活动的需要,向该行申请的流动资金、项目资金借款,资金用途限于投向本县及县域内地区,在保障资金安全的前提下,提供优惠利率政策、正向补贴,实施精准投放。

适用对象:央企、国企、优质上市公司,或其控股子公司。

准入条件:主业与乡村基础设施升级、乡村公路、供水、供电、电网、物流、信息、广播电视等基础设施建设、数字乡村、生态旅游、产业示范区,以及符合绿色信贷政策的领域相关。

贷款额度:依据具体项目而定。

贷款期限:1年,最长不超过3年。

贷款利率:依据具体项目和绿色贷款行内指导定价而定。

平安银行还有KYB个人用户光伏贷—计划等绿色信贷产品服务。

(十三)广州银行的绿园贷

产品特点:适用于绿色产业园区建设的不同阶段,在项目前期可提供开发建设贷款;在项目中期阶段可提供绿色按揭、节能设备采购或流动资金的融资服务;在项目后期阶段可提供园区产业链循环化、资源利用高效化等绿色升级融资服务。

适用对象:绿色产业园项目公司及园区企业。

准入条件:符合能效提升、污染减排、循环利用等绿色管理要求的绿色产业园区及园区企业给予融资授信服务。

贷款额度:视具体情况而定。

贷款期限：视具体情况而定。

贷款利率：按贷款发放时的当期相应贷款市场报价利率（LPR）执行。

平安银行还有碳排贷、林权贷、节能贷、环卫贷等绿色信贷产品服务。

（十四）广东华兴银行广州分行的节能环保项目特许经营权质押融资业务

产品特点：项目特许经营权收益权质押作为主担保方式。

适用对象：投资新建或改扩建、运营节能环保基础设施和公用事业且有政府授权的特许经营者。

准入条件：具有特许经营协议正本、特许经营授权书；原辅材料供应、运输协议及其他协议（如有）；项目资本金和其他建设、生产资金筹措方案及资金落实情况；专业机构或申请人编写的项目可行性研究报告，立项批准或核准文件、工程设计方案；项目用地批文、建设用地规划许可证、建设工程规划许可证、施工许可证，环境影响评价文件及批准文件、特殊行业批准文件、其他批准文件等；特许经营权取得的程序性要求文件，如招投标、公示等；该行认为需要的其他资料。

贷款额度：视项目情况。

贷款期限：贷款到期日不得超出特许经营权到期日，流动资金贷款期限一般不超过1年，最长不超过3年。固定资产贷款期限原则上不超过5年。

贷款利率：按照该行指导价格执行。

其他要求：提供特许经营协议正本、特许经营授权书；原辅材料供应、运输协议及其他协议（如有）；项目资本金和其他建设、生产资金筹措方案及资金落实情况；专业机构或申请人编写的项目可行性研究报告，立项批准或核准文件、工程设计方案；项目用地批文、建设用地规划许可证、建设工程规划许可证、施工许可证，环境影响评价文件及批准文件、特殊行业批准文件、其他批准文件等；特许经营权取得的程序性要求文件，如招投标、公示等；该行认为需要的其他资料。

广东华兴银行广州分行还开展了兴碳贷、合同能源管理贷款等绿色信贷产品服务。

（十五）东莞银行广州分行的信用卡家用太阳能发电设备分期

产品特点：支持客户家用太阳能光伏设备安装，支持环保生活和发展绿色能源；产品具有期限长（最长 8 年）、额度高（最高可分期 30 万元）、信用分期，无抵押、申请简单，专门客户经理服务等特点。

适用对象：广州市户籍居民，家庭名下产权清晰的不动产物业上安装家用太阳能光伏设备即可。

准入条件：广州市户籍居民，收入稳定，资信良好，家庭名下产权清晰的不动产物业上安装家用太阳能光伏设备，承接家用太阳能光伏设备由具有"承装（修、试）电力施工许可证"五级及以上资质或具有上述资质的企业施工，员工达 5 人。

贷款额度：30 万元。

贷款期限：最长 8 年。

贷款利率：按贷款发放时的当期相应贷款市场报价利率及市场利率参考执行。

其他要求：提供房产证、土地证或村委出具的房产权属证明、供电局同意接入电网的批复材料、太阳能发电设备销售合同或协议等。

广州农商银行还开展了绿色票据贴现业务、碳排放配额抵押授信等绿色信贷产品服务。

（十六）珠海华润银行广州分行的绿色票据再贴现

产品特点：审批资料要求少；银票贴现属低风险业务，审批流程快；符合再贴现要求的票据贴现利率可在当日指导价基础上提供一定的利率优惠。

适用对象：符合国家发改委等七部委联合印发的《绿色产业指导目录（2019 年版）》和《绿色产业指导目录（2019 年版）》的解释说明的贴现人。

准入条件：贴现人在该行已获批票据贴现额度；贴现人为符合绿色产业指导目录的企业；单张票据金额不超过 500 万元；贴现人注册地为广东省内非深圳地区。

贷款额度：最高可达 3000 万元。

贷款期限:单笔期限不超过 12 个月。

贷款利率:按贴现当日相应票据贴现报价执行,可在报价基础上提供一定的利率优惠。

(十七)江西银行广州分行的林权抵押贷款

产品特点:可接受借款人使用林权担保;林权是指由有关部门已颁发不动产权证书或林权证,或出具林地经营权流转证的林地使用权、承包经营权、经营权及林木所有权和使用权。

适用对象:一般企业法人、村经济合作社(村股份经济合作社)、农民专业合作社等。

准入条件:借款人依法设立;用于支持绿色、低碳、循环经济等领域;借款人生产经营合法、合规;借款人具有持续经营能力,有合法的还款来源;借款人信用状况良好,无重大不良信用记录;本行要求的其他条件。

贷款额度:不超过评估价值的 40%(含)。

贷款期限:最长不超过 10 年(含)。

贷款利率:按贷款发放时的当期相应贷款市场报价利率(LPR)执行。

其他要求:提供证明林权的不动产权证书或林权证和需要提供的其他文件或资料。

(十八)九江银行广州分行的绿色洁养贷

产品特点:"绿色洁养贷"是指九江银行解决借款人用于畜禽养殖废弃物资源化利用项目基础设施建设资金需要而发放的中长期贷款。

适用对象:畜禽养殖产业化龙头企业,家庭农场、专业大户等新型农业经营体和第三方服务配套企业。

准入条件:借款人为企业法人的,具备成功运营固废处理项目的经验,且从业经验不低于 3 年;借款人为养殖户的,要求稳定经营不少于 3 年。

贷款额度:根据借款人综合情况确定最高授信额度。

贷款期限:需在环保许可证、土地流转等相关证件有效期内,原则上不超过 5 年,最长不超过 8 年,具体期限结合项目情况确定。

贷款利率:利率跟随市场波动。

九江银行广州分行还开展了九银绿票融、绿色家园贷等绿色信贷产品服务。

(十九)长沙银行广州分行绿色流动资金贷款

产品特点:该产品是指长沙银行对绿色企业在日常生产经营过程中因周转资金需要而发放的本外币贷款。

适用对象:适用客群为在日常生产经营中需要周转资金的企业。

准入条件:借款人依法经相关部门核准登记,信用状况良好无重大不良记录,有合法稳定的收入或收入来源。

贷款额度:根据企业情况而定。

贷款期限:最长3年。

贷款利率:按贷款发放时的当期相应贷款市场报价利率(LPR)+基点执行,最低可至4.33%。

其他要求:需要提供项目相关行政批文,如环评批复、可研批复等及其他相关资料。

长沙银行广州分行还开展了绿色项目贷款、碳排放权抵押贷款等绿色信贷产品服务。

(二十)广州农商银行的金米乡村振兴生猪养殖贷

产品特点:全方位覆盖"生猪养殖+N"产业链,适用于生猪养殖产业链各环节的参与者,包括生猪饲料生产、疫病防控、生猪养殖、屠宰加工、物流运输行业企业及个体养殖户;组合生猪活体抵押+综合担保方式;基于产业链上不同行业企业拥有的特殊资产或权益,灵活搭配个性化担保方式;养殖产业链资金需求+周期性灾备资金支持,在满足产业链企业经营周转的基础上,还提供下行周期的灾备资金保障,架起"保护网"。

适用对象:符合条件的生猪养殖产业链的参与者,包括饲料加工、疫病防控、生猪养殖、屠宰加工、运输物流等行业企业。

准入条件:具备行业准入的相关资质证明;具备规范的经营场所;具有一定的经营经验;符合该行授信准入条件。

贷款额度:灾备资金额度原则上不超过一个生产周期内用于采购及满足基本日常营运的资金需求;生猪养殖相关的固定资产项目建设额度不超过项目总投资80%。

贷款期限:根据借款人实际情况综合确定。

贷款利率:根据借款人实际情况综合确定。

其他要求:(1)借款人为个人的:提供符合生猪养殖环节个体养殖户准入条件的相关资质证明材料;提供规范且具有长期法律效力的经营场所承包协议、承租协议等;(2)借款人为单位的:提供符合生猪养殖产业链对应环节的行业准入条件,并提供相关行业资质证明材料;认定借款人经营地位的证明材料;有关借款用途的证明材料;(3)提供相关担保材料:使用生猪、禽畜等活体生物资产浮动抵押的,应提供经抵押人与抵押权人双方对抵押物信息及价值进行确认的《动产抵押登记申请书》,及经有权机关同意的《动产抵押登记书》等相关抵押认定材料;使用担保公司担保或联保,或结合动产浮动监管和第三方监理公司进行辅助监管的,应提供《担保函》《保证合同》等相关协议材料。

广州农商银行还开展了绿色项目贷款、金米碳排放权抵押贷、金米小微贷、金米乡村振兴林易贷等绿色信贷产品服务。①

三、绿色债券

截至2019年底,广州地区发行的各类绿色金融债券638亿元,在各试验区中排名第一位。广州地区绿色企业维港环保科技在香港上市。自2017年以来,广州新增绿色股权融资额达4210亿元,在各试验区中处于领先地位。2019年新增两单绿色资产证券化产品发行总规模为61.58亿元。广州市造纸企业发行国内首只支持再生纸项目运营的绿色债券,用于支持广州造纸厂绿色环保项目,把废水废气经过回收、净化和循环利用达到生产零排放,实现绿色升级改造。落地国内首支水资源领域绿色政府专项债,用于珠江

---

① 广东金融学会:《广东省绿色金融产品汇编——广州篇》,2021年10月9日。笔者进一步整理。

三角洲水资源配置工程项目建设。发行全国首单绿色发行主体、绿色资金用途、绿色基础资产支持票据。采取一次审批发债金额、分期发行的方式，发行近年来全国规模最大一支绿色企业债券。2017 年至 2021 年 3 月广州绿色债券的发行情况具体见表 5 - 2。①

表 5 - 2　近年广州绿色债券发行情况

证券类别	证券简称	票面利率（发行时）	发行总额（亿元）	债券期限（年）	起息日期
地方政府债	17 广东债 36（续发）	3.57	31.00	3	2017 - 08 - 14
	19 广东债 09（续发）	3.34	117.20	10	2019 - 02 - 21
	19 广东债 09（续2）	3.34	133.71	10	2019 - 02 - 21
金融债	19 广州银行绿色金融债	3.65	50	3	2019 - 04 - 16
企业债及公司债	17 广州发展绿色债 01	4.94	24	5	2017 - 09 - 06
	18 广业绿色债 01	5.08	9	7	2018 - 04 - 28
	18 广业绿色债 02	4.98	10	7	2018 - 08 - 15
	19 广水投绿色债 01	4.02	16	10	2019 - 01 - 24
	19 广水投绿色债 02	3.95	10	10	2019 - 12 - 06
	19 广铁绿色债 01	3.9	30	5	2019 - 01 - 18
	19 广铁绿色债 02	3.58	20	5	2019 - 07 - 17
	19 广铁绿色债 03	3.4	20	5	2019 - 09 - 03
	G17 发展 1	4.94	24	5	2017 - 09 - 06
	G18 广业 1	5.08	9	7	2018 - 04 - 28
	G18 广业 2	4.98	10	7	2018 - 08 - 15
	G19 广铁 1	3.9	30	5	2019 - 01 - 18
	G19 广铁 2	3.58	20	5	2019 - 07 - 17
	G19 广铁 3	3.4	20	5	2019 - 09 - 03
	G19 水投 1	4.02	16	10	2019 - 01 - 24
	G19 水投 2	3.95	10	10	2019 - 12 - 06
	G19 广铁 4	3.53	15	5	2019 - 12 - 19
	19 广铁绿色债 04	3.53	15	5	2019 12 - 19

---

① 相关数据资料由笔者调研获得并整理。

续表

证券类别	证券简称	票面利率（发行时）	发行总额（亿元）	债券期限（年）	起息日期
企业债及公司债	G20 广铁 1	3.72	15	5	2020 – 01 – 10
	20 广铁绿色债 01	3.72	15	5	2020 – 01 – 10
	G20 广铁 2	3.60	15	7	2020 – 03 – 10
	20 广铁绿色债 02	3.60	15	7	2020 – 03 – 10
	G20 广铁 3	2.5	15	3	2020 – 05 – 27
	20 广铁绿色债 03	2.50	15	3	2020 – 05 – 27
	20 穗环 G1	3.90	10	3	2020 – 08 – 03
	G20 水投 1	4.00	5	10	2020 – 08 – 14
	20 广水投绿色债 01	4.00	5	10	2020 – 08 – 14
	G20 广业 1	4.03	18	7	2020 – 08 – 19
	20 广业绿色债 01	4.03	18	7	2020 – 08 – 19
	G20 公交 1	3.88	17	6	2020 – 09 – 21
	20 广州公交绿色债	3.88	17	6	2020 – 09 – 21
	20 广铁绿色债 04	3.60	15	3	2020 – 12 – 08
	21 粤能 01		10		2021 – 04 – 26
	21 广东能源债 01		10		2021 – 04 – 26
中期票据	18 越秀集团 GN001	5.48	20	5	2018 – 02 – 27
	18 越秀集团 GN002	4.1	10	3	2018 – 09 – 03
	19 越秀集团 GN001	3.78	7	5	2019 – 09 – 09
	19 粤电开 GN001	3.78	2	3	2019 – 10 – 22
	20 粤电开 GN001	2.60	3	3	2020 – 04 – 30
	21 南电 GN001	3.45	20	3	2021 – 02 – 07
	21 知识城 MTN001（碳中和债）		5		2021 – 04 – 12
资产支持证券	19 广州地铁 ABN001 次	– –	1.5	4.9945	2019 – 01 – 24
	19 广州地铁 ABN001 优先 01	3.6	6.3	0.9918	2019 – 01 – 24

续表

证券类别	证券简称	票面利率（发行时）	发行总额（亿元）	债券期限（年）	起息日期
资产支持证券	19 广州地铁 ABN001 优先 02	3.79	6.5	1.9945	2019－01－24
	19 广州地铁 ABN001 优先 03	4	6.9	2.9945	2019－01－24
	19 广州地铁 ABN001 优先 04	4.1	4.4	3.9945	2019－01－24
	19 广州地铁 ABN001 优先 05	4.1	4.4	4.9945	2019－01－24
	19 广州地铁 ABN002 次	－－	0.02	8.937	2019－09－23
	19 广州地铁 ABN002 优先	3.52	19.98	8.937	2019－09－23
	广铁 1 次	－－	1.58	4.7726	2019－03－15
	广铁 1 优 1	3.4	5.14	0.7699	2019－03－15
	广铁 1 优 2	3.74	5.56	1.7726	2019－03－15
	广铁 1 优 3	3.94	5.98	2.7726	2019－03－15
	广铁 1 优 4	4.05	6.23	3.7726	2019－03－15
	广铁 1 优 5	4.05	7.09	4.7726	2019－03－15
	广铁 2 次	－－	0.93	10.0219	2019－09－24
	广铁 2 优	3.54	17.49	10.0219	2019－09－24
	20 广交 05	3.56%	3.44	8.90	2020－07－30
	20 广交 04	3.56%	3.35	5.89	2020－07－30
	20 广交 03	3.56%	1.10	2.89	2020－07－30
	20 广交 02	3.3%	1.09	1.89	2020－07－30
	20 广交 01	2.98%	0.99	0.89	2020－07－30
	20 广交次	0%	0.53	8.90	2020－07－30
	21 广州公交 ABN001 优先	3.7%	13.47		2021－3－24
	21 广州公交 ABN001 次	3.7%	0.03		2021－3－24

数据来源：笔者调研获得并整理。

四、绿色保险

近年广州市绿色保险发展迅速,主要体现在以下方面。

一是参保企业和保费方面。截至 2019 年底,广州地区新增绿色保费收入 488 亿元,在各试验区中排名第一位。2014 年至 2021 年 3 月,广州市环境污染责任险参保企业累计达 1236 家次,分别为 2014 年 78 家、2015 年 107 家、2016 年 137 家、2017 年 209 家、2018 年 233 家、2019 年 355 家、2020 年 164 家(不完全统计),投保企业家数呈持续增长态势,近 5 年以来保障额度累计约 18 多亿元,参保企业数量在全省(深圳除外)排名第一,试点成效明显。16631 家企业投保安全生产责任风险保险,总保费 1.73 亿元。

二是绿色保险产品创新方面。全国首创"药品置换责任保险",共有 83 家药店投保药品置换责任保险,总保费 13.14 万元。创新试点"绿色产品食安心责任保险""绿色农保 +""绿色农产品质量安心追溯保险""蔬菜降雨气象指数保险""工程质量潜在缺陷险"新型绿色保险产品,落地采用保险标的价格直接挂钩生猪养殖农产品期货价格的"保险 + 期货 + 信贷"金融产品,对冲农产品价格指数波动的风险。2175 户农户投保蔬菜气象指数保险,总保费 1632.3 万元。

三是绿色保险政策方面。印发《广州市政策性小额贷款保证保险实施办法(修订)》《广州市政策性小额贷款保证保险资金管理办法(修订)》,由保险公司为借款人提供贷款保证保险,银行以保单作为主要的增信方式向借款人发放贷款,在借款人未按约偿还贷款时,由保险公司向银行承担贷款损失赔偿责任,同时政府财政资金对不良贷款提供一定的风险补偿。在小贷险支持下,广州市农业企业、农民专业合作社、科技企业、小微企业、农业种养大户、城乡创业者(含个体工商户)可申请最高 500 万元的一年期经营性贷款,市财政每年安排 3000 万元小贷险资金用于保费补贴及风险补偿,经补贴后借款人的投保费用不超过贷款本金 2%。截至 2020 年 11 月底,共 484 家企业提交了小贷险的贷款申请。已帮助 154 家企业获得银行贷款 27004 万元。印发《广州市政策性森林保险工作实施方案》,有效降低因自然灾害和火灾造成的林木损失。

四是建立健全巨灾保险制度。选择台风、强降水两项灾害因子;以市政府为投保人,以各区政府为被保险人,保险赔付条件触发后,承保保险机构将理赔款支付至各被保险人(即各区政府)指定账户;每年保费规模不超3000 万元预算,保费由市、区按 1:1 分摊;台风保险金额每年 3.5 亿元,强降水保险金额每年 3 亿元。通过公开招标采购。2019 年全年广州市巨灾保险共触发赔付两次,累计获得巨灾保险赔款 654.4 万元;2020 年共赔付 2659.67 万元,包括"5·22"前后及"6·4"前后的两轮强降水事件赔付金额 1534.67 万元,8 月 18—19 日台风"海高斯"触发广州市巨灾指数保险首宗台风赔款 1125 万元。①

广州地区部分保险公司的主要绿色保险产品服务名称、投保范围、保险责任、保险金额如下。

(一)人保财险广东分公司

1.环境污染责任险

投保范围:凡依照中华人民共和国法律(以下简称"依法")设立的企事业单位、社会团体及其他组织,均可作为本保险合同的被保险人。

保险责任:第三者责任,在保险期间或本保险合同载明的追溯期内,被保险人在保险单列明的保险地址内依法从事生产经营活动时,由于突发意外事故导致有毒有害物质释放、散布、泄漏、溢出或逸出,造成本保险合同列明的承保区域内的第三者遭受人身伤亡或直接财产损失,经县级以上(含县级)人民政府环境保护管理部门或具有相关资质的鉴定机构认定为突发意外环境污染事故,由第三者在保险期间内首次向被保险人提出损害赔偿请求,依照中华人民共和国法律(不包括港澳台地区法律)应由被保险人承担的经济赔偿责任,保险人按照本保险合同的约定负责赔偿。承保区域的具体范围由保险人与投保人协商确定,并在保险合同中载明;清污费用,被保险人因发生保险事故而对承保区域内非自有场地支出的合理的、必要的清

---

① 相关数据资料由笔者调研获得并整理。

污费用,保险人按照本保险合同约定负责赔偿;法律费用,保险事故发生后,被保险人因保险事故而被提起仲裁或者诉讼的,对应由被保险人支付的仲裁或诉讼费用以及事先经保险人书面同意支付的其他必要的、合理的费用(以下简称"法律费用"),保险人按照本保险合同约定也负责赔偿。

保险期限:一年。

保险金额:根据客户需求定,一般100万至1000万不等。

保险费用:根据客户需求定,一般3万至10万不等。

2.林业碳汇价值保险

投保范围:生长和管理正常的定植满一年(含)以上林木,种植面积在30亩(含)以上。

保险责任:在保险期间内,由于下列原因直接造成保险林木流失、被掩埋、主干折断、倒伏或死亡,且损失率达到20%(含)以上时,保险人按照本保险合同的约定负责赔偿:火灾、爆炸、雷电、飞行物体坠落;暴风、龙卷风、热带风暴、强热带风暴、台风、暴雨、洪水(政府行蓄洪除外)、泥石流、冰雹、冻灾、暴雪、雨(雪)凇。

保险期限:一年。

保险金额:保险林木的每亩保险金额参照同类林木再植成本或参照林木的实际价值,以及不同树种对应的每亩碳汇产量及碳汇单位价值确定。

保险费用:0.75%。

3.财政森林综合保险

投保范围:种植场所不在禁种、行蓄洪区范围内;种植品种符合政府相关规定和行业规范;生长、管理正常且权属清晰。

保险责任:在保险期间内,由于下列原因造成保险林木的损坏、损毁,包含流失、掩埋、主干折断、倒伏、死亡或推断死亡直接造成的经济损失,保险人按照本保险合同的约定负责赔偿:暴雨、风灾、洪水(政府行蓄洪除外)、旱灾、雹灾、冻灾、暴雪、雨(雪)凇;火灾、泥石流;林业有害生物。

保险期限:一年。

保险金额:1200万。

保险费用:公益林4‰/8‰;商品林2‰/4‰。

4.财政花卉苗木种植保险

投保范围:种植场所不在禁种、行蓄洪区范围内;种植品种符合政府相关规定和行业规范;移栽方式种植的花卉苗木,投保时应已移栽成活;播种方式种植的花卉苗木,投保时应已破土出芽,肉眼可见。

保险责任:在保险期间内,由于下列原因直接造成保险花卉苗木的损失,且损失率达到20%(含)以上时,保险人依照本保险合同的约定负责赔偿:暴雨、洪水(政府行蓄洪除外)、内涝、风灾、雹灾、冻灾、雷击、旱灾、地震;泥石流、突发性滑坡、崖崩、火灾、爆炸、建筑物倒塌、空中运行物体坠落;病虫草鼠害。

保险期限:一年。

保险金额:3000/5000万。

保险费用:露地花卉苗木10%/15%;大棚花卉苗木6%/10%。

5.林木综合险

投保范围:生长和管理正常;定植满一年(含)以上;林木种植面积在30亩(含)以上。

保险责任:在保险期间内,由于下列原因直接造成保险林木流失、被掩埋、主干折断、倒伏或死亡,保险人按照本保险合同的约定负责赔偿:火灾、爆炸、雷电、飞行物体坠落;暴风、龙卷风、热带风暴、强热带风暴、台风;暴雨、洪水(政府行蓄洪除外)、泥石流;冰雹;冻灾、暴雪、雨(雪)凇。

保险期限:一年。

保险金额:参照同类林木再植成本或参照林木的实际价值。

保险费用:0.8%/1%。

(二)平安产险广东分公司

1.平安环境污染责任保险

投保范围:依照中华人民共和国法律(不包括港澳台地区法律)注册的各类机关、企事业单位、个体经济组织以及其他组织。

保险责任:根据第三条,在保险期间或保险合同载明的追溯期内,被保险人在被保险场所内依法从事保险单载明的业务时,因突发意外事故,导致有毒有害物质的释放、散布、泄漏、逸出,并由此造成第三者的下列损失,由第三者在保险期间内首次向被保险人提出损害赔偿请求,依照中华人民共和国法律(不包括港澳台地区法律)应由被保险人承担的经济赔偿责任,保险人按照本保险合同约定负责赔偿:第三者因污染损害遭受的人身伤亡或直接财产损失;第三者为排除或减轻污染损害对其所属场所内的污染物进行调查、检验、检测、清除、处理、中和、控制而发生的合理必要的清理费用。根据第四条,发生第三条列明的保险事故时,被保险人为了立刻、快速控制污染物的扩散,以尽量减少损失、费用和责任所发生的合理必要的施救费用,保险人按照本保险合同约定负责赔偿。根据第五条,保险事故发生后,被保险人因保险事故而被提起仲裁或者诉讼的,对应由被保险人支付的仲裁或诉讼费用以及事先经保险人书面同意支付的其他必要的、合理的法律费用(以下简称"法律费用"),保险人按照本保险合同约定也负责赔偿。

保险期限:一般为一年。

保险金额:按需要拟定。

保险费用:根据保险金及被保险标的拟定。

2. 平安产品溯源信息缺陷责任保险

投保范围:中华人民共和国境内的各类机关、企事业单位、个体经济组织以及其他组织,均可作为本保险合同的投保人、被保险人。

保险责任:根据第三条,在保险期间或保险合同载明的追溯期内,被保险人在生产、经营或销售产品过程中,因其疏忽、错误或失职行为而提供了"产品溯源信息缺陷"产品,即该产品不符合产品或产品包装上的"溯源标识"表明的产品标准、质量状况、生产商信息、产地信息等溯源信息,视为保险事故发生。由于保险事故导致消费者、购买者或使用者在保险期间内向被保险人首次提出修理、更换、退货费用的赔偿请求,或损害赔偿请求,依照中华人民共和国法律(不包括港澳台地区法律)或者销售合同约定应由被保险人承担的经济赔偿责任,保险人按照本保险合同约定负责赔偿。根据第四条,保险事故发生后,被保险人因保险事故而被提起仲裁或者诉讼的,对应由被保险人支付的仲裁或诉讼费用以及事先经保险人书面同意支付的其他必要的、合理的法律费用,保险人按照本保险合同约定也负责赔偿。

保险期限:按需要拟定。

保险金额:按需要拟定。

保险费用:根据保险金额及业务实际情况拟定。

其他要求:提供一切与溯源产品及溯源相关的必要信息。

3.平安船舶污染责任保险

投保范围:在中华人民共和国领土(包括领海)或专属经济区内航行、停泊和作业的船舶。

保险责任:船之外的受害方的财产的直接损失或损害;污染事故造成环境的直接损害;减少污染采取的合理恢复措施的费用;合理施救措施产生的费用;预防措施产生的费用以及由此造成的进一步损失或损害;因服从政府或有关当局产生的费用;与他船碰撞造成的污染事故。

保险期限:一年。

保险金额:按《中华人民共和国船舶油污损害民事责任保险实施办法》确定。

保险费用:按船舶总吨确定。

其他要求:提供船舶防止油污证书、适航证书、吨位证书、船舶所有权证书。

4.巨灾指数保险

投保范围:中华人民共和国各级民政部门、财政部门或其他合法机构均可作为本保险合同的投保人、被保险人。

保险责任:在保险期间内,在保险合同载明承保的区域范围内(以下简称"被保险区域"),由于保险合同载明的全部或者部分下列自然灾害,造成被保险区域的受灾指数达到保险合同约定的起赔标准,保险人依照本保险合同约定负责赔偿。

保险期限:以各地市合同为准。

保险金额:以各地市合同为准。

保险费用:以各地市合同为准。

其他要求:招投标为申请方式,所需材料为中标通知书、投保单。

5.平安产险广东省商业性林木综合保险

投保范围:同时符合下列条件的的林木(含商品林和公益林),均可作为本保险合同的保险标的(以下简称"保险林木"):生长和管理正常且权属清晰的用材林;栽植管理符合林业部门规划技术和规范标准要求;达到林业部门规定的成林标准,且生长和管理正常(不含未成林造林地)。投保人应将符合上述条件的林木全部投保,不得选择投保。

保险责任:在保险期间内,由于下列原因一、二(具体以释义为准)造成保险林木(含商品林和公益林)死亡、流失、掩埋、主干折断或倒伏的直接经济损失;由于原因三(具体以释义为准)造成保险林木死亡的直接经济损失。保险人将按照本保险合同的约定负责赔偿:一、自然灾害:雹灾、冻灾、洪水(政府行蓄洪除外)、雪灾、暴雨、风灾、干旱;二、意外事故:泥石流、火灾;三、森林有害生物。

保险期限:一年。

保险金额:4403.7万。

保险费用:19.1万。

其他要求:提供保险公司评估制定方案,上报农业、银保监、财政、行业协会等对口部门;提供投保单、分户清单、权属证明、身份证明、联系方式、标的核验材料等。

(三)中华财险广东分公司

1.生猪价格指数保险

投保范围:投保的生猪品种必须在当地饲养1年以上(含);生猪在投保时体重已达10公斤以上(含);被保险人在当地从事生猪养殖时间1年以上(不含),且生猪存栏量在200头以上(含);按照当地畜牧防疫监督管理部门审定的免疫程序接种并留有记录;饲养场所在当地洪水水位线以上的非蓄洪、行洪区,场内的建筑物布局应符合畜牧兽医部门的要求。

保险责任:保险期间内,保险生猪出栏并成功出售的,当约定理赔周期内猪粮比平均值低于约定猪粮比值时,保险人按照本合同的约定负责赔偿。

保险期限:本保险合同的保险期线为一年,具体以保险单载明的起讫时间为准。

保险金额:约定玉米批发价格(元/公斤)×约定生猪平均出栏重量(公斤/头)×合同约定的猪粮比×保险数量。

保险费用:保险金额×保险费率。

2.环境污染责任险

投保范围:各市(县)政府或市(县)政府指定的民政局、财政局或其他合法机构。

保险责任:意外事故导致污染损害,造成的第三者人身伤亡或财产损失;对污染物进行清理发生的合理必要的清理费用;为了控制污染物的扩散,尽量减少对第三者的损害合理必要的施救费用;法律费用。

保险期限:一年。

保险金额:20万—1000万。

保险费用:保险金额×1%。

其他要求:提供企业营业执照、排污许可证。

3.建筑工程一切险

投保范围:绿色金融相关工程。

保险责任:保障自然灾害或意外事故造成的物质损坏或灭失。

保险期限:工期。

保险金额:工程造价。

保险费用:保险金额×保险费率。

其他要求:提供工程合同、工程量清单、平面布置图、工程时间进度表等资料。

4.财产综合险、财产一切险

投保范围:绿色金融相关企业。

保险责任:保障意外事故或自然灾害导致的保险标的的损失。

保险期限:一年。

保险金额:标的价值(账面余额/重置价值/市场价值)。

保险费用:保险金额×保险费率。

其他要求:提供工程合同、工程量清单、平面布置图、工程时间进度表。

(四)鼎和保险广东分公司

1. 充电桩(站)财产保险

投保范围:充电桩设备。

保险责任:承保充电桩(站)运营过程中因自然灾害、意外事故等指定原因导致的设备损失。

保险期限:一年。

保险金额:保险金额由投保人参照保险价值自行确定。

保险费用:以实际投保信息为准。

其他要求:提供资产照片、资产清单(包含单价、数量、厂家等信息)、资产所在地址和过往三到五年的损失记录。

其他要求:提供资产照片、资产清单(包含单价、数量、厂家等信息)、资产所在地址、质量合格证书、安全认证、质量管理认证证书和过往三到五年的损失记录等。

2. 充电桩(站)充电安全责任保险

投保范围:充电桩设备。

保险责任:运营过程中因下列原因造成第三者的人身伤亡和/或财产损失:被保险人在充电过程中疏忽和过失行为;被保险人在充电过程中发生超负荷、超电压、碰线、电弧、漏电、短路、大气放电、感应电及其他电气原因;被保险人的充电桩设备由于其内部原因造成的机器损坏,导致意外事故而给第三者带来的损失。

保险期限:一年。

保险金额:责任限额。

保险费用:以实际投保信息为准。

其他要求:提供资产照片、资产清单(包含单价、数量、厂家等信息)、资产所在地址、质量合格证书、安全认证、质量管理认证证书和过往三到五年的损失记录等。

3.光伏电站财产综合险

投保范围:光伏发电设备、输变电系统、建筑物及其附属设施。

保险责任:由于下列原因造成保险标的的损失:火灾、爆炸;雷击、暴雨、洪水、暴风、龙卷风、冰雹、台风、飓风、暴雪、冰凌、突发性滑坡、崩塌、泥石流、地面突然下陷下沉;飞行物体及其他空中运行物体坠落。

保险期限:一年。

保险金额:保险金额由投保人参照保险价值自行确定。

保险费用:以实际投保信息为准。

其他要求:提供资产照片、资产清单(包含单价、数量、厂家等信息)、资产所在地址、质量合格证书、安全认证、质量管理认证证书和过往三到五年的损失记录等。

4.光伏电站财产一切险

投保范围:光伏发电设备、输变电系统、建筑物及其附属设施。

保险责任:由于自然灾害或意外事故造成保险标的直接物质损坏或灭失。

保险期限:一年。

保险金额:保险金额由投保人参照保险价值自行确定。

保险费用:以实际投保信息为准。

其他要求:提供资产照片、资产清单(包含单价、数量、厂家等信息)、资产所在地址、质量合格证书、安全认证、质量管理认证证书和过往三到五年的损失记录等。

5.光伏电站机器损坏险

投保范围:光伏发电设备、输变电系统。

保险责任:因下列原因引起或构成突然的、不可预料的意外事故造成的物质损坏或灭失:设计、制造或安装错误、铸造和原材料缺陷;工人、技术人员操作错误、缺乏经验、技术不善、疏忽、过失、恶意行为;离心力引起的断裂;超负荷、超电压、碰线、电弧、漏电、短路、大气放电、感应电及其他电气原因;除条款中"责任免除"规定以外的其他原因。

保险期限:一年。

保险金额:机器设备的重置价值。

保险费用:以实际投保信息为准。

其他要求:提供资产照片、资产清单(包含单价、数量、厂家等信息)、资产所在地址、质量合格证书、安全认证、质量管理认证证书和过往三到五年的损失记录等。[①]

五、环境权益交易

广州近年开展的环境权益交易主要有碳排放权交易、排污权交易、水权交易等。截至2019年底,广州碳交易所碳配额现货交易量的累计成交突破1.36亿吨,在全国同业排名第一。广州碳排放权交易所编制了中国碳市场100指数。2018年、2019年和2020年的累计碳排放权交易金额分别为23.2亿元、29.4323亿元和12.135亿元(见表5-3)。[②]

表5-3　广州近年环境权益交易情况

	2018 年	2019 年	2020 年
累计碳排放权交易金额(万元)	232000	294323	121350
累计排污权交易金额(万元)	0	0	4000
累计水权交易金额(万元)	0	0	444
累计其他环境权益交易金额(万元)	0	0	3.59

数据来源:笔者调研获得并整理。

六、绿色金融基础设施建设

一是完善"线下+线上"绿色金融产融对接模式。线下是花都绿色金融

---

① 广东金融学会:《广东省绿色金融产品汇编——广州篇》,2021年10月9日。笔者进一步整理。

② 相关数据资料由笔者调研获得并整理。

街;线上是依托广东省中小微企业信用信息和融资对接平台,针对绿色金融改革创新试验区绿色企业和项目开发建设的融资对接系统。该"线下 + 线上"绿色金融产融对接模式,有助于增强绿色金融产融对接的有效性、时效性和对接效果。

二是完善绿色金融风险补偿机制。按照其损失的20%对绿色金融机构进行风险补偿,最高给予100万元。

三是制定了《广东省广州市绿色金融改革创新试验区绿色企业认定管理办法》和《广东省广州市绿色金融改革创新试验区绿色项目认定管理办法》,完善了广州市绿色金融改革创新试验区绿色认证和评价体系。通过一系列举措夯实了绿色金融基础设施,拓宽了绿色金融的融资渠道,降低了绿色产业的融资成本,促进了绿色金融的转型,为绿色金融助推经济绿色高质量发展提供了"广州经验"、贡献了"花都力量"。[①]

七、绿色金融对外交流合作

(一)与世界银行和欧洲的绿色金融合作交流

2018 年初在中国人民银行研究局的支持下,原广州市金融工作局与世界银行金融局开展《广州市绿色金融改革创新试验区技术支持方案》的合作研究于 2020 年 12 月顺利结题,内容围绕绿色金融标准如何在湾区进行应用以及未来的对接思路,协助广州提升绿色金融行动规划能力及市场参与者的综合能力。此外,位于英国的国际气候债券倡议组织(CBI)于 2020 年 12 月举办大湾区绿色债券训练营,广州市的金融工作局和金融机构等参加了首期 20 人的培训,内容是围绕市场化债券工具以及标准和评估认证方面。由此,在世行层面和欧洲层面均在试验区展开了不同层面和侧重点的能力建设。

(二)大湾区绿色金融合作交流

广州市与香港品质保证局签订了《推动绿色金融发展合作备忘录》,双

---

① 相关数据资料由笔者调研获得并整理。

方合作推动香港先进的绿色金融技术和经验向广州市转移和分享。与澳门金管局、澳门经济局、澳门环境保护局考察组进行交流,探讨绿色金融合作。参加联合国波恩气候大会广东专场边会研讨等。

(三)其他方面的绿色金融合作交流

广州市积极参与、承办各类绿色金融主题论坛、会展活动。2020 年之前举办的会议多为国际区域性论坛。包括举办 2018 年中美金融研讨会绿色分论坛、2019 穗港澳金融合作推介会,参加香港亚洲金融论坛,在中国(广州)国际金融交易博览会上展示广州市绿色金融发展成效,通过各类绿色金融交流活动积极发出绿色金融的广州声音。世界自然基金会(WWF)"2019 年度气候创行者"项目获得 20 亿元绿色综合授信支持,推动南沙建立"绿色金融、绿色科技、绿色产业三融合"国际绿色金融合作创新模式。举办"南沙龙"第六期金融沙龙(绿色科技金融扬帆大湾区)、首届南沙绿色发展领跑计划、2019 绿色金融与融资租赁创新发展论坛等活动。

2020 年广州举办的国际金融论坛(IFF)包括世界银行、亚洲开发银行等国际机构都在广州围绕绿色金融办会,开始初步显示高端会议的主题集聚效应。2020 年 11 月和 12 月在广州举办的国际金融论坛(IFF)第 17 届全球年会和亚洲金融高峰论坛暨亚洲金融智库 2020 年会均以全球绿色金融和疫情后绿色复苏为主题,内容包括衡量绿色金融的评价指标体系、绿色金融监管和评价体系和制度等,联合国副秘书长英格·安德森、世界银行副行长维多利亚·克瓦和亚洲开发银行副行长艾哈迈德·赛义德等国际机构和组织负责人参加了会议,体现了广州作为绿色金改区的一线城市和粤港澳大湾区的核心城市,绿色金融改革所具有的国际化彰显力及影响力。2021 年 1 月,亚洲金融论坛在广州设立分会场,并开设绿色金融对话环节。①

---

① 相关数据资料由笔者调研获得并整理。

第四节 广州市金融支持绿色低碳循环
经济发展典型案例

一、金融支持绿色农业

2020 年 11 月,总部位于广州的全球规模最大的农业无人机公司极飞科技获 12 亿元新轮融资,助力实现农业无人机、农业遥感无人机、农业无人车、农机辅助驾驶设备、农业物联网和智慧农场管理软件六大产品生产,贯穿农业生产的各个环节,实现降低农业生产过程中的二氧化碳排放量,有效减少农药化肥使用和水资源消耗。

2021 年 9 月,广东省农村信用社联合社与广东省农业农村厅签署《推动渔业高质量发展战略合作协议》并推出"美丽池塘贷"产品。"美丽池塘贷"产品有助于贯彻落实农业农村部等十部委联合印发的《关于加快推进水产养殖业绿色发展若干意见》、中共广东省委政府《关于全面推进乡村振兴加快农业农村现代化的实施意见》等文件精神,加快推进广东省水产养殖业转型升级,促进产业绿色发展,保障优质水产品供给,实现渔民持续增收,推动乡村全面振兴。"美丽池塘贷"是满足对珠三角区域内实施符合珠三角百万亩养殖池塘升级改造绿色发展政策规划和建设要求的项目,涉及养殖池塘升级改造以及尾水治理建设改造、养殖技术升级、规模化养殖改造、美丽渔场建设、水产健康养殖和生态养殖示范区建设等投入的各类资金需求的信贷产品。贷款对象为珠三角百万亩养殖池塘升级改造绿色发展的项目实施主体,包括生产经营性企业、合作社、个体工商户、养殖户、家庭农场或村级集体经济实体、镇(区)属企业等,提供了从立项到投产的全周期、全环节、全流程的金融支持,因地制宜地推动了珠三角水产养殖绿色高质量发展。2022 年,广东省农村信用社联合社通过"美丽池塘贷"为广东省池塘养殖提供资金支持累计达 63 亿元,精准助力广东省水产养殖产业绿色转型升级,实现渔业增效、渔民增收,全面推进乡村振兴;有效促进渔业生产、生态、生活绿色融合发展,保障优质水产品供给,重建岭南特色现代桑基鱼塘,实现经济效益、社会效益、环境效益和人文效益的多赢。

二、金融支持绿色制造

兴业银行广州分行为广州越秀集团承销发行全国造纸行业绿色债券(绿色中票票据),用于支持广州造纸集团绿色环保项目。广州造纸厂生产了《人民日报》一半的新闻纸,但新闻纸的生产会产生大量废水排放,企业通过筹资 20 亿购买了芬兰生产的 9 号造纸机,把废水废气经过回收、净化和循环利用达到生产零排放。目前造纸的锅炉的余热也能用于发电,并参与废水处理和再生纸生产,不仅通过了环评还通过了绿评,将污染型企业扭转为绿色循环经济的绿色发展企业,实现了社会效益和经济效益双赢。

中国工商银行花都分行积极支持广州和信实业公司从摩托车零部件生产向新能源汽车配件生产转型,提供了 3000 万元绿色信贷,缓解企业设备更新及研发投入的资金压力。

广州农商银行花都支行向广东世腾环保包装科技有限公司发放了 5000 万技术升级改造贷款,助力企业采用先进的水性油墨印刷技术,减少对环境的污染,完成了从高污染企业向广东高新技术企业的绿色化升级改造。

中国建设银行广州花都分行支持国光电器股份有限公司将传统电子产业园区改造升级为集智能电子、大数据、人工智能、智能制造、新能源五大产业于一体的绿色产业价值创新园区,累计向该项目发放 4.4 亿元的基准利率绿色贷款。

三、金融支持绿色建筑、绿色人居与城市更新

制定印发《广州市建筑和交通领域碳交易机制建设及碳普惠制试点工作实施方案》。推出建筑质量工程潜在缺陷保险、绿色建筑性能保险等绿色建筑保险。积极争取机场三期融资项目在花都获批授信并发放贷款,争取

以项目为标发行企业绿色债券。大力支持推广绿色建筑和建筑节能示范工程,鼓励房地产开发项目执行绿色建筑二星级及以上标准。为广州港集团广州港疗养院绿色升级改造、保利绿色金融城等项目提供信贷支持。中国建设银行广州分行为某绿色产业园区 PPP 项目跨区域投放 2 亿元绿色贷款,运用绿色建筑标准进行施工,后期园区运营也将重点安排绿色企业进驻。

广州银行花都支行为广州东部固体资源再生中心的生物质综合处理项目提供 6.6 亿元绿色信贷,用于建设国内规模最大的病死禽畜垃圾综合处理厂。采用"特许经营权 + 股东股权质押 + 股东连带责任保证"的三重联保模式为广州市某垃圾处理项目提供贷款,助力广州市破解"垃圾围城"的困局。租赁机构以河道黑臭水体治理一期项目的污水处理设备,通过售后回租向环境科技公司投放融资租赁款。

中国工商银行广州分行结合广州市城市更新规划,积极探索绿色建筑与国有资产盘活和提高土地利用率相结合,通过融资支持旧项目的更新改造,加快项目转型升级,打造高端老年疗养服务基地。该项目已审批金额 3 亿元,项目已动工,并于 2020 年度进入提款期,目前发放贷款 2200 万元。

四、金融支持绿色交通

银行机构为广州市公交车纯电动化项目提供 54 亿元基准利率绿色信贷支持,用于更新 9000 多辆纯电动公交车,每年可减排二氧化碳超过 65 万吨,广州市通过该项目在 2019 年丹麦哥本哈根举办的 C40 城市气候领导联盟市长峰会上获得"绿色技术"奖项。

2022 年 6 月,招商银行股份有限公司广州分行作为主承销商,辅导广州市公共交通集团有限公司成功注册银行间债券市场绿色超短期融资券额度 12 亿元,并辅导广州市公共交通集团有限公司成功发行 2022 年度第一期绿色超短期融资券(债券简称:22 广州公交 GN001),发行总规模 3 亿元,期限 270 天。这是广州市公共交通集团有限公司首次于银行间协会注册并发行超短期融资券。该债券首次发行即受到投资人和市场的热烈追捧,最终全场认购倍数 1.88 倍,票面利率 1.93%,创市场同期限同类型债券成本新低。该笔绿色超短期融资券所投向的城乡公共交通设施建设和运营项目,预计每年标煤节约量为 29.69 万吨,二氧化碳减排量为 53.34 万吨。此次发行绿色超短期融资券募集资金全部用于广州公交集团旗下清洁能源公交车及新能源出租车的日常运营。

海通证券作为广州地铁发行公司债券主承销商,协助广州地铁发行了一期专项用于碳中和的绿色公司债券——广州地铁集团有限公司 2022 年面向专业投资者公开发行绿色公司债券(第二期)(专项用于碳中和)"22 广铁 G2"。该笔债券募集资金规模 20 亿元,专项用于广州市轨道交通十一号线工程及十号线工程的建设,发行利率为 2.88%,创下全国 5 年期公司债券历史新低。项目预计可实现协同二氧化碳减排量 1.9 万吨,节约能源 0.9 万吨标准煤。"22 广铁 G2"为绿色债券子品种下的碳中和专项债券,不仅为广州市轨道交通建设注入资金活水,也是企业落实国家"双碳"战略的具体实践。

五、金融支持绿色能源和环保产业

广汽汇理协同广汽研究院开发车辆监控平台,上线新能源车贷款标识,通过全流程追踪,进一步识别并降低信贷风险,降低自用新能源汽车首付门槛,简化申请材料,灵活设置贷款方式。截至 2019 年 9 月,广汽汇理零售新能源车贷款余额 5.3 亿元,同比增长 168.74%,从消费金融入手,解决了前期市场推广的获客问题。广发证券发行规模 10 亿元的比亚迪绿色债券,用于比亚迪新建的新能源汽车及零部件、电池及电池材料、城市云轨道等项目建设。众诚保险为广汽新能源推出电池延长保险。

积极推动广州市企业探索在香港和澳门发行境外绿色债券,如广州地区绿色企业维港环保科技在香港上市。积极联系广州发展集团、广州水投集团等企业发行绿色企业债券,广州发展集团成功发行广东省首单绿色企业债 24 亿元用于天然气利用第四期工程建设,广州市水投集团成功获得国家发展改革委批复 55 亿绿色企业债券用于沥滘污水处理厂三期工程等。

中国农业发展银行广东省分行营业部在打造"绿色银行""水利银行"特

色品牌目标引领下,按照国家、广东省、广州市关于水污染防治行动计划和黑臭水体治理的总体要求,累计为广州水务投资集团有限公司旗下11个水务基础设施项目发放绿色信贷资金逾30亿元,以政策金融活水,助力建设绿色生态美丽广州,推动水务事业迈向高质量发展。中国农业发展银行广东省分行营业部通过发放绿色贷款,支持石井污水厂、大观净水厂、石井净水厂、健康城净水厂、龙归污水厂、西朗污水厂、沥滘污水厂、大沙地污水厂等8个新(扩)建、提标改造工程及花都区新华片区、狮岭片区、花东、炭步和赤坭等片区3个水更清工程。中国农业发展银行广东省分行营业部以现金流管理为重点,采取特许经营权作为增信手段的信贷模式,破解了水务项目融资瓶颈;发挥人民银行货币政策工具PSL(抵押补充贷款)资金优势,为企业融资降本增效;采取"投贷联动"机制,使用政策性金融工具,投放基金用于补充项目资本金;同时优先给予绿色金融债券资金支持,促进经济社会发展全面绿色转型。上述11个项目已陆续投入运营,新增和提标改造污水处理规模能力近300万立方米/日,建设污水管道、清污分流管道逾100公里。其中7个项目为地埋式低碳净水厂,通过采用"地下建厂+地上建园"方式,走出新型水生态基础设施创新之路,助力广州成为全国地埋式污水处理产能第一的城市,实现了经济效益、环境效益与社会效益的统一。

六、金融支持绿色消费与低碳生活

陆续推出碳排放权抵押融资、配额回购、配额托管、远期交易等创新型碳金融业务。其中碳排放权抵押融资业务开展15笔,抵押碳排放权超过700万吨,融资金额7000万元。碳排放配额总量排名全国第一,全球排名第三,仅次于欧盟和韩国碳市场;广州碳交所的碳配额现货交易量累计成交突破1.87亿吨,占全国成交金额1/3以上,排名全国第一,自2019年起超过欧洲能源交易所,位居世界前列。

2021年,广州试验区发行4只碳中和债券。其中南方电网发行20亿元用于水蓄能电站项目建设,成为全国首批碳中和债的发行人之一,也是粤港澳大湾区首单碳中和债。广州公交集团发行13.5亿元的绿色定向资产支持票据,是全国首单碳中和绿色资产支持票据。

2019 年 12 月 24 日,广州碳普惠平台正式上线,成为全国首个城市碳普惠推广平台。2020 年实现碳普惠平台用户绑定的羊城通卡数据与羊城通平台在线对接,截至 2020 年底平台注册人数超 2 万人,累计推广宣传人数超11 万人。截至 2021 年 3 月 10 日,广州市共有 16 个自愿减排项目备案为广东省碳普惠核证减排量项目,减排量约 12.3 万吨二氧化碳当量。

七、金融支持应对气候变化

在广东省探索推广林业碳汇业务。截至 2020 年 12 月,广州碳排放权交易所累计成交林业碳汇 406.96 万吨,帮助全省 86 个林业碳汇项目获得7927.4 万元的碳汇收益。通过探索市场化森林生态补偿机制以及精准扶贫新路径,有助于为全省乃至全国提供生态补偿的市场化模式。在此基础上制定了林业碳汇生态补偿机制实施方案,为下一步在全省范围内开展精准扶贫工作提供了新的模式。创建生态补偿平台,实现生态补偿产品及项目的线上交易和对接,基于林业碳汇项目的生态减排量,为省内贫困村提供补偿资金 4.75 万元。[①]

第五节　湖州市绿色金融创新发展的现状

浙江湖州市国家绿色金融改革试验区自 2017 年 6 月获批建设至 2020年,先后推出 30 余项全国率先或首次的探索实践,创新推出 100 多款绿色金融服务产品,并制定出台了多个法规政策文件。现就浙江省湖州市推进金融组织机构绿色化建设、绿色金融市场基础设施建设和部分绿色金融服务产品创新情况作一分析。

---

① 相关数据资料由笔者调研获得并整理。

一、推进金融组织机构绿色化建设

推进金融组织机构绿色化建设方面,湖州的做法是:一方面,充分调动和积极发挥大型国有银行系统资源优势,探索开展环境压力测试、绿色专营体系构建、绿色支行星级评价、绿色资产证券化等一系列创新性工作。另一方面,充分调动和积极发挥地方法人银行体制灵活优势,推动湖州银行成为"中英环境信息披露"首批试点金融机构、安吉农商行贡献农商系"绿色普惠银行"建设经验等。

2019 年 7 月,湖州银行成为继兴业银行、江苏银行后境内第三家"赤道银行"。截至 2020 年 6 月末,湖州市已设立绿色金融专营机构 39 家,其中绿色专营支行 15 家,绿色金融事业部 23 家,绿色保险产品创新实验室 1 个。2017 年 7 月建立"太湖绿色金融小镇",截至 2020 年 6 月末,小镇已引进类金融企业超过 1000 家,管理规模超过 3000 亿元。①

二、绿色金融市场基础设施建设

浙江湖州市通过完善绿色金融市场基础设施,建设绿色金融综合服务平台,信息共享,既促进金融资本与企业项目的对接,同时强化绿色金融风险的防范与化解,具体措施如下。

(一)绿色标准评级的细化

制定发布绿色项目评价规范、绿色企业评价规范等两项地方标准和绿色金融专项统计制度,开发了全国首个地方性绿色企业(项目)认定评价 IT系统,给出"为谁提供绿色金融服务"的湖州解决方案,在有效识别"普绿"与"非绿"的基础上,按绿色程度分为"深绿""中绿"和"浅绿",统一不同金融机构的绿色界定共识及绿色评级方法。此为解决"绿"与"不绿",并区分"深绿""中绿""浅绿"的问题。

---

① 湖州市国家绿色金融改革创新试验区建设工作领导小组办公室:《绿色金融在湖州》,中国金融出版社 2021 年版,第 371—377 页。

(二)建设绿色金融综合服务平台

1. 在全国首创"绿贷通"服务平台,实现银企对接

湖州市金融机构通过"绿贷通"平台可直接共享环保、节能等绿色信息,对企业进行绿色认定和环境风险审查,破解企业"融资难、融资贵"问题。

2. 搭建"绿信通"平台,金融科技与绿色金融结合,解决企业与项目绿色认定难题

该绿色融资主体认定及绿色金融信息共享平台,可以实现绿色认定精准化、自动化、可视化,经系统认定评价操作后,即可输出认定结果,获得企业(项目)绿色等级,从而破解绿色融资主体认定标准落地难、绿色金融信息共享难问题。

3. 建设"人民银行绿色金融信息管理系统",强化绿色金融监管以及风险的防范化解

由中国人民银行湖州市中心支行牵头建设的绿色金融信息管理系统,连接中国人民银行与金融机构,集绿色贷款统计分析、绿色信贷流程监管、绿色金融政策实施效应评估为一体,可以实现绿色信贷数据实时逐笔登记采集、绿色信贷统计方法精准拉平、节能减排指标精确测算、绿色信贷业绩自动评价、监管信息实时共享等功能,打造数据可溯源、可比较、可计量的绿色信贷管理和信息查询平台。强化绿色金融的事前调查评估—事中管理—事后评价制度,全过程监控。信息共享,既可以促进金融资本与企业项目的对接,同时可以强化绿色金融风险的防范与化解。

三、绿色信贷产品创新

(一)湖州银行绿色信贷

1. 绿色园区贷。包括前期绿色园区项目贷;中期小微企业入园贷;后期精准配套经营贷,助力"低小散"污染治理。以中国人民银行低成本绿色再贷款返惠小微企业,中长期贷款平均执行利率为5.3%,低于同业同类贷款定价。典型项目有湖州吴兴童装产业园"砂洗城"。

2. 全域生态贷。支持土地综合整治与生态修复,截至2019年底投放金

额近 10 亿元。典型项目有安吉天子湖镇某全域土地综合整治与生态修复工程,包括土壤污染治理、矿山复绿整治、高标准农田建设、耕地质量提升、"旱改水"、农村建设用地复垦、植树造林等。

3. 光伏贷。助力农村分布式光伏发电,截至 2019 年底审批"光伏贷"超千户,余额达 5536.38 万元。

(二)农业银行湖州分行

1. "农情绿意"系列贷。包括绿色企业(项目)系列、绿色投行系列、绿色普惠系列、绿色支付系列、科技金融系列等五大系列 29 款金融服务产品,推动地方经济绿色化发展。截至 2019 年底绿色金融贷款余额超 100 亿元。典型项目有"土地综合整治贷"支持土地全域整治、"美丽乡村贷"支持全国首批国家田园综合体试点项目"田园鲁家"提升改造。

2. 效能贷。拓展合同能源管理模式的应用,产品推出至 2019 年底落地 1 个项目的总授信为 0.5 亿元。

(三)南浔银行

美丽乡村贷。助力美丽乡村建设,截至 2019 年底新发放美丽乡村贷款 317 户,金额 5.38 亿元。

(四)德清农商银行

绿币公益贷。推动绿色公益发展,截至 2019 年底共授信 2 亿元,发放绿币公益贷 521 笔,金额 9706 万元;开立个人碳账户 23973 户,减少碳排放 73.26 万千克。

(五)安吉农商银行

1. 两山农林贷。支持县域农民专业合作社发展,截至 2019 年底发放两山农林贷 256 户,金额 11195 万元,初步测算实现二氧化碳固碳量 7800 吨。

2. 两山乡居贷。支持农家乐、民宿、家庭农场、农村生态旅游等农村绿色产业发展,贷款利率按照基准利率下调 10% 执行。截至 2019 年底"两山乡居贷"产品用信 67 户,用信金额 16764 万元。

3. 农房绿色建筑贷。助力农村住房绿色化发展,2020 年 5 月推出至

2020 年底已为 15 位农户投放 585 万。

（六）吴兴农商银行

零碳建筑贷。余不谷国家度假小镇,全球最大的被动式绿色建筑群,90% 以上的建筑为被动式节能建筑,建筑综合节能率超过 60%,单位面积碳排放减少 92%。2020 年,湖州全市新建建筑执行绿色建筑标准达到 100%,二星级及以上绿色建筑占比达 29.6%,接近浙江省设定目标的 3 倍;全年完成既有公共建筑节能改造 15.2 万平方米,改造后项目年节能 238.42 吨标煤,综合节能率 20.15%。

四、绿色保险产品创新

（一）环境污染责任险

创新"保险 + 服务 + 监管 + 信贷"的湖州模式。开展免费企业环境体检,提供环境信息共享平台,建立费率浮动综合评价机制,开展免费业务培训,实行银保联动。2018 年全市完成体检企业 157 家,完成签单 148 家,提供保额 2.7 亿元,保费收入 569 万元;2019 年全市完成体检企业 153 家,完成签单 130 家,提供保额 2.289 亿元,保费收入 440.75 万元。

（二）茶叶低温气象指数保险

保障茶叶产业健康发展。2015 年开始推出安吉白茶低温气象指数保险,2016 年霜冻灾害严重,安吉白茶承保农户 2290 户,参保面积 30097 亩,保费 300.97 万元,保险额度 4396.41 万元,理赔金额 1623 万元,赔付率 539.25 万元。2019 年推出德清茶叶低温气象指数保险;2020 年推出长兴茶叶低温气象指数保险。

此外还有毛竹收购价格指数保险、杨梅降雨气象指数保险、内河航道环境污染责任保险、电梯安全责任全生命周期保险等绿色保险产品。

五、绿色小额贷款保证保险

绿色小额贷款保证保险,简称"绿贷险"。采用银行 + 人保财险湖州市分公司的模式,有助于缓解小微企业融资担保难题。1. 政府鼓励银行对"绿贷险"借款人提供贷款,对银行按照实际发放贷款金额的 0.5% 进行补贴,当年累计补贴不超过 1000 万元;2. 政府对"绿贷险"借款人给予承保金额 1% – 1.5% 的保费补贴,当年累计补贴不超过 2000 万元;3. 保险共保体累计赔付率超过 200% 的部分由市政府对保险公司给予全额补偿,累计补偿不超过 2000 万元。2019 年 6 月至 2019 年底累计承保"绿贷险"66 户,发放贷款1.15亿元。①

本章首先简要梳理分析了我国内地绿色金融发展的相关法规政策,包括国家层面和广东省、广州市地方层面,进而对我国国家层面和地方层面的绿色金融发展激励政策进行了重点评析,并对我国内地与香港地区绿色金融激励政策进行比较,认为在激励类型、激励对象、激励标准、激励条件要求方面存在差异。

我国自 2011 年开始在北京、天津、上海、重庆、湖北、广东和深圳等地("两省五市")开展碳排放权交易试点工作,广东具体落在广州。2017 年 6 月,国务院决定在浙江、江西、广东、贵州、新疆等五省(区)开展绿色金融改革创新试验区的建设,广东具体也是落在广州,且以花都区为核心。

本章以广州为例,通过社会调查、数据分析等对广州市绿色金融创新发展的现状进行了较详细的分析,包括绿色金融组织体系、绿色信贷、绿色债券、绿色保险、环境权益交易、绿色金融基础设施建设、绿色金融对外交流合作。同时分析了广州市金融支持绿色低碳循环经济发展典型案例,包括金融支持绿色农业、金融支持绿色制造、金融支持绿色建筑绿色人居与城市更新、金融支持绿色交通、金融支持绿色能源和环保产业、金融支持绿色消费与低碳生活、金融支持应对气候变化。

本章还对浙江省湖州市绿色金融服务创新发展的现状进行了分析,包括推进金融组织机构绿色化建设、绿色金融市场基础设施建设、绿色信贷产品创新、绿色保险产品创新、绿色小额贷款保证保险等。

---

① 湖州市国家绿色金融改革创新试验区建设工作领导小组办公室编:《绿色金融在湖州》,中国金融出版社 2021 年版。笔者进一步整理。

第六章　我国绿色可持续金融发展的现状分析与问题检视

绿色金融支持绿色低碳循环经济发展的效果如何,尚需进一步检验。基于此,本章以广州市为例,对绿色金融支持绿色低碳循环发展的关联性进行分析,并对我国绿色可持续金融发展存在的问题进行检视。

第一节　广州市绿色低碳循环经济发展的现状

基于数据的可比较性和可获得性,广州绿色低碳经济发展的现状主要通过选取广州、深圳、北京、上海四大一线城市以及全国的主要能源数据和主要环境保护数据进行比较分析。

一、一次能源消费结构

根据 2021 年 5 月《广州市发展改革委关于市十五届人大六次会议第20212307 号建议答复的函》,2019 年广州市能源消费总量为 6294.2 万吨标准煤,其中传统化石能源煤品、油品消费比重分别为 13.9%、38% ,较 2015 年分别下降了 5.9 个百分点和 4 个百分点,清洁低碳能源天然气、西电东送和省内电力净调入、本地一次电力(本地水能发电、太阳能光伏发电)消费占比分别为7%、33.8%、0.7%,较2015年分别提高了1.4个百分点、5.2个百分点和0.4个百分点。

与全国和全球相比较,广州原煤与天然气的占比数据均低于全国和全球,原油的占比数据高于全国但低于全球,一次电力及其他能源的占比数据均高于全国和全球(见表6-1,图6-1、6-2、6-3、6-4)。总体而言,得益于国家的西电东送工程等因素,广州一次能源消费结构相对较好,但原油的比重需进一步降低,天然气的比重需进一步提高。

表6-1 2019年广州、全国、全球一次能源消费结构对比

	能源消费总量 (万吨标准煤)	原煤	原油	天然气	一次电力及其他能源
广州	6294.20	13.9%	38%	7%	41.1%
全国	487000	57.7%	18.9%	8.1%	15.3%
全球		27.03%	33.06%	24.23%	15.68%

数据来源:1.2021年5月11日《广州市发展改革委关于市十五届人大六次会议第20212307号建议答复的函》;2.国家统计局:《中国统计年鉴2020》,中国统计出版2020年版;3. BP. Statistical Review of World Energy 2020.

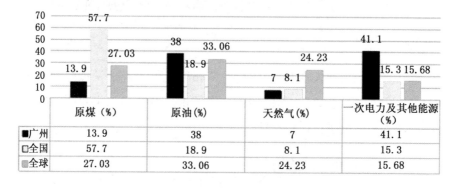

图6-1 2019年广州、全国、全球一次能源消费结构对比

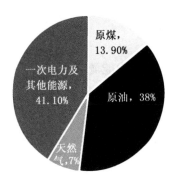

□原煤 ■原油 ▨天然气 ▨一次电力及其他能源

图 6 - 2 2019 年广州一次能源消费结构

□原煤 ■原油 ▨天然气 ▨一次电力及其他能源

图 6 - 3 2019 年全国一次能源消费结构

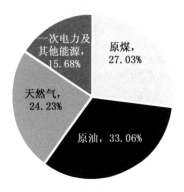

□原煤 ■原油 ▨天然气 ▨一次电力及其他能源

图 6 - 4 2019 年全球一次能源消费结构

二、人均能源消费量

2015 年和 2019 年广州人均能源消费量分别为 4. 21 吨标准煤/人和 4. 11 吨标准煤/人,均高于深圳、北京和全国的人均能源消费量,且均低于上海的人均能源消费量(见表 6 - 2,图 6 - 5)。

表 6 - 2　部分城市和全国人均能源消费量比较(2015 年和 2019 年)

单位:能源消费总量:万吨标准煤;常住人口数:万人

人均能源消费量:吨标准煤/人

	2015 年			2019 年		
	能源消费总量	常住人口数	人均能源消费量	能源消费总量	常住人口数	人均能源消费量
广州	5688.89	1350.11	4.21	6294.20	1530.59	4.11
深圳	3909.91	1137.87	3.44	4534.14	1343.88	3.37
北京	6802.79	2170.50	3.13	7360.32	2153.60	3.42
上海	10930.53	2 415.27	4.53	11696.46	2 428.14	4.82
全国	434113.00	137462	3.16	487000.00	140005	3.48

注:人均能源消耗量由统计年鉴中的能源消费总量/常住人口得出。

数据来源:1.广州市统计局《广州统计年鉴 2016》,中国统计出版社 2016 年版;广州市统计局:《广州统计年鉴 2020》,中国统计出版社 2020 年版。2.深圳市统计局《深圳统计年鉴 2016》,中国统计出版社 2016 年版;深圳市统计局:《深圳统计年鉴 2020》,中国统计出版社 2020 年版。3.北京市统计局:《北京统计年鉴 2016》,中国统计出版社 2016 年版;北京市统计局:《北京统计年鉴 2020》,中国统计出版社 2020 年版。4.上海市统计局:《上海统计年鉴 2016》,中国统计出版社 2016 年版;上海市统计局:《上海统计年鉴 2020》,中国统计出版社 2020 年版。5.国家统计局:《中国统计年鉴 2016》,中国统计出版社 2016 年版;国家统计局:《中国统计年鉴 2020》,中国统计出版社 2020 年版。

三、单位 GDP 能耗

广州市 GDP 从 2015 年的 17347. 37 亿元增长至 2019 年的 23628. 6 亿元,能源消费总量也从 2015 年的 5688. 89 万吨标准煤增加至 2019 年的 6294. 2 万吨标准煤。单位 GDP 能耗则逐年下降,从 2015 年的 0. 33 吨标准煤/万元下降至 2019 年的 0. 27 吨标准煤/万元(见表 6 - 3,图 6 - 6、6 - 7)。

单位：吨标准煤/人

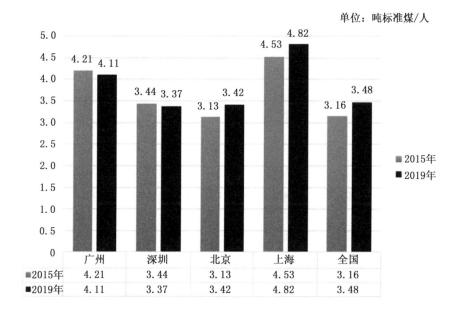

图 6-5　部分城市和全国人均能源消费量比较(2015 年和 2019 年)

表 6-3　广州市 GDP、能源消费及能耗(2015—2019 年)

单位：GDP：亿元；能源消费总量：万吨标准煤；

单位 GDP 能耗：吨标准煤/万元；

GDP 增长率、万元地区生产总值能耗下降率、工业增加值能耗年降低率、

万元地区生产总值电耗下降率、工业增加值电耗年降低率：%

	2015 年	2016 年	2017 年	2018 年	2019 年
GDP	17347.37	18559.73	19871.67	21002.44	23628.60
GDP 增长率	8.3	7.6	6.7	6.0	6.8
能源消费总量	5688.89	5852.60	5961.97	6129.55	6294.20
单位 GDP 能耗	0.33	0.32	0.30	0.29	0.27
万元地区生产总值能耗下降率	4.52	4.96	4.81	3.24	3.86
工业增加值能耗年降低率	3.53	6.56	5.78	5.62	4.49
万元地区生产总值电耗下降率	6.13	2.36	1.32	2.27	-0.50
工业增加值电耗年降低率	4.66	0.42	0.34	5.10	0.88

　　数据来源：广州市统计局：《广州统计年鉴 2016》《广州统计年鉴 2017》《广州统计年鉴 2018》《广州统计年鉴 2019》《广州统计年鉴 2020》，中国统计出版社，2016 年—2020 年。

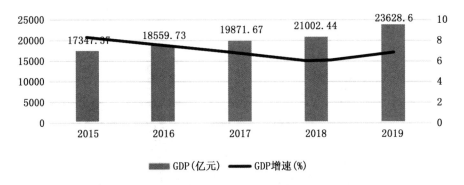

图 6 - 6　广州市 GDP 和 GDP 增速(2015—2019 年)

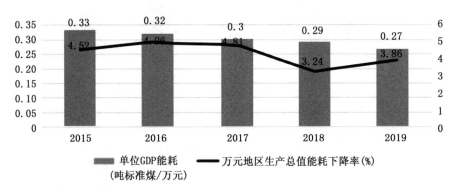

图 6 - 7　广州市单位 GDP 能耗与万元地区生产总值能耗下降率(2015—2019 年)

广州 2018 年和 2019 年的单位 GDP 能耗分别为 0.29 吨标准煤/万元和 0.27 吨标准煤/万元,而深圳 2018 年和 2019 年均为 0.17 吨标准煤/万元,广州与深圳的单位 GDP 能耗差距较大。广州的单位 GDP 能耗也高于北京的 0.22 吨标准煤/万元(2018 年)和 0.21 吨标准煤/万元(2019 年)。当然,广州的单位 GDP 能耗远远低于全国的单位 GDP 能耗 0.51 吨标准煤/万元(2018 年)和 0.49 吨标准煤/万元(2019 年),也低于上海的单位 GDP 能耗 0.32 吨标准煤/万元(2018 年)和 0.31 吨标准煤/万元(2019 年)(见表 6 - 4,图 6 - 8、6 - 9)。

表6-4　广州、北京、上海、深圳、全国能源消耗比较（2018—2019年）

	广州市		北京市		上海市		深圳市		全国	
	2018年	2019年	2018年	2019年	2018年	2019年	2018年	2019年	2018年	2019年
GDP（亿元）	21002.44	23628.60	33106.0	35371.3	36011.82	38155.32	25266.08	26927.09	919281.1	990865.1
GDP增长率（%）	6.0	6.8	6.7	6.1	6.8	6.0	7.7	6.7	6.75	5.95
人均GDP（元/人）	142860	156427	153095	164220	148744	157279	197740	203489	65650.0	70724.6
能源消费总量（万吨标准煤）	6129.55	6294.20	7269.76	7360.72	11453.73	11696.46	4404.73	4534.14	471925	487000
单位GDP能耗（吨标准煤/万元）	0.29	0.27	0.22	0.21	0.32	0.31	0.17	0.17	0.51	0.49

数据来源：1.广州市统计局：《广州统计年鉴2019》《广州统计年鉴2020》，中国统计出版社，2019年，2020年；2.北京市统计局：《北京市统计年鉴2019》《北京市统计年鉴2020》，中国统计出版社，2019年，2020年；3.上海市统计局：《上海统计年鉴2019》《上海统计年鉴2020》，中国统计出版社，2019年，2020年；4.深圳市统计局：《深圳统计年鉴2019》《深圳统计年鉴2020》，中国统计出版社，2019年，2020年；5.国家统计局：《中国统计年鉴2019》《中国统计年鉴2020》，中国统计出版社，2019年，2020年。

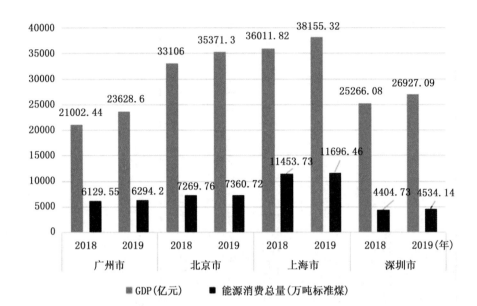

图 6-8　广州、北京、上海、深圳 GDP 与能源消费总量(2018—2019 年)

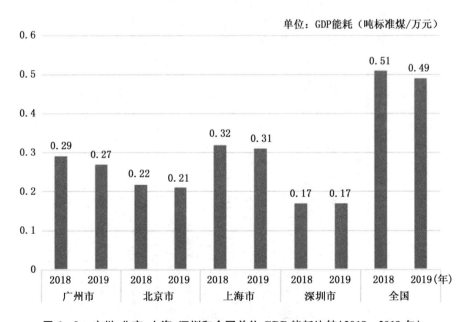

图 6-9　广州、北京、上海、深圳和全国单位 GDP 能耗比较(2018—2019 年)

四、能源消费构成

广州市 2015 年的能源生产消费的占比为 84.28%,其中第一、二、三产业的能源消费占比分别为 0.72%、45.19% 和 38.37%;2015 年的能源生活消费占比为 15.72%,其中城镇和乡村的能源消费占比分别为 11.55% 和 4.17%。

至 2019 年,广州市能源生产消费的占比调整为 83.54%,其中第一、二、三产业的能源消费占比分别为 0.6%、39.68% 和 43.26%;能源生活消费占比调整为 16.46%,其中城镇和乡村的能源消费占比分别为 11.92% 和 4.54%。

数据表明,广州市能源生产消费的比重有所下降,其中第一、二产业的能源消费比重在逐渐降低,第三产业的能源消费比重在逐渐提高。尽管由于城镇化原因导致乡村人口有所减少,但乡村能源消费的占比依然有所提高,反映出乡村居民的生活有所改善以及能源消费习惯有所改变(见表 6 - 5,图 6 - 10、6 - 11、6 - 12)。

由于产业结构以及人口等因素,与北京、上海、深圳相比较,广州市 2018 年和 2019 年的能源生产消费第一产业的占比均高于上海、深圳,低于北京;能源生产消费第二产业的占比均高于北京、深圳,低于上海;能源生产消费第三产业的占比以及能源生活消费的占比均低于北京、深圳,但高于上海(见表 6 - 6、6 - 7,图 6 - 13、6 - 14)。

五、万元 GDP 用水量

广州市 2019 年的万元 GDP 用水量为 26.3 m^3,与 2015 年的数据(36.5 m^3)相比较约降低了 28%。

广州市 2019 年的万元 GDP 用水量虽然低于全国的万元 GDP 用水量(60.8 m^3),但均高于深圳、北京和上海,分别为深圳(7.67 m^3)的 342.89%、北京(11.78 m^3)的 223.26% 和上海(20 m^3)的 131.5%(见表 6 - 8,图 6 - 15)。

表6-5 广州市能源消费总量和构成（2015—2019年）

单位：万吨标准煤

项目	2015年		2016年		2017年		2018年		2019年	
	数量	构成（%）	数量	构成（%）	数量	构成（%）	数量	构成（%）	数量	构成（%）
合计	5688.89	100	5852.60	100	5961.97	100	6129.55	100.00	6294.20	100.00
一、生产消费	4794.43	84.28	4908.89	83.88	4999.23	83.85	5126.63	83.64	5258.33	83.54
1.第一产业	41.23	0.72	41.70	0.72	40.75	0.68	37.56	0.61	37.46	0.60
2.第二产业	2570.54	45.19	2554.75	43.65	2528.84	42.42	2486.50	40.57	2497.78	39.68
#工业	2403.98	42.26	2381.37	40.69	2359.38	39.57	2349.90	38.34	2352.29	37.37
3.第三产业	2182.66	38.37	2312.44	39.51	2429.64	40.75	2602.57	42.46	2723.09	43.26
二、生活消费	894.46	15.72	943.71	16.12	962.74	16.15	1002.92	16.36	1035.87	16.46
1.城镇	657.35	11.55	701.54	11.98	716.10	12.01	731.58	11.93	749.92	11.92
2.乡村	237.11	4.17	242.17	4.14	246.64	4.14	271.34	4.43	285.95	4.54

数据来源：广州市统计局：《广州统计年鉴2016》《广州统计年鉴2017》《广州统计年鉴2018》《广州统计年鉴2019》《广州统计年鉴2020》，中国统计出版社，2016年—2020年。

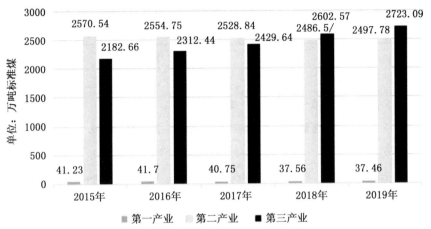

图 6 - 10　广州市能源消费产业分布(2015 年—2019 年)

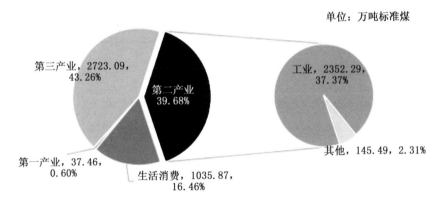

图 6 - 11　2019 年广州市生产消费产业比例构成图

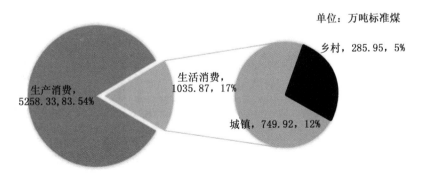

图 6 - 12　2019 年广州市生活消费城镇与乡村比例构成图

表6-6 广州、北京、上海、深圳能源消费总量和产业分布比较(2018年)

单位:能源消费总量/消费量:万吨标准煤;占比:%

	能源消费总量	分布							
		生产消费						生活消费	
		第一产业		第二产业		第三产业			
		消费量	占比	消费量	占比	消费量	占比	消费量	占比
广州	6129.55	37.56	0.61	2486.50	40.57	2602.57	42.46	1002.92	16.36
北京	7269.80	60.7	0.84	1835.2	25.24	3681.4	50.64	1692.4	23.28
上海	11477.87	61.78	0.54	5672.86	49.42	4460.92	38.87	1282.31	11.17
深圳	4308.85	12.11	0.28	1522.51	35.34	2008.86	46.62	765.37	17.76

表6-7 广州、北京、上海、深圳能源消费总量和产业分布比较(2019年)

单位:能源消费总量/消费量:万吨标准煤;占比:%

	能源消费总量	分布							
		生产消费						生活消费	
		第一产业		第二产业		第三产业			
		消费量	占比	消费量	占比	消费量	占比	消费量	占比
广州	6294.20	37.46	0.60	2497.78	39.68	2723.09	43.26	1035.87	16.46
北京	7360.3	55.8	0.76	1850.7	25.14	3762.5	51.12	1691.4	22.98
上海	11866.87	59.57	0.50	5917.61	49.87	4606.53	38.82	1283.15	10.81
深圳	4449.85	14.73	0.33	1684.01	37.84	1927.54	43.32	823.57	18.51

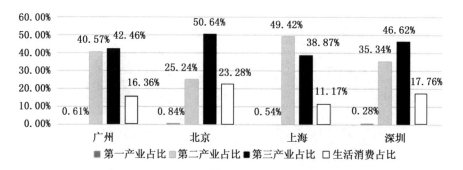

图6-13 广州、北京、上海、深圳能源消费构成比较(2018年)

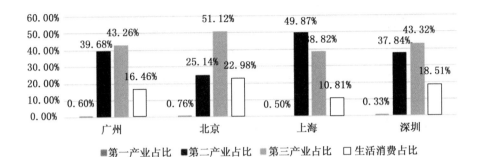

图 6 - 14 广州、北京、上海、深圳能源消费构成比较(2019 年)

表 6 - 8 广州、深圳、北京、上海和全国万元 GDP 用水量比较(2015 年和 2019 年)

	万元 GDP 用水量(m³)	
	2015 年	2019 年
广州	36.5	26.3
深圳	11.37	7.67
北京	15.42	11.78
上海	31	20
全国	90	60.8

注:2015 年和 2019 年深圳市万元 GDP 用水量数据均不含深汕特别合作区。

数据来源:1.2015 年广州市水资源公报,2019 年广州市水资源公报;2.2019 年深圳市水资源公报;3.2020 年北京统计年鉴;4.2015 年上海水资源公报,2019 年上海水资源公报;5.2015 年中国水资源公报,2019 年中国水资源公报。

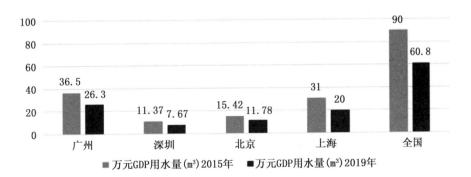

图 6 - 15 广州、深圳、北京、上海和全国万元 GDP 用水量比较(2015 年和 2019 年)

六、绿化绿地

与2015年相比较,广州市2019年的建成区绿化率、建成区绿地率、人均公园绿地面积和森林覆盖率均有提高。与北京、上海、深圳以及全国的数据进行比较的结果如下。

第一,广州市2019年的建成区绿化率为45.5%,高于上海(39.7%)、深圳(43%)和全国(41.5%),但低于北京(48.5%)。

第二,广州市2019年的建成区绿地率为39.91%,高于上海(35.31%)、深圳(37.4%)和全国(37.34%),但低于北京(46.98%)。

第三,广州市2019年的人均公园绿地面积为17.96平方米,高于上海(8.73平方米)、深圳(14.9平方米)、北京(16.40平方米)和全国(14.36平方米)。

第四,广州市2019年的森林覆盖率为42.31%,高于上海(14.04%)、深圳(39.8%)和全国(22.96%),但低于北京(44.0%)(见表6-9,图6-16、6-17、6-18、6-19)。

表6-9 广州、深圳、北京、上海和全国绿化绿地数据比较(2015年和2019年)

指标 区域	建成区绿化 覆盖率(%)		建成区绿地率 (%)		人均公园绿地面积 (按常住人口计算) (平方米)		森林覆盖率 (%)	
	2015	2019	2015	2019	2015	2019	2015	2019
广州	41.53	45.50	36.00	39.91	16.5	17.96	42.03	42.31
深圳	45	43	39.2	37.4	16.9	14.9	41.5	39.8
北京	48.4	48.5	45.79	46.98	16.00	16.40	41.6	44.0
上海	38.5	39.7	34.00	35.31	7.62	8.73	10.74	14.04
全国	40.1	41.5	36.34	37.34	13.35	14.36	21.63	22.96

注:1.全国数据的森林覆盖率包括港澳台地区;2.以上人均公园绿地面积数据皆是城市设施水平。

数据来源:1.广州市统计局:《2015年广州统计年鉴》,2016年;2.广州市统计局:《2020年广州统计年鉴》,2020年;3.深圳市统计局:《2020年深圳统计年鉴》,2020年;4.北京市统计局:《2020年北京统计年鉴》,2020年;5.国家统计局:《2016年中国统计年鉴》,2016年;6.国家统计局:《2020年中国统计年鉴》,2020年;7.国家林业和草原局:《2015年中国国土绿化状况公报》,2016年3月11日;8.国家林业和草原局:《2019年中国国土绿化状况公报》,2020年3月12日;9.住房和城乡建设部:《2019年城市建设统计年鉴》,2020年;10.住房和城乡建设部:《2015年城市建设统计年鉴》,2016年。

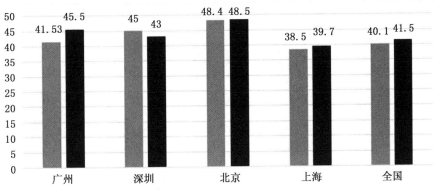

图 6 - 16　广州、深圳、北京、上海和全国的建成区绿化覆盖率比较（2015 年和 2019 年）

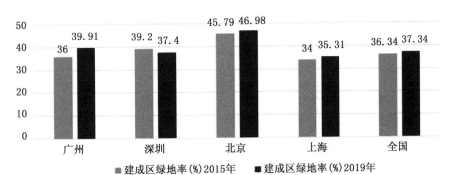

图 6 - 17　广州、深圳、北京、上海和全国的建成区绿地率比较（2015 年和 2019 年）

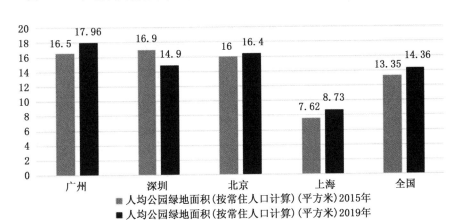

图 6 - 18　广州、深圳、北京、上海和全国的人均公园绿地面积比较（2015 年和 2019 年）

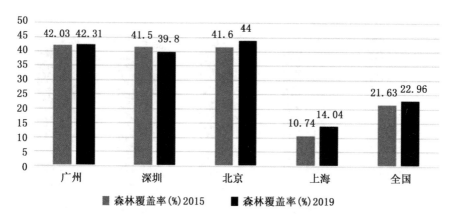

图 6－19　广州、深圳、北京、上海和全国的森林覆盖率比较（2015 年和 2019 年）

七、大气环境

与 2015 年相比较，广州市 2019 年的 $PM_{2.5}$、PM_{10}、SO_2、NO_2 以及酸雨频率的数据大幅度降低，但环境空气质量优良率没有提高却有所降低。与北京、上海、深圳以及全国的数据进行比较的结果如下。

首先，广州市 2019 年的 $PM_{2.5}$ 为 30 $\mu g/m^3$，优于上海（35 $\mu g/m^3$）、北京（42 $\mu g/m^3$）和全国（36 $\mu g/m^3$），但劣于深圳（24 $\mu g/m^3$）。

第二，广州市 2019 年的 PM_{10} 为 47 $\mu g/m^3$，优于北京（50 $\mu g/m^3$），但劣于深圳（33 $\mu g/m^3$）、上海（46 $\mu g/m^3$）和全国（30 $\mu g/m^3$）。

第三，广州市 2019 年的 SO_2 为 7 $\mu g/m^3$，优于全国（11 $\mu g/m^3$），与上海持平（7 $\mu g/m^3$），但劣于深圳（5 $\mu g/m^3$）和北京（4 $\mu g/m^3$）。

第四，广州市 2019 年的 NO_2 为 45 $\mu g/m^3$，均劣于深圳（25 $\mu g/m^3$）、北京（37 $\mu g/m^3$）、上海（42 $\mu g/m^3$）和全国（27 $\mu g/m^3$）。

第五，广州市 2019 年的环境空气质量优良率为 80.3%，仅优于北京（65.5%），均劣于深圳（91%）、上海（84.7%）和全国（82%）；

第六，酸雨污染主要分布在长江以南 - 云贵高原以东地区，广州市 2019 年的酸雨频率为 15.4%，优于上海（44.5%）、深圳（28.9%）和全国（33.3%）（见表 6－10，图 6－20、6－21、6－22）。

表6－10　广州、深圳、北京、上海和全国大气环境数据比较（2015年和2019年）

区域＼指标	PM$_{2.5}$（μg/m³）		PM$_{10}$（μg/m³）		SO$_2$（μg/m³）		NO$_2$（μg/m³）		环境空气质量优良率（%）		酸雨频率（%）	
	2015年	2019年	2015年	2019年	2015年	2019年	2015年	2019年	2015年	2019年	2015年	2019年
广州	39	30	59	47	13	7	47	45	85.5	80.3	38.4	15.4
深圳	30	24	49	33	8	5	33	25	96.3	91.0	50.9	28.9
北京	80.6	42	101.5	50	13.5	4	50	37	51.0	65.8	4.8	*
上海	53	35	69	46	17	7	46	42	70.7	84.7	60.8	44.5
全国	50	36	87	30	25	11	30	27	76.7	82.0	40.4	33.3

注：1.环境空气质量优良率是指达标天数比例。2.2015年度全国数据指338个地级及以上城市（含直辖市、地级市、地区、自治州和盟。2019年度全国数据指337个地级及以上城市（含直辖市、地级市、地区、自治州和盟，故城市数量由338个变为337个。3.2015年，全国共480个监测降水的城市（区、县）中，酸雨频率平均值为14.0%，出现酸雨的城市比例为40.4%，本表仅计入城市比例，2019年度酸雨频率数据同样仅计入城市比例。

资料数据来源：1.生态环境部：《2019中国生态环境状况公报》，2020年5月18日；2.环境保护部：《2015中国环境状况公报》，2016年5月20日；3.广州市生态环境局：《2019年广州市环境质量状况公报》，2020年5月18日；4.广州市生态环境局：《2015年广州市环境质量状况公报》，2016年2月3日；5.深圳市生态环境局：《2019年度深圳市环境状况公报》，2020年4月29日；6.深圳市生态环境局：《2015年深圳市环境质量状况公报》，2016年3月18日；7.北京市生态环境局：《2019年度北京市环境状况公报》，2020年4月；8.北京市生态环境局：《2015年度北京市环境状况公报》，2016年4月；9.上海市生态环境局：《2015年度上海市环境状况公报》，2016年4月；10.上海市生态环境局：《2019年度上海市环境状况公报》，2020年6月。

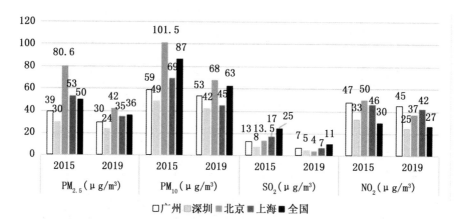

图 6 - 20 广州、深圳、北京、上海和全国的 $PM_{2.5}$、PM_{10}、SO_2、NO_2 数据比较

(2015 年和 2019 年)

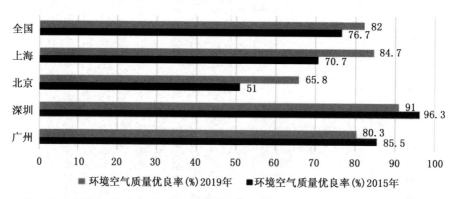

图 6 - 21 广州、深圳、北京、上海和全国的环境空气质量优良率比较(2015 年和 2019 年)

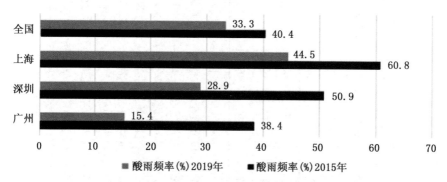

图 6 - 22 广州、深圳、上海和全国的酸雨频率比较(2015 年和 2019 年)

八、声环境

声环境方面,广州市 2015 年和 2019 年的道路交通噪声昼间平均等效声级分别为 69 分贝和 69.3 分贝,变化不大、略有上升。广州、深圳、北京、上海在 2019 年的道路交通噪声昼间平均等效声级差别较小,分别为 69.3 分贝、69.7 分贝、69.6 分贝和 68.3 分贝,但均劣于全国的数据(66.8 分贝)。这表明由于人口、交通等因素,四大一线城市的声环境相对差一些(见表 6-11,图 6-23)。

表 6-11　广州、深圳、北京、上海和全国的环境保护部分数据比较

(2015 年和 2019 年)

指标 区域	道路交通噪声昼间平均等效声级(分贝)		污水处理厂集中处理率(%)	
	2015 年	2019 年	2015 年	2019 年
广州	69.0	69.3	93.22	97.00
深圳	69.3	69.7	*	*
北京	69.2	69.6	85.92	97.00
上海	69.8	68.3	92.21	93.65
全国	67.0	66.8	87.97	94.81

　　道路交通噪声昼间平均等效声级数据来源:1. 生态环境部:《2019 中国生态环境状况公报》,2020 年 5 月 18 日;2. 环境保护部:《2015 中国环境状况公报》,2016 年 5 月 20 日;3. 深圳市生态环境局:《2019 年度深圳市环境状况公报》,2020 年 4 月 29 日;4. 深圳市生态环境局:《2015 年度深圳市环境状况公报》,2016 年 3 月 18 日;5. 国家统计局:《2016 年中国统计年鉴》,2016 年;6. 国家统计局:《2020 年中国统计年鉴》,2020 年。

　　污水处理厂集中处理率数据来源:1. 住房和城乡建设部:《2019 年城市建设统计年鉴》,2020 年 12 月;2. 住房和城乡建设部:《2015 年城市建设统计年鉴》,2016 年 12 月;3. 广州统计局:《2015 年广州统计年鉴》,2016 年;4. 广州统计局:《2020 年广州统计年鉴》,2020 年。

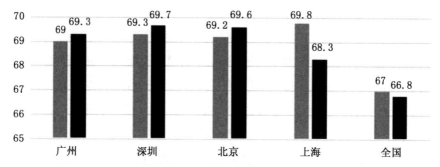

图 6 - 23   广州、深圳、北京、上海和全国的道路交通噪声昼间平均等效声级比较

(2015 年和 2019 年)

九、污水处理厂集中处理率

污水处理厂集中处理率方面,广州市 2015 年和 2019 年分别为 93.22%和 97%,有一定的改善。广州市 2019 年的污水处理厂集中处理率与北京持平(97%),优于上海(93.65%)和全国(94.81%)(见表 6 - 11,图 6 - 24)。

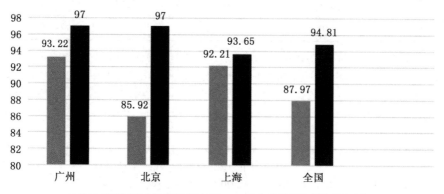

图 6 - 24   广州、北京、上海和全国的污水处理厂集中处理率数据比较

(2015 年和 2019 年)

第二节　绿色金融支持绿色低碳循环
经济发展的成效

一、地方绿色金融激励政策支持当地金融业发展的成效较为明显

地方通过制定实施绿色金融激励政策,支持当地金融业发展的成效较为明显,但尚未有科学全面的绩效评估。

以花都为核心的广州绿色金融改革创新试验区自2017年开始建设,其政策规定连续五年由区财政每年安排不低于10亿元的支持绿色金融和绿色产业发展专项资金。2017年花都区全年金融业增加值仅9342万元,2020年花都区全年金融业增加值48.94亿元。至2020年12月末,花都区本外币存贷款余额为3517.16亿元。

浙江湖州市绿色金融改革创新试验区也是自2017年开始建设,其政策规定全市连续每年安排绿色金融改革创新试验区专项资金10亿元鼓励绿色金融改革创新。2017年湖州市金融业增加值为172.5亿元,2020年金融业增加值为254.7亿元,是湖州市各行业中增长最快的行业。至2020年12月末,湖州市本外币贷款余额为5940亿元。

二、地方绿色金融发展与当地绿色低碳循环经济发展的关联效果分析

在北京、上海、广州、深圳四大全国一线城市中,广州是唯一拥有国家级金融改革创新试验区的城市。现结合前文中广州绿色低碳循环经济发展的相关数据进行分析如下。

（一）人均能源消费量

2019年广州人均能源消费量为4.11吨标准煤/人,低于上海(4.82吨标

准煤/人),但高于深圳(3.37 吨标准煤/人)、北京(3.42 吨标准煤/人)和全国(3.48 吨标准煤/人)。数据表明广州人均能源消费量有进一步下降的必要性和空间。

与 2015 年的数据相比较,广州下降的幅度最大,下降了 0.1 吨标准煤/人(2015 年为 4.21 吨标准煤/人);深圳下了 0.07 吨标准煤/人(2015 年为 3.44 吨标准煤/人),北京增加了 0.29 吨标准煤/人(2015 年为 3.13 吨标准煤/人),上海增加了 0.29 吨标准煤/人(2015 年为 4.53 吨标准煤/人),全国增加了 0.32 吨标准煤/人(2015 年为 3.16 吨标准煤/人)。表明广州人均能源消费量下降趋势较好,其与广州近年发展绿色金融有一定的正相关性。

(二)单位 GDP 能耗

2019 年广州单位 GDP 能耗为 0.27 吨标准煤/万元,低于上海(0.31 吨标准煤/万元)和全国(0.49 吨标准煤/万元),但高于深圳(0.17 吨标准煤/万元)和北京(0.21 吨标准煤/万元)。数据表明广州单位 GDP 能耗也有进一步下降的必要性和空间。

与 2018 年的数据相比较,2019 年广州单位 GDP 能耗下降的幅度最大,下降了 0.02 吨标准煤/万元(2018 年为 0.29 吨标准煤/万元);深圳的数据没有变化(2018 年和 2019 年均为 0.17 吨标准煤/万元),上海下降了 0.01 吨标准煤/万元(2018 年为 0.32 吨标准煤/万元),北京下降了 0.01 吨标准煤/万元(2018 年为 0.22 吨标准煤/万元)。表明广州单位 GDP 能耗有一定的下降,其与广州近年发展绿色金融也有一定的正相关性。

(三)单位 GDP 用水量

2019 年广州万元 GDP 用水量为 26.3 m^3,虽然低于全国的万元 GDP 用水量(60.8 m^3),但均高于深圳、北京和上海,分别为深圳(7.67 m^3)的 342.89%、北京(11.78 m^3)的 223.26% 和上海(20 m^3)的 131.5%。数据表明广州单位 GDP 用水量也有进一步下降的必要性和较大的空间。

2019 年万元 GDP 用水量与 2015 年的数据相比较,广州下降约 28%,北京下降约 23.6%,上海下降约 35.48%,深圳下降约 32.54%,全国下降约

32.44%。表明广州的下降幅度仅优于北京,劣于上海、深圳和全国,其与广州近年发展绿色金融的正相关性不明显。

（四）绿化绿地

2019年广州建成区绿化率、建成区绿地率、人均公园绿地面积和森林覆盖率总体优于上海、深圳和全国。

与2015年数据相比较,广州建成区绿化率提高了3.97%,提高的幅度明显高于北京（0.1%）、上海（1.2%）、深圳（2%）和全国（1.4%）;广州建成区绿地率提高了3.91%,提高的幅度也是明显高于北京（1.19%）、上海（1.31%）、深圳（-1.8%）和全国（1%）。相关数据表明广州的绿地绿化以及绿色人居环境总体表现较好,其与广州近年发展绿色金融也有一定的正相关性。

（五）大气环境

2019年广州$PM_{2.5}$、酸雨频率的数据相对较好,PM_{10}、SO_2、环境空气质量优良率的数据相对一般,NO_2的数据劣于深圳、北京、上海和全国;且广州的$PM_{2.5}$、PM_{10}、SO_2、NO_2、环境空气质量优良率、酸雨频率的数据全部劣于深圳。

与2015年相比较,广州2019年的$PM_{2.5}$、PM_{10}、SO_2、NO_2以及酸雨频率的数据虽有一定的降低,但是改善的幅度总体劣于北京、上海、深圳和全国。且广州2019年的环境空气质量优良率没有提高,却有所降低。

上述数据表明广州近年大气环境改善的幅度不高,急需加大力度进行改善;数据也表明,其与广州近年发展绿色金融的正相关性不明显。

（六）声环境

声环境方面,广州、深圳、北京、上海在2019年的道路交通噪声昼间平均等效声级差别较小,与2015年的数据变化也不大。

（七）污水处理厂集中处理率

污水处理厂集中处理率方面,2019年广州的污水处理厂集中处理率与北京持平（97%）,优于上海（93.65%）和全国（94.81%）。与2015年相比较,广州市提高了3.78%,有一定的改善。污水处理厂集中处理率的数据也表明,其与广州近年发展绿色金融有一定的正相关性。

当然,区域大气环境、水环境、能耗、水耗、绿地、绿化等资源能源生态环境现状不仅与该地区的绿色金融发展水平相关,更与该地区的发展理念、国家资源环境保护法律政策在该地区的执行、地方性法规政策的创新、绿色技术的应用、社会公众的环境保护意识等密切相关。

第三节　我国绿色金融发展存在的问题检视

我国近年各金融机构开展的绿色信贷产品服务较为丰富,涵盖了资源能源节约、污染控制、环境基础设施、生态修复、应对气候变化等领域,对绿色可持续发展具有一定的推进作用。但绿色金融的供给相对不足且未实现精准对接,绿色金融标准与认证制度有待完善,对"绿色"项目的评定认证情况、"绿色"项目实施后的环境效益很少有公开的信息披露,绿色金融发展的责任约束机制相对较弱,激励方式有待改进和规范。

一、绿色金融的供给相对不足且未实现精准对接

绿色金融的持续发展,有赖于企业对绿色金融的需求,有赖于政府、企业和社会公众形成保护环境的共识与合力。发展绿色产业,既是推进生态文明建设、打赢污染防治攻坚战的有力支撑,也是培育绿色发展新动能、实现高质量发展的重要内容,同时也是全球经济发展的趋势。目前我国绿色金融的供给者主要是商业银行、保险公司等金融机构,要通过制度创新,让金融机构切实体会到发展绿色金融有助于其自身发展。我国已经具备一定的发展绿色可持续金融的产业、经济和金融基础,金融组织机构的绿色化建设、绿色基金的设立和有效运营、绿色保险品种的创新推出具有很大的空间,绿色金融的需求和供给之间还需要加强精准对接。

（一）绿色信贷与绿色债券

1. 绿色信贷与绿色债券的规模与占比偏低

截至 2019 年,我国绿色金融市场仍处于发展初期,绿色信贷在全部信贷中的占比不足 10%,绿色债券在全部债券中的占比不足 1%。①

2. 绿色标准和资金用途不完全符合国际要求

2019 年气候债券倡议组织(CBI)公布的数据显示,我国发行人在境内外市场发行 558 亿美元(约 3862 亿元人民币)绿色债券,其中符合国际定义标准的绿色债券仅有 313 亿美元(约 2167 亿元人民币),占总量的 56%。换言之,其余 44% 的绿色债券不符合国际标准,仅仅是所谓的"绿色"债券。在 2018 年我国发行人在境内外市场发行的绿色债券符合国际标准的比例为 78%。存在的主要问题包括部分资金用途不属于绿色项目,资金所投项目符合我国的绿色债券标准但不符合国际标准(例如化石燃料发电站的改造和有争议的水电项目),信息披露不充分导致无法识别判断是否为绿色项目。②

3. 绿色债权融资与绿色股权融资不匹配

截至 2019 年末,我国绿色融资余额已经超过了 10 万亿元,其中绿色贷款余额占 95%、达到 10.22 万亿元,绿色债券余额占 2%。绿色贷款和绿色债券均属于绿色债权融资,合计占绿色融资余额的 97%。来自绿色证券和绿色基金的绿色股权融资余额仅占 3%,且主要是来自政府的绿色引导基金。③

4. 绿色融资的产业项目投向结构比例不合理

以绿色债券的产业项目投向结构为例,2019 年,我国新发行绿色债券的募集资金主要投向三大领域,分别为绿色服务 1073.04 亿元、基础设施绿色升级 804.02 亿元、清洁能源产业 752.99 亿元,总规模 2630.05 亿元,占比超

---

① 中国人民银行研究局:《中国绿色金融发展报告 2019》,中国金融出版社 2020 年版,第 22 页。
② 朱信凯等:《中国绿色金融发展研究报告 2020》,中国金融出版社 2020 年版,第 59 页。
③ 朱信凯等:《中国绿色金融发展研究报告 2020》,中国金融出版社 2020 年版,前言、第 45 页。

过87%;其他三个领域分别为节能环保产业223.5亿元、清洁生产产业102.65亿元、生态环境产业45.17亿元,合计占比仅为13%。[①]

（二）绿色保险与绿色基金

1. 绿色保险

尽管我国环境污染责任保险已经实施多年,但规模仍然很小。2019年,环境污染责任保险在31个省份开展了试点,涉及重金属、石化、危险化学品、危险废品处置、电力、医药、印染等20余个高风险行业,服务企业1.57万家,提供风险保障531.11亿元,同比增长32.23%。其他绿色保险方面,中再产险在广东、湖北的巨灾保险提供风险保障超过6亿元;中再产险为海上风电项目提供风险保障额度超过40亿元;中国农业保险再保险共同体为地方特色农产品提供风险保障超过3000万元。[②]

2. 绿色基金

截至2019年6月,我国绿色产业引导基金共建立33只,大部分在广东、江苏、浙江等经济发达地区。此外,我国还有数量不少的绿色PPP项目。[③]截至2019年末,市场共有74只绿色主题公募基金,基金规模607.72亿元。[④]

（三）环境权益交易

1. 碳排放权交易

截至2019年末,全国七个碳排放权交易试点省市的碳市场配额累计成交量3.56亿吨,累计成交额超过73亿元,平均价格约为21元/吨。其中,2019年北京碳市场配额成交量为0.69亿吨,成交额4.18亿元,线上平均价

---

① 中国人民银行研究局:《中国绿色金融发展报告2019》,中国金融出版社2020年版,第40页。

② 中国人民银行研究局:《中国绿色金融发展报告2019》,中国金融出版社2020年版,第49—52页。

③ 王遥、马庆华:《地方绿色金融发展指数与评估报告(2019)》,中国金融出版社2019年版,第82—86页。

④ 中国人民银行研究局:《中国绿色金融发展报告2019》,中国金融出版社2020年版,第53页。

格超过 80 元/吨;截至 2019 年 12 月末,深圳碳市场配额累计成交量为 5672.55 万吨,累计成交额 135211.35 万元,平均价格约为 10.07 元/吨。[①]

碳排放权交易还存在地方试点交易规则不一致、纳入企业排放数据的统计、排放配额总量的确定、具体配额分配方案的设计分发、交易数据的公开透明等问题。[②] 相关研究表明,碳市场分为强制性和自愿性,但强制性碳市场占逾 99% 的市场交易价值。碳市场的支离破碎,导致交易量低、价格差距大。全球碳市场之间的连接将有助于提高流动性,减少气候变化所需的财务支出。[③]

2. 排污权交易

截至 2018 年 8 月,我国一级市场征收排污权有偿使用费累计 117.7 亿元,二级市场累计交易金额为 72.3 亿元。截至 2019 年初,全国有 28 个省份开展了排污权交易试点工作,其中政府批复的国家试点有 12 个省份,另有 16 个省份为自行建设排污权交易试点,安徽、西藏尚未开展排污权交易试点工作。[④] 截至 2019 年 10 月,浙江省排污权累计有偿使用 66 亿元,交易 27 亿元,租赁 0.38 亿元,抵押贷款 290 亿元,并于 2019 年末发布了全国首个以排污权交易价格、交易量、交易活跃度为核心的"浙江省排污权交易指数"体系。[⑤]

3. 水权交易和用能权交易

水权交易方面,需要对水权交易的主体、范围、期限等要素在法律上进一步明确,覆盖省市县三级的用水总量控制的指标体系尚未建立,主要跨省

---

①　中国人民银行研究局:《中国绿色金融发展报告 2019》,中国金融出版社 2020 年版,第 57—58 页。

②　董战峰等:《中国环境经济政策改革与实践(2011—2015)》,中国环境出版集团 2019 年版,第 71—73 页。

③　[美]卡里·克劳辛斯基、尼克·罗宾斯:《绿色金融:可持续投资的国际经验》,于雅鑫、李鉴墨译,东北财经大学出版社 2017 年版,第 54—59 页。

④　王遥、马庆华:《地方绿色金融发展指数与评估报告(2019)》,中国金融出版社 2019 年版,第 95 页。

⑤　中国人民银行研究局:《中国绿色金融发展报告 2019》,中国金融出版社 2020 年版,第 59—60 页。

江河的水量分配尚未完成,初始水权尚未明确,水权交易平台建设尚待进一步完善建立,水源监控能力需要进一步提升,水权保护与监督制度以及用途管制制度尚需进一步健全。用能权交易方面,需要对能源消费总量的确定、标准的设定、企业初始用能权(包括存量用能权和增量用能权)的审核确定、用能权的测量、用能权的交易系统、用能权的抵押出让、用能权的回购等问题进一步完善。[①]

二、绿色金融的标准与认证制度亟待完善

绿色金融标准与评估认证是绿色金融激励和发展的前提。如果绿色金融产业项目的标准宽松、认定不严格、环境信息披露不实,则可能会有较多的"洗绿""漂绿"行为,金融支持绿色项目绿色产业的精准度不高、效果不明显。目前全球绿色金融、可持续金融、ESG 投资、ESG 金融正风生水起,然而在如何得到科学认证和获得社会公众信任方面却受到一定的质疑以及"洗绿""漂绿"的指责,有专业人士称其为"危险的糖衣炮弹",亟须解决可信度和可持续性的问题。

被称为"新兴市场投资教父"的马克·墨比尔斯指出,与成熟的市场相比,新兴市场的 ESG 投资面临着更多的挑战。一方面是信息不透明和监管缺失所导致的;另一方面,也正是信息不透明和监管缺失导致新兴市场很少有公司可以满足 ESG 标准。投资者经常采用的基本方法有七种,分别为:负面/排斥性筛选、正面/最佳类别筛选、基于规范的筛选、整合 ESG(ESG integration)、可持续投资、影响力/社区投资、企业参与或股东行动(Engagement)。其中,最主要的方法手段,同时也是占投资份额最大的就是通过简单的负面/排斥性筛选,即将未能通过 ESG 测试的公司从投资组合中剔除。[②] 负面/排斥性筛选是最早的 ESG 策略,也称为"剔除法",例

---

① 董战峰等:《中国环境经济政策改革与实践(2011—2015)》,中国环境出版集团 2019 年版,第 71—73 页。

② [美]马克·墨比尔斯等:《ESG 投资》,范文仲译,中信出版集团 2021 年版,前言、引言,第 10—11 页。

如剔除军工、核武、烟草、酒、色情、赌博等行业。正面/最佳类别筛选是挑选模范生,例如道琼斯可持续发展指数(The Dow Jones Sustainability Indexes,DJSI)。[①]

绿色信贷标准方面,典型的有我国出台的《绿色信贷指引》《绿色信贷统计制度》《绿色贷款专项统计制度》,国际金融公司联合十家银行共同推出的"赤道原则(EPs)",贷款市场协会(LMA)、亚太区贷款市场公会(APLMA)、美国银团与贷款交易协会(LSTA)共同推出的《绿色贷款原则》《可持续发展关联贷款原则》,欧盟制定发布的《欧盟可持续金融分类方案》,美国的纽约绿色银行出台的《纽约绿色行项目标准》。

绿色债券标准方面,典型的有我国中国人民银行、发改委和证监会三部门联合发布的《绿色债券支持项目目录(2021年版)》,国际资本市场协会(ICMC)制定发布的《绿色债券原则》(GBP),气候债券倡议组织(CBI)推出的《气候债券标准》(CBS),以及欧盟制定发布的《欧盟可持续金融分类方案》等。《绿色债券原则》提出了四种评估认证方式,分别为咨询评估、审计核查、第三方认证和评级。《气候债券标准》主要规定了第三方认证。我国提供绿色债券第三方评估认证的机构包括四大会计师事务所(安永、毕马威、普华永道、德勤),评级机构(中债资信评估有限公司、中诚信国际信用评级有限公司、联合赤道环境评价有限公司等),以及绿色行业研究咨询机构(北京中财绿融咨询有限公司、中节能有限公司、北京商道融绿咨询有限公司等)。但我国有部分贴标的绿色债券没有经过第三方认证,且没有统一公认的绿色债券认证规范,绿色债券所投向的项目环境效益未能得到很好评估和揭示。[②]

总体而言,绿色金融标准在具体针对范围、精细度以及是自愿采用还是具有强制执行力等方面存在不同。由于不同国家的资源禀赋特点、经济发展阶段、重点关切、核心诉求和标准用途不同,以及相关国际组织的关注重

---

① 邱慈观:《可持续金融》,上海交通大学出版社2019年版,第5—6页。
② 史英哲:《中国绿色债券市场发展报告(2019)》,中国金融出版社2019年版,第85—94页。

点和问题求解路径不同,导致绿色金融标准存在一定的差异。例如,我国关注的重点包括节能环保产业、清洁生产产业、清洁能源产业、生态环境产业、基础设施绿色升级和绿色服务六个大类,欧盟和气候债券倡议组织关注的重点是气候变化,美国关注的重点是绿色建筑。[1] 此外,化石能源的清洁利用和改造项目、水电项目、核能项目是否属于绿色金融支持的绿色产业项目也存在很大的争议。

笔者认为,我国近年绿色债券在发行规模上位居全球第一,与我国宏观经济增速、政策推动、标准认证统计有关,也与我国绿色债券发行票面利率普遍高于国际市场从而受到国际市场青睐有关。就绿色债券的发行票面利率而言,"2018 年我国贴标绿色债券的发行票面利率为 4.16%—7% ,美国、欧盟和日本贴标绿色债券的发行票面利率为 1%—2.5%"。[2]

绿色信贷和绿色债券支持的产业项目存在标准相对宽松以及未能与国际接轨的问题,尽管有中国国情和新兴经济体的特殊性,但将导致国际上对我国绿色金融的认可度降低,并影响国际绿色资本的正常流动。此外,我国目前缺乏明确规范的对绿色金融工具和绿色项目进行第三方认证的制度,导致绿色债券项目部分有"贴标"、部分"未贴标",绿色信贷项目也存在"漂绿""洗绿"的情形。

三、绿色金融发展的责任约束机制相对较弱

责任约束机制分为两个方面。一是关于全社会面上的资源环境责任约束机制。环境具有公共性和公益性,如果法律对相关主体的环境责任规定不够明确具体,将无法对政府、企业、金融机构和个人等主体形成保护环境的压力。如果法律责任偏轻和执法力度偏弱,将导致"守法成本高、违法成本低",并大量出现破坏生态和污染环境的现象。[3] 绿色可持续金融

---

① 中国人民银行研究局:《中国绿色金融发展报告2019》,中国金融出版社 2020 年版,第 19—21 页。
② 史英哲:《中国绿色债券市场发展报告(2019)》,中国金融出版社 2019 年版,第 59 页。
③ 古小东、刘秀明:《我国商业银行绿色信贷的现状、问题与对策》,《海南金融》2014 年第 1 期。

也将是"无源之水，无本之术"，难以开展。二是关于绿色可持续金融机构的责任约束机制。深圳和湖州制定的《深圳经济特区绿色金融条例》《湖州市绿色金融促进条例》属于地方性立法具有一定的法律约束力，国家各相关部门、各地方出台的大部分文件属于政策指导性，约束力相对较弱。绿色金融的服务产品创新、标准认证、信息披露、虚假欺诈"漂绿""洗绿"的法律责任等制度急需通过法律法规予以约束，形成绿色金融发展的长效机制。

2020年10月29日深圳市第六届人民代表大会常务委员会第四十五次会议通过《深圳经济特区绿色金融条例》（以下简称《条例》），自2021年3月1日起施行。《条例》是推动深圳特区绿色金融发展的法制保障，共9章73条，内容包括总则、制度与标准、产品与服务、投资评估、环境信息披露、促进与保障、监督与管理、法律责任和附则。《条例》对制定绿色金融标准、创新绿色金融产品、创设绿色投资评估制度、明确环境信息披露责任、建立"洗绿"防范制度等作了较为明确的规定。

2021年9月29日浙江省十三届人大常委会第三十一次会议审议通过《湖州市绿色金融促进条例》，《条例》分为总则、产品与服务、碳减排与碳金融、标准与数字化改革、激励与保障、法律责任、附则，共7章45条。《条例》积极响应碳达峰碳中和重大战略决策，在地方立法中首次将碳减排与碳金融上升为地方性法规，针对能源、工业、建筑、交通、农业、居民生活等六大领域的碳减排作出了制度安排，首次将碳排放信息披露、项目碳评价、企业碳评价等内容列入地方性法规，推动减污降碳协同增效，促进经济社会全面绿色低碳转型。《条例》要求制定和推广绿色标准，建立健全绿色融资主体评价认定体系；并明确要求加强对绿色金融活动的监督管理，对虚假披露碳排放情况、骗取绿色金融资金奖补、虚假宣传推广绿色金融产品等行为设置了罚则。

四、绿色金融的动力激励方式有待改进和规范

目前我国内地的绿色金融属于政策推动型，各地对金融机构和企业（项目）的奖励或补贴力度不断加大，以此推动绿色金融发展。相关研究显示，

截至 2019 年 6 月,全国十五个省份出台了支持绿色信贷贴息或者债券贴息的具体条款,其中大部分省份的贴息政策与绿色信贷相关,与绿色债券相关的贴息政策相对较少。财税部门对绿色信贷、绿色债券的财政贴息政策,加大了金融机构对绿色项目和绿色产业领域的金融支持力度,实质性利好绿色产业的发展。[①]

我国内地绿色金融激励虽然设定了一定的条件要求,但由于各地对绿色项目、绿色企业、绿色认证的标准存有较大的争议,乃至我国绿色债券标准也有相当部分不符合国际标准,导致政策实施的实际效果无法得到科学客观的评估,并受到国际社会与社会公众的一些质疑。而香港地区绿色金融资助的条件要求以及程序规定明确详细,且尤为重视相关的认证评审。

本章以广州市为例,对绿色金融支持绿色低碳循环发展的关联性进行了分析,进而检验绿色金融支持绿色低碳循环经济发展的成效。本章主要选取了广州、深圳、北京、上海四大一线城市以及全国的主要能源数据和主要环境保护数据进行比较,包括一次能源消费结构、人均能源消费量、单位 GDP 能耗水平、能源消费构成、万元 GDP 用水量、绿化绿地、大气环境、声环境和污水处理厂集中处理率。分析认为,地方绿色金融激励政策对当地金融业发展的成效较为明显,但地方绿色金融发展与当地绿色低碳循环经济发展的关联性不明显,部分指标有一定的正相关性、部分指标的正相关性不明显。结果表明,绿色金融支持绿色低碳循环经济发展的精准度、有效性还需要加强。

研究分析认为,我国绿色金融发展存在的问题主要有:绿色金融的需求和供给相对不足,尚未实现精准对接;绿色金融的标准认定与评估认证制度亟待完善;绿色金融发展的责任约束机制相对较弱;绿色金融的动力激励方式有待改进和规范。

[①] 王遥、马庆华:《地方绿色金融发展指数与评估报告(2019)》,中国金融出版社 2019 年版,第 35—36 页。

第七章　我国绿色可持续金融法律政策的完善构建

完善建立可持续的金融体系,应同时采取重塑文化、提升治理水平、加强市场实践、利用公共资产负债表、通过政策引导金融五种措施,使金融体系与可持续发展保持一致。这些措施是能够互相加强的,因此应当重视对全部五种措施的采纳和运用。[1] 本章主要结合前文的分析研究,从目标内涵、供给需求、责任约束机制、激励动力机制、标准认定、评估认证、规则对接、国际合作等方面,对我国绿色可持续金融法律政策的完善构建提出建议,以期对保护资源环境、应对气候变化和推进绿色可持续发展有所裨益。

第一节　明确并丰富绿色可持续发展金融的目标内涵

生态文明建设、乡村振兴、中国制造 2025、海洋强国建设、"一带一路"建

---

① UN Environment, *The Financial System We Need: Aligning the Financial System With Sustainable Development*. www.unepinquiry.org/wp－content/uploads/2015/11/ The_Financial_System_We_Need_EN.pdf. 2015.

设、粤港澳大湾区建设等国家战略均对绿色发展、可持续发展提出了要求，绿色金融应服务国家战略、融合发展。绿色可持续发展金融的目标应该涵盖环境污染防治、生态系统保护恢复、生物多样性保护、应对气候变化、消除贫困、增进民生福祉在内的绿色低碳循环发展以及经济－社会－环境的可持续发展。

一、绿色低碳循环发展目标

在香港地区，其提出的目标是在 2030 年碳强度（即以每单位本地生产总值计的碳排放量）由 2005 年的水平降低 65% 至 70%。该目标相等于把碳排放总量减低 26% 至 36%，以至人均排放量将于 2030 年达至 3.3 至 3.8 公吨。为支持香港转型为低碳经济体，以及减低气候变化对香港环境的影响，香港地区政府各决策局和部门已就香港的主要环境事宜推行多项措施和发表政策文件，并制订低碳及可持续发展蓝图。措施包括推行《上网电价计划》以进一步推广私营界别发展分布式可再生能源、展开《铁路发展策略 2014》以纾缓交通挤塞和减少空气污染，以及落实《净化海港计划》和《污水收集整体计划》。政策文件包《香港生物多样性策略及行动计划 2016—2021》《香港都市节能蓝图 2015—2025＋》《香港资源循环蓝图 2035》《香港电动车普及化路线图》以及《香港清新空气蓝图 2035》。例如 2021 年 2 月香港特区政府公布《香港资源循环蓝图 2035》，以"全民减废·资源循环·零废堆填"为愿景，提出应对直至 2035 年废物管理挑战的策略，包括发展足够转废为能设施，摆脱依赖堆填区直接处置废物。2021 年 3 月，香港特区政府公布全港首份电动车普及化路线图，引领香港在 2050 年前达致车辆零排放的未来路向。2021 年 6 月，香港特区政府发布《香港清新空气蓝图 2035》，蓝图以"健康宜居·低碳转型·比肩国际"为愿景，令香港地区在 2035 年前成为空气质素媲美国际大城市的宜居城市。基于上述政策目标，香港特区政府发布绿色和可持续金融的策略计划以及相应的税收优惠和激励资助措施，发展绿色和可持续金融，推进绿色低碳发展。

我国应完善制定绿色低碳循环的具体目标措施，加强顶层设计、统筹谋划、系统推进,明确总体目标、具体任务、时间表、路线图和施工图。重点在先进制造业、绿色工业、绿色交通流通、绿色建筑、绿色技术创新、绿色规划设计等领域发力,通过制定落实绿色低碳循环经济发展的具体目标任务,倒逼产业经济的绿色化转型,同时也可以壮大绿色金融的需求侧,形成绿色低碳循环发展的经济模式。

（一）资源能源集约高效利用

在摸清我国及各地资源能源消耗及综合利用情况、碳排放情况、碳减排潜力、污染物排放等现状的基础上,明确提出到 2025 年、2030 年乃至到 2050 年、2060 年非化石能源占一次能源消费的比重,以及与 2020 年相比较单位 GDP 二氧化碳排放、单位 GDP 能耗、规模以上企业单位工业增加值能耗、单位 GDP 用水量分别下降的幅度比例,推动落实"双碳"目标。

（二）绿色产业竞争力

明确提出到 2025 年、2030 年乃至到 2050 年、2060 年发展绿色产业集群、绿色产业园区、绿色龙头企业、绿色工厂的数量,节能环保产业实现主营业务收入的产值,以及高新技术产值占规上工业的比重。

（三）绿色技术创新力

明确提出到 2025 年、2030 年乃至到 2050 年、2060 年培育绿色技术创新中心、绿色技术创新龙头企业的标准和数量。

（四）绿色生活消费理念

明确提出到 2025 年、2030 年乃至到 2050 年、2060 年政府和国有企业绿色采购提高的比例、绿色产品认证提高的比例、绿色社区家庭学校单位创建提高的比例等。

二、可持续发展目标

为建设一个绿色可持续的社会,需要通过确立生态责任、参与型民主、环境正义、社区行动等价值观构建生态型政治战略,并经政府、公司企业与社会公众的共同努力。① 2015 年 9 月联合国大会通过的《2030 年可持续发展议程》中 17 项可持续发展目标(SDGs)内涵丰富,涵盖了经济—社会—资源环境三大系统,具体内容如下。

(一)消除贫困(No Poverty)

《2030 年可持续发展议程》提出要"在世界各地消除一切形式的贫困"。《2030 年可持续发展议程》指出,经济增长应具有包容性,以提供可持续的就业和促进平等。在全球范围内,生活在极端贫困中的人口比例从 1990 年的36% 下降到 2015 年的 10% 。但是,改善的步伐正在减缓,而 COVID - 19 危机有可能逆转几十年来在消除贫困方面取得的进展。联合国大学(UNU)世界发展经济学研究所(World Institute for Development Economics Research)在最新的研究中提出警告,此次全球大流行病造成的经济影响可能使全球贫困人口增加 5 亿人,占全球总人口的 8% 。自 1990 年起的 30 年来,全球贫困率可能将首次出现增长。

目前仍有 7 亿多人(占世界人口的 10%)生活在极端贫困中,他们对医疗、教育、用水和卫生设施等最基本的需求仍无法得到满足。大多数日均生活费不足 1.9 美元的人生活在撒哈拉以南的非洲。全世界农村地区的贫困率是 17.2% ,是城市地区的三倍多。

有工作的人不一定能过上体面的生活。实际上,2018 年,全球 8% 的雇佣工人及其家庭面临极端贫困。五分之一的儿童生活在极端贫困之中。确保为所有儿童和其他弱势群体提供社会保障是减贫的关键。

(二)消除饥饿(Zero Hunger)

《2030 年可持续发展议程》提出要"消除饥饿,实现粮食安全,改善营养和促进可持续农业"。《2030 年可持续发展议程》指出,粮食和农业部门为发展提供了关键的解决方案,这是消除饥饿和贫困的核心。饥饿人口数量(按营养不足发生率计算)已持续下降数十年,从 2015 年又开始缓慢增加。

---

① [美]丹尼尔·A.科尔曼:《生态政治:建设一个绿色社会》,梅俊杰译,上海译文出版社 2006年版。

目前的估计数字表明,将近6.9亿人处于饥饿状态,占世界人口的8.9%。一年内增加了1000万,五年内增加了近6000万。

世界还没有走上到2030年实现零饥饿目标的轨道。按照目前的趋势,受饥饿影响的人数将在2030年超过8.4亿。世界粮食计划署(World Food Programme)的数据表明,1.35亿人遭受严重饥饿,主要是由于人为冲突、气候变化和经济衰退。

与此同时,如果我们要养活今天仍在挨饿的6.9亿多人,以及到2050年全球将增加的20亿人,就需要对全球粮食和农业系统进行深刻变革。提高农业生产力和可持续粮食生产对于帮助减轻饥饿风险至关重要。

(三)健康和福祉(Good Health and Wellbeing)

在全球化时代,公共卫生已成为一个与健康、寿命、人权、环境、公平、贸易等密切相关的综合概念,既是联合国发展议程的重要议题之一,也是各国(地区)经济社会可持续发展的重要指标之一。新发传染病(Emerging infectious diseases)是全球经济和公共卫生的重大负担。[1]

人类传染病病原体大部分来自动物。根据世界动物卫生组织(OIE)的报告,60%的人类传染病病原体来自动物,75%的人类新发传染病病原体来自动物(特别是野生动物)。野生动物携带的病原体极其复杂,被认为是"庞大的天然病原体库"。目前世界上已被证实的人兽共患病在200种以上,其中约90种对人类有严重危害。[2] 相关科学研究结果表明,1940—2004年间发生的335件较大影响的全球新发传染病事件中,60.3%由人兽共患病(zoonoses)引起,且在这些人兽共患病中71.8%来源于野生动物。新发传染病的起源与社会经济、环境和生态因素有显著的相关性,源自低纬度地区的野生动物人兽共患病(wildlife zoonotic)和媒介传播疾病(vector-borne disea-

① Kate E. Jones, Nikkita G. Patel, Marc A. Levy et al., "Global Trends in Emerging Infectious Diseases", *Nature*, Vol. 451, No. 7181,2008, pp. 990—993.
② 吴坚、赵宇翔等:《中国林业生物安全法律法规、政策与管理研究》,中国林业出版社2012年版,第121页。

ses)存在巨大的风险。[1]

资源过度开发、生态环境破坏、人居环境不佳将加剧传染病的发生和传播。以我国明代瘟疫和欧洲中世纪大瘟疫为例,著名历史学家卜正民研究认为,明代经济财富的增长超过了此前中国历史上的任何时代,同时给自然资源和生态环境带来巨大压力。过度的围湖造田、侵占江河滩地、开垦梯田、砍伐森林,造成水土流失,并把大型哺乳动物赶尽杀绝(典型的是老虎),生物多样性及其栖息地减少,数次洪水灾害、蝗灾、大饥荒和瘟疫的爆发,加剧了明朝的政局动荡与崩溃。欧洲中世纪,黑死病(鼠疫)大爆发的来源是蒙古大草原的鼠疫疾病;人居环境的恶劣,加剧了黑死病(鼠疫)大瘟疫的传播扩散。英王爱德华三世向伦敦市长指出,"伦敦的大街小巷到处是恶臭的粪便和血迹,空气污染严重,卫生环境极度肮脏,疾病危险将早晚降临"。[2] 2003 年 SARS 疫情期间,香港淘大花园的居住密度高、空气流通不佳等原因也加大了病毒的传播机率,造成同一小区 300 多人确诊、40 多人死亡。水环境污染可能会引发霍乱、痢疾、伤寒、登革热等传染病。

抗生素滥用、气候变化、极端气候、自然灾害、事故灾难都有可能诱发或加剧疾病耐药性、古老病菌病毒、新病菌病毒、新发传染病等问题。我国是滥用抗生素最严重的国家之一,有研究调查发现我国抗生素人均年消费量为 138 g 左右,是美国人的 10 倍;存在超时、超量、不对症使用或不严格规范使用抗生素的系统性问题。[3] 由于滥用抗生素,全球面临严峻的耐药性问题,许多传染病将面临无药可治。气候变暖导致原来只在热带地区流行的传染病不断扩散,影响某些病毒发生进化变异。气候变暖引起的冰川冻土融化可能会释放古老的病毒和细菌。极端气候、自然灾害也将通过影响水环境、病原体动物的生存环境等增加传染病的风险,并可能诱发病原体的

---

① Kate E. Jones, Nikkita G. Patel, Marc A. Levy et al., "Global Trends in Emerging Infectious Diseases", *Nature*, Vol. 451, No. 7181, 2008, pp. 990—993.

② [加]卜正民:《挣扎的帝国:元与明》,潘玮琳译,中信出版社 2016 年版,第 61—128 页。

③ 中国科学院武汉文献情报中心、生物安全战略情报研究中心:《生物安全发展报告——科技保障安全》,科学出版社 2015 年版,第 137 页。

变异。①

《2030 年可持续发展议程》提出要"确保健康的生活方式,促进各年龄段人群的福祉"。当前,世界正面临一场前所未有的全球健康危机,COVID－19 使越来越多的人遭受苦难,破坏了全球经济的稳定,并扰乱全球数十亿人的生活。

此次大流行病之前,在改善数百万人的健康方面取得了重大进展。在增加预期寿命以及减少导致儿童和孕产妇死亡的一些常见病方面也取得了长足的进步。然而,各国还需付出更多努力,以全面根除各种疾病,并解决许多不同的长期和新出现的健康问题。通过对卫生系统提供更高效的资助,改善环境卫生和个人卫生,以及提高医疗服务的可及性,这将有助于挽救数百万人的生命。

COVID－19 等突发卫生事件带来了全球性的风险,这表明迫切需要做好防范工作。联合国开发计划署强调,各国应对 COVID－19 危机并从中恢复的能力存在巨大差异。此次 COVID－19 大流行是改变公共卫生应急防范和增加 21 世纪重要公共服务投资的转折点(watershed moment)。

(四)素质教育(Quality Education)

《2030 年可持续发展议程》提出要"确保包容、公平的素质教育,促进全民享有终身学习机会"。《2030 年可持续发展议程》指出,教育能够提升社会经济地位,也是摆脱贫困的关键。过去十年间,各级教育机会大幅增加,入学率显著提高,尤其是女童的教育机会和入学率。尽管如此,2018 年仍有约 2.6 亿儿童失学,占全球学龄人口近五分之一。全世界超过一半的儿童和青少年还达不到最低的识字和计算能力标准。2020 年,COVID－19 大流行在全球蔓延,大部分国家宣布临时关闭学校,这对全球 91% 以上的学生造成了影响。截至 2020 年 4 月,有近 16 亿儿童和青年失学。约有 3.69 亿依靠学校供餐的儿童需要另行寻找食物来源,以满足日常营养需求。从未有过如此多的儿童同时失学,他们的学习遭到中断,生活被扰乱,特别是弱势和

---

① 郑涛:《生物安全学》,科学出版社 2014 年版,第 152—157 页。

边缘化的儿童。COVID－19 大流行影响深远,可能会危及在改善全球教育方面来之不易的成果。

（五）性别平等（Gender Equality）

《2030 年可持续发展议程》提出要"实现性别平等,为所有妇女、女童赋权"。《2030 年可持续发展议程》指出,性别平等不仅是一项基本人权,也是一个和平、繁荣和可持续发展的世界的必要基础。过去几十年取得了很大的进展:上学的女童人数增多,被迫早婚的女童人数减少,更多的女性任职于议会和担任领导,并且法律正在朝着促进性别平等的方向改革。尽管有这些进展,但仍然存在许多挑战:歧视性的法律和社会规范仍然普遍存在;妇女在各级政治领导层中的代表性仍然不足;在一年内,15 至 49 岁的妇女和女童中有五分之一曾遭受来自亲密伴侣的人身暴力或性暴力。

COVID－19 大流行造成的影响,可能逆转在性别平等和妇女权利方面取得的有限进展。此次冠状病毒的暴发加剧了妇女和女童在健康、经济、安全和社会保障等各个领域的不平等状况。在应对这一病毒的过程中,妇女发挥着极为重要的作用,她们有的是一线医护人员,有的是家庭照护者。由于学校停课和老年人的需求增加,妇女的无偿照料工作大幅增加。COVID－19 大流行的经济影响对妇女造成了更大的打击,因为她们在无保障的劳动力市场就业的比例更高。近 60% 的妇女在非正式的经济部门工作,因此,她们更易陷入贫困。此次大流行病还导致暴力侵害妇女和女童的行为急剧增加。由于封锁措施的实施,许多妇女被迫与施虐者待在家中,公共服务系统遭到削弱和限制。最新的数据显示,自 COVID－19 暴发以来,暴力侵害妇女和女童的行为(特别是家庭暴力)加剧。

（六）清洁饮用水和卫生设施（Clean Water and Sanitation）

《2030 年可持续发展议程》指出,为所有人提供清洁的、可获得的饮用水是我们想要生活的世界的重要组成部分。尽管在增加获得清洁饮用水和卫生设施方面取得了重大进展,但仍有数十亿人缺乏这些基本服务,他们大多生活在农村地区。全世界有三分之一的人口无法获得安全的饮用水,五分之二的人口缺乏基本的洗手设施,包括肥皂和水,超过 6.73 亿人仍然在露天排便。

COVID – 19 大流行表明,环境卫生(sanitation)、个人卫生(hygiene)和充足的清洁水对预防和遏制疾病至关重要。手部卫生(hand hygiene)拯救生命。据世界卫生组织称,洗手是减少病原体传播和预防感染的最有效的措施之一,包括 COVID – 19 病毒。然而,仍有数十亿人缺乏安全的饮用水和卫生设施,并且该项资金不足。

(七)可负担和清洁的能源(Affordable and Clean Energy)

能源是制约我国经济发展的一个"瓶颈"。我国的能源发展存在人均拥有量低、能源结构以煤为主、能源分布不均、能源效率低等问题。我们对矿物能源的依赖带来空气污染、酸雨等问题,节能减排的压力巨大。

《2030 年可持续发展议程》提出要"确保人人获得负担得起的、可靠的(reliable)和可持续的现代能源"。《2030 年可持续发展议程》指出,能源几乎是所有重大挑战和机遇的核心。种种积极的迹象表明,能源正变得更加可持续并且更广泛可用,全世界正朝着此目标迈进。较贫穷国家的电力供应已经开始加速,能源效率继续提高,可再生能源在电力部门取得了令人瞩目的进展。

尽管如此,仍应更加重视帮助 30 亿人获得清洁和安全的烹饪燃料和技术,扩大可再生能源在电力部门之外的应用,并促进撒哈拉以南非洲的电气化。《能源进展报告》(Energy Progress Report)提供了全球各国在能源获取、能源效率以及可再生能源利用等方面的进展记录。报告评估了每个国家在这三大领域取得的进展,并简要说明了我们离实现 2030 年可持续发展具体目标还有多远。

(八)体面的工作和经济增长(Decent Work and Economic Growth)

《2030 年可持续发展议程》提出要"促进包容(inclusive)和可持续(sustainable)的经济增长,实现充分就业,确保人人有体面工作"。《2030 年可持续发展议程》指出,可持续的经济增长要求社会创造条件,让人们拥有高质量的工作。持续和包容的经济增长可以推动进步,为所有人创造体面的就业机会,并改善生活水平。

COVID-19 扰乱了数十亿人的生活,并危及全球经济。国际货币基金组织(International Monetary Fund)预计,全球经济衰退将与 2009 年一样严重,或者是更加严重。国际劳工组织(International Labor Organization)预计,随着失业的增加,全球近一半的劳动力面临失去生计的风险。即使在 COVID-19 暴发之前,预计有五分之一的国家,这些国家有数十亿贫困人口,这些国家在 2020 年的人均收入可能也会停滞或下降。现在,与 COVID-19 相关的经济和金融冲击,例如工业生产中断、商品价格下跌、金融市场动荡和不安全状况不断增多,使原本就已放缓的经济增长脱轨,加剧了其他因素带来的风险。

(九)工业、创新和基础设施(Industry, Innovation and Infrastructure)

《2030 年可持续发展议程》提出要"建设有风险抵御能力的(resilient)基础设施,促进包容的可持续工业,并推动创新"。《2030 年可持续发展议程》指出,基础设施投资对于实现可持续发展至关重要。包容性、可持续的工业化,以及创新和基础设施,能够释放经济活力,提高经济竞争力,从而创造就业岗位和收入。这些在引进和推广新技术、促进国际贸易以及提高资源利用效率方面发挥着关键作用。然而,要充分挖掘这一潜能,各国仍有很长的路要走。尤其在最不发达国家,要实现 2030 年目标,就必须加快制造业的发展并扩大对科学研究和创新的投资。

在 COVID-19 大流行暴发之前,全球制造业的增长速度就一直下降。此次 COVID-19 大流行给制造业带来沉重的打击,导致全球价值链(global value chains)和产品供应中断。创新和技术进步是应对经济和环境挑战的长久之计,例如能够提高资源和能源效率。全球研究和开发(R&D)投资占国内生产总值的比例从 2000 年的 1.5% 增加到了 2015 年的 1.7%,在 2017 年几乎保持不变,但在发展中地区,该比例不到 1%。在通信基础设施方面,目前世界上有超过一半的人口能够上网,几乎全世界的人口都生活在移动网络覆盖的区域。据估计,在 2019 年,96.5% 的人口至少可以使用 2G 网络。COVID - 19 大流行表明迫切需要有风险抵御能力的基础设施。亚洲开发银行(Asian Development Bank)指出,尽管该区域在过去十年中经历了快速的经济增长和发展,但该区域的关键基础设施在许多国家仍然远远不够。《亚洲及太平洋经济社会概览》(*Economic and Social Survey of Asia and the Pacific*)强调,要使基础设施具备抵御灾害和气候变化的能力,每年需要追加投资 4340 亿美元。在一些次区域,例如太平洋小岛屿发展中国家,这一数额可能需要更大。

(十)减少不平等现象(Reduced Inequalities)

《2030 年可持续发展议程》提出要"减少国家内部以及国家之间的不平等现象"。《2030 年可持续发展议程》指出,为了减少不平等现象,政策原则上应具有普遍性,更加关注弱势(disadvantaged)和边缘化(marginalized)人群的需求。减少不平等现象并确保不让任何一个人掉队,是实现可持续发展目标不可或缺的(integral)。国家内部和国家之间的不平等一直令人担忧。尽管在某些方面出现了一些减少不平等的积极迹象,如一些国家的相对收入不平等有所减少,低收入国家享受优惠贸易地位,但不平等依然存在。

COVID - 19 大流行加剧了当前的不平等现象,给最贫困和最脆弱的社区造成了最沉重的打击。疫情揭露了经济不平等现象和脆弱的社会安全网,弱势社区在此次危机中首当其冲。同时,社会、政治和经济方面的不平等扩大了大流行病造成的影响。在经济方面,COVID - 19 大流行导致全球失业率显著增加,劳动者收入大幅降低。由于 COVID - 19 大流行,几十年以来我们在性别平等和妇女权利方面取得的有限进展可能将被扭转。性别不平等加剧了 COVID - 19 对妇女和女孩的影响,影响遍及各个领域:从健康到经济,从安全到社会保障等。在卫生系统比较脆弱以及存在人道主义危机的国家,弱势群体面临的不平等现象也在加剧。难民、移民、土著人民(indigenous peoples)、老年人、残疾人和儿童特别容易被落在后面。针对弱势群体的仇恨言论也在不断增加。

(十一)可持续城市和社区(Sustainable Cities and Communities)

城市强调更高品质的生活和创造更适于生活的邻里关系和社区。绿色城市主义的中心是创造(并加强)邻里关系,使人们生活快乐,并得到情感上的提升和精神上的充实。① 社区是人们居住生活的场所,是社会的细胞、城市的基本组成部分。社区的绿色可持续发展,是城市绿色可持续发展的基本载体和必经之路。绿色可持续社区作为连接绿色建筑和绿色生态城市的中观尺度地表单元,在节约资源能源、改善人居环境、提升绿色文明、促进可持续发展等方面具有重要的意义。②

《2030 年可持续发展议程》提出要"建设包容、安全、有风险抵御能力和可持续的城市"。《2030 年可持续发展议程》指出,未来需要城市为所有人提供机会,提供基本服务、能源、住房和交通等。全球的城市化程度越来越高。自 2007 年以来,全球已有超过一半的人口搬到城市中。预计到 2030 年,这个比例将上升至 60%。城市和大都市区是经济增长的动力,贡献了约 60% 的全球生产总值。但是,与此同时,这些地区的碳排放量约占世界总排放量的 70%,资源使用量占 60% 以上。快速城市化正在导致越来越多的问题,包括贫民窟居民的数量增加,垃圾收集、供水系统、卫生系统、道路和交通运输等基础设施和服务的不足或负担过重,空气污染加剧,城市无计划扩张等。

COVID – 19 大流行造成的影响在贫困密集的城市地区最为严重,特别是对居住在世界各地非正规住区和贫民窟中的 10 亿居民来说。这些地方人满为患,居民难以保持社交距离(social distancing)和采取自我隔离(self – i-solation)等建议措施。联合国粮食机构粮食及农业组织(FAO)警告,如果不采取措施确保贫困和弱势居民的粮食供应,城市地区的饥饿和死亡人数可能会大幅增加。

(十二)可持续消费和生产(Sustainable Consumption and Production)

1994 年联合国环境规划署(UNEP)发表的《可持续消费的政策因素》报

---

① [美]蒂莫西·比特利:《绿色城市主义——欧洲城市的经验》,邹越、李吉涛译,中国建筑工业出版社 2011 年版。

② 古小东:《绿色社区评价指标体系的构建与应用研究》,中国科学院研究生院博士学位论文 2012 年,第 7 页。

告中指出,绿色消费即可持续消费,是指提供服务以及相关的产品以满足人类的基本需求,提高生活质量,同时使自然资源和有毒材料的使用量最少,使服务或产品的生命周期中所产生的废物和污染物最少,从而不危及后代的需求。[①]

《2030 年可持续发展议程》提出要"确保可持续的消费和生产模式"。《2030 年可持续发展议程》指出,全球消费和生产是全球经济发展的推动力,但其依赖于对自然环境和资源的利用,以一种会持续对地球造成破坏性影响的利用模式。自上个世纪以来,经济和社会进步伴随着环境退化,而环境退化正威胁着我们未来发展所依赖的各种系统,实际上我们的生存也依赖这些系统。部分事实和数据是:每年,食品产品中预计有三分之一,即相当于 13 亿吨、价值约 1 万亿美元,会在消费者和零售商的垃圾箱里腐烂,或者由于运输和收获不当而变质。如果世界范围内人们都改用节能灯泡,那么每年全球将节省 1200 亿美元。到 2050 年,如果世界人口增加到 96 亿,那么,要维持现有生活方式所需的自然资源相当于三个地球总资源的总和。COVID - 19 大流行为各国提供了制定恢复计划的契机,可以扭转当前趋势,改变我们的消费和生产方式,朝着更加可持续的未来迈进。可持续消费和生产意味着用更少的资源做更多更好的事,也意味着经济增长与环境退化脱钩,提高资源效率,促进可持续生活方式。可持续消费和生产还将有助于减缓贫困,以及向低碳和绿色经济过渡。

(十三)气候行动(Climate Action)

《2030 年可持续发展议程》提出要"采取紧急行动应对气候变化及其影响"。《2030 年可持续发展议程》指出,气候变化是一项全球性挑战,影响到每一个人和每一个地方。2019 年是有记录以来气温第二高的一年,也是有记录以来最热的十年(2010—2019)的最后一年。2019 年,大气中的二氧化碳和其他温室气体含量达到新高。气候变化正在影响陆地上的每个国家,破坏国民经济,影响人民生活。天气模式正在发生变化,海平面不断上升,

---

① 联合国环境规划署:《可持续消费的政策因素》,1994 年。

天气事件变得更加极端。

　　尽管 2020 年的温室气体排放量减少,因为受 COVID - 19 大流行的影响,各地实施了旅行禁令,经济发展也有所减缓;但这种改善只是暂时的。气候变化并未停止。一旦全球经济开始从 COVID - 19 大流行中复苏,排放量预计将达到更高的水平。要拯救生命和生计,就必须采取紧急行动来应对大流行病和气候紧急情况。2015 年通过的《巴黎协定》(Paris Agreement)旨在加强全球应对气候变化威胁的能力,将本世纪全球气温的升幅控制在相较工业化前水平的 2℃ 以内。该协定还旨在利用适当的资金流向,并建立一个新的技术框架和一个更有效的能力建设框架,以增强各国应对气候变化影响的能力。

　　(十四)水下生物(Life below Water)

　　海洋系统与陆地系统存在显著不同,任何通过适用陆地理论、范式和概念来管理海洋环境的尝试都可能会失败。[①] 海洋与海岸带系统具有多样性、多尺度和多层次之间的相互作用、动态性、不确定性、复杂性、弹性但有限和脆弱等特征。传统的以部门为基础的通用解决方案,主要是针对某单一问题制定实施法律规定的单独行动,例如海洋渔业、海洋能源开发、海洋废弃物处理等,容易导致使用者之间、部门之间的冲突,且与海洋环境的生物物理复杂性不相容。海洋生态系统跨越了国家和区域的边界,使得基于财产权(所有权)目的制定的管理体制存在不足。对海洋的了解不足以及"拓荒心态",导致对海洋资源开发的热情较高却制约不足。[②] 概言之,海洋环境与生态系统的特殊性对传统的治理方式造成挑战。当前全球海洋生态系统服务面临开采性威胁(例如渔业不可持续捕捞、采矿、近海油气勘探开采、近海和海洋可再生能源装置以及红树林开采)和非开采性威胁(例如海洋污染、生境破

---

　　① [加]马克·撒迦利亚:《海洋政策:海洋治理与国际海洋法导论》,邓云成、司慧译,海洋出版社 2019 年版,第 3—8 页。

　　② Glavovic, B. Ocean and Coastal Governance for Sustainability: Imperatives for Integrating Ecology and Economics. in M. Patterson and B. Glavovic (Ed.), *Ecological Economics of the Oceans and Coasts*, Edward Elgar, Cheltenham, UK. 2008, pp. 313—342.

坏、海洋变暖、海平面上升、海洋缺氧)的挑战,且相互影响或叠加影响。①

《2030年可持续发展议程》提出要"养护和可持续利用海洋和海洋资源"。《2030年可持续发展议程》指出,妥善管理这一重要的全球资源是可持续未来的一个关键特征。海洋驱动着多个全球系统,这些系统让地球变得适宜人类居住。我们的雨水、饮用水、天气、气候、海岸线、多种食物,甚至连空气中供我们呼吸的氧气,从本质上讲都是由海洋提供和调控的。妥善管理这一重要的全球资源,对建设可持续的未来至关重要。

但是当前,沿海水域由于污染而持续恶化,海洋酸化(ocean acidification)对生态系统功能和生物多样性造成不利影响。这对小型渔业也产生了负面影响。拯救我们的海洋必须继续作为优先事项。海洋生物多样性对人类和地球的健康至关重要。海洋保护区(marine protected areas)需要进行有效管理并且配备充足资源,同时需要制定相关法律法规,以减少过度捕捞,减轻海洋污染和海洋酸化。

(十五)陆地生物(Life on Land)

《2030年可持续发展议程》提出要"可持续管理森林,防治荒漠化,制止和扭转土地退化现象,遏制生物多样性的丧失"。《2030年可持续发展议程》指出,自然对我们的生存至关重要。自然为我们提供氧气,调节天气状况,让农作物得以授粉,为我们提供粮食、饲料和纤维。但是,自然承担的压力越来越大。人类活动已经改变了地球表面近75%的区域,将野生动植物和自然挤进地球上越来越小的角落。

根据2019年《生物多样性和生态系统服务全球评估报告》(2019 *Global Assessment Report on Biodiversity and Ecosystem Service*),目前约有100万种动

---

① McCauley, Douglas J., et al., "Marine defaunation: Animal Loss in the Global Ocean", *Science*, Vol. 347, 2015, p. 1255641; Simas, T., et al., "Review of Consenting Processes for Ocean Energy in Selected European Union Member States", *International Journal for Marine Energy*, Vol. 9, 2014, pp. 41—59; Sumaila, U. Rashid, et al., "Fishing for the Future: an Overview of Challenges and Opportunities", *Marine Policy*, Vol. 69, 2016, pp. 173—180; Greaves, D., et al., "Environmental Impact Assessment: Gathering Experience from Wave Energy Test Centres in Europe", *International Journal of Marine Energy*, Vol. 14, 2016, pp. 68—79.

植物濒临灭绝,许多物种在未来几十年内就会灭绝。报告呼吁变革性改变(transformative changes)以恢复和保护自然。报告发现,人类和其他所有物种赖以生存的生态系统的健康状况正在迅速恶化,恶化的速度前所未有。这影响着全球各地人们的经济、生计、粮食安全、健康和生活质量。

人类活动和气候变化引起的毁林和荒漠化是实现可持续发展的主要挑战,已经影响到数百万人的生活和生计。森林对于维持地球上的生命至关重要,在应对气候变化中发挥着重要作用。对土地复垦(land restoration)进行投资至关重要,有助于改善生计,降低脆弱性和经济风险。

地球的健康关系到是否会出现人畜共患病,即在动物和人类之间传播的疾病。由于我们不断破坏脆弱的生态系统,人类与野生生物的接触日益广泛,野生生物的病原体扩散到了牲畜和人类身上,增加了疾病发生和蔓延的风险。

(十六)和平、公正和强有力的机构(Peace, Justice and Strong Institutions)

《2030年可持续发展议程》提出要"促进公正、和平和包容的社会"。《2030年可持续发展议程》指出,冲突、不安全、机构能力不足和诉诸司法的渠道有限,这些问题仍然是可持续发展的巨大威胁。2018年逃离战争、迫害和冲突的人数超过7000万,是联合国难民署(UNHCR)近70年来的最高记录。

2019年,联合国追踪调查发现,在47个国家内有357名人权捍卫者、记者和工会成员被杀害,30人被迫失踪。而全世界约四分之一的5岁以下儿童的出生从未有官方记录,这使得他们无法获得对保护其权利和获得司法和社会服务至关重要的法律身份证明。

(十七)可持续发展目标的全球伙伴关系(Partnerships for the Goals)

《2030年可持续发展议程》提出要"重振(revitalize)可持续发展的全球伙伴关系"。《2030年可持续发展议程》指出,只有加强全球伙伴关系与合作,才能实现可持续发展目标。一项成功的发展议程需要在全球、区域、国家和地方各级建立包容性的伙伴关系。这种伙伴关系必须基于原则和价值观,建立在以人与地球为中心的共同愿景和共同目标之上。许多国家需要官方发展援助(Official Development Assistance,ODA)来促进增长与贸易。

然而,援助水平正在下降,捐助国并没有兑现增加发展资金的承诺。现在比以往任何时候都更需要强有力的国际合作,确保各国有办法从大流行病中恢复,重建更美好的家园,并实现可持续发展目标。①

第二节 扩大绿色可持续金融的供给与需求

在全球产业绿色化、智慧化的浪潮中,绿色可持续金融大有可为。现代生态农业中的"精致农业"、特色农业、"三品一标"、农业基础设施建设,海洋渔业的新型健康养殖、精深加工、冷链物流、深水远海渔业、海洋牧场建设,高效、清洁、低碳、循环的绿色制造体系的构建,IAB(新一代信息技术、人工智能、生物医药产业)和NEM(新能源、新材料)产业的发展,传统汽车工业、石油化工业、造船业、电子产业的转型升级,先进轨道交通装备、海洋工程装备及高技术船舶等高端装备产业的发展,建筑业、交通运输业等诸多产业均对绿色化、低碳化、智慧化提出了要求,产业的绿色化发展急需绿色金融的大力支持。全球性的气候变化应对、生物多样性保护等问题呼唤大力发展气候金融、生物多样性金融。

一、细化绿色金融发展的目标任务并加大绿色金融供给

(一)细化金融支持绿色产业经济的目标任务

细化金融支持绿色产业经济的目标任务,加大对电力、交通、建筑、工业和农业等领域脱碳去碳项目的金融支持力度。对绿色信贷(含绿色农业贷

---

① UN(联合国官方网站):可持续发展目标(SDGs),https://www.un.org/sustainabledevelop-ment/zh/sustainable-development-goals/,2021年10月2日访问。笔者翻译整理。

款、绿色工业贷款、清洁能源贷款、绿色建筑贷款等)、贴标绿色债券发行、绿色保险保费等绿色金融的最低增速提出目标。进一步加大金融支持绿色环保产业、绿色技术创新、生态保护与适应气候变化(包括自然保护、生态修复及灾害防控等)的支持力度。

(二)鼓励商业银行成为"赤道银行"

2008 年 10 月我国兴业银行宣布采纳赤道原则,成为我国首家"赤道银行";2017 年 1 月江苏银行成为我国首家采纳赤道原则的城市商业银行;2019 年 7 月湖州银行成为我国第三家"赤道银行"。重庆农村商业银行、绵阳市商业银行、贵州银行、重庆银行分别于 2020 年 2 月、2020 年 7 月、2020 年 11 月、2021 年 2 月宣布采纳赤道原则成为"赤道银行"。截至 2021 年 2 月我国七家"赤道银行"的所属地区、绿色信贷融资余额、绿色金融债券规模等基本情况见表 7 - 1。然而,我国"赤道银行"总量少、规模小,例如广州作为全国绿色金融改革创新试验区中唯一的一线城市,目前没有一家金融机构作出响应表率宣布采纳"赤道原则"。

表 7 - 1　我国"赤道银行"基本情况

序号	名称	采纳时间	所属地区	是否上市	绿色信贷融资余额(亿元)	绿色金融债券规模(亿元)
1	兴业银行	2008 - 10	福建	A 股	11490	约 300
2	江苏银行	2017 - 01	江苏	A 股	近 1000	100
3	湖州银行	2019 - 07	浙江	否	87.14	10
4	重庆农村商业银行	2020 - 02	重庆	A + H 股	超 170	20
5	绵阳市商业银行	2020 - 07	四川	否	—	—
6	贵州银行	2020 - 11	贵州	H 股	215.17	50
7	重庆银行	2021 - 02	重庆	A + H 股	121.52	60

数据来源:《国内 7 家赤道银行图谱:哪个城市最多? 如何践行绿色金融?》,腾讯网,2021 - 02 - 23。"—"为暂无具体数据。笔者整理。

(三)鼓励设立绿色可持续基金和 ESG 基金

在国际上,创立于 1990 年的挪威政府全球养老基金(Government Pension Fund Global)的主要任务是将挪威石油部门的盈余用于投资,所以也被称为"石油基金(Oil Fund)"。它是全球最大的主权财富基金,总资产超过 1 万亿美元,在全球交易的所有股票中占 1.3%,截至 2017 年 9 月每个挪威公民平均拥有的基金价值高达 192307 美元。该基金根据 2004 年 11 月的挪威《皇家法令》成立了"基金伦理委员会",并依据挪威财政部发布的伦理准则,禁止投资于存在侵犯人权、使用童工、强迫劳动、腐败、严重环境问题的公司。此外,还有管理日本政府 1.3 万亿美元养老金的管理公司、管理 5460 亿美元资产的荷兰养老金管理公司 APG 资产管理公司、管理 4020 亿美元资产的德国德联丰投资公司、管理 3440 亿美元资产的加州公务员退休基金,都在以某种方式支持 ESG 投资。[①]

英国于 2012 年 10 月投资成立了全球首家"绿色投资银行"(Green Investment Bank),目的是为了鼓励更多的社会资本投资于存在市场失效的绿色环保项目领域。初期为英国政府全资控股,政府划拨 38 亿英镑供其在 2016 年 3 月前投资绿色项目。作为绿色投资市场的"催化剂"和补充者,GIB 的宗旨是引进和鼓励更多的私有资本投入到绿色经济领域(挤入而不是挤出私人资本),从而促进英国的绿色经济转型。GIB 遵循"赤道原则",强调"绿色"和"盈利"的基本特征,业务领域严格限定为离岸海上风电、能效产业、废物处理和生物能源、在岸可再生能源四个方面。GIB 成立后的两年期间已经拥有约 1.4 亿英镑的资产组合,在全英超过 200 个地方投资 41 个绿色项目和 6 个项目基金,通过 18 亿英镑的直接投资撬动了总共 60 亿英镑的私人资金投入到绿色经济领域,杠杆比率接近 1∶4。GIB 绿色投资减少的温室气体等同于 160 万辆汽车尾气排放量,减少了陆地上 150 吨废弃物,其创造的可再生电力可供 310 万家庭使用。GIB 成立后的两年期间所有投资的平均投资回报率大约为 10%。2016 年 3 月 3 日,英国政府启动"绿色投资银

---

① [美]马克·墨比尔斯等:《ESG 投资》,范文仲译,中信出版集团 2021 年版,第 35—36 页。

行"私有化进程。2017 年 8 月 18 日,麦格理集团完成收购"绿色投资银行"。"绿色投资银行"的成功经验包括强调项目选择标准的绿色性,建立现代金融企业制度和公司治理结构,实现商业可持续,建立有效的薪酬体系,实施专业化和人才战略。

(四)鼓励创新绿色金融服务产品

贵州针对发展地方特色农业推出的"茶人贷""猕猴桃贷款"等绿色惠农信贷产品,以及支持贫困地区高标准农田建设贷款。浙江湖州实施绿色小额贷款保证保险("绿贷险"),启动"泗安塘综合治理 PPP"(绿色 PPP)项目。浙江衢州创新"安全生产和环境污染综合责任保险",江西发行绿色债券用于海绵城市建设。上述均属于绿色金融产品服务的创新。

应进一步鼓励创新绿色金融服务产品,构建多层次绿色金融市场体系,尤其是在气候金融、生物多样性金融领域。完善发展绿色融资租赁、林业碳汇、湿地碳汇、海洋碳汇,为企业提供碳排放权质押贷款、国际碳保理融资、发行碳收益支持票据,为个人客户提供新能源汽车贷款、绿色住房贷款,发行低碳主题信用卡等。鼓励银行或保险金融机构以优惠利率或者优惠保险费率的方式为企业/个人客户提供绿色信贷或绿色保险,政府予以适当的贷款利率或保险费率补贴。

(五)加强对绿色金融制度和创新品种的研究设计

大力发展碳期货市场。碳期货由于采取集中竞价交易机制,市场流动性高、监管严格,形成的碳价透明度高、公允性强,有助于企业合理安排生产计划、降低减排成本,从而实现企业和全社会的减排目标,成为国际碳市场发展的主流和方向。在欧盟碳市场上,碳期货和期权的交易量占比超过 90%。[1]

加强广州期货交易所规则制度与期货品种的研究设计。2021 年 10 月 24 日中共中央、国务院印发的《关于完整准确全面贯彻新发展理念做好碳达

---

[1]　中国人民银行研究局:《中国绿色金融发展报告 2019》,中国金融出版社 2020 年版,第 58—59 页。

峰碳中和工作的意见》明确提出要加快建设完善全国碳排放权交易市场,并提出将碳汇交易纳入全国碳排放权交易市场,建立健全能够体现碳汇价值的生态保护补偿机制。广州期货交易所已经挂牌成立,尚需要在国家相关部门的指导下开展广泛的调研论证,进一步研究完善碳排放权合约的规则设计,在条件成熟时研究推出碳排放权相关期货品种,共同引导资金投向应对气候变化领域,让碳排放权市场发挥更多作用,应对气候变化行动更有保障、更可持续。此外还有海洋碳汇(蓝碳)交易、土壤碳汇交易制度等。

二、壮大绿色可持续金融的需求

(一)制定绿色低碳发展路线图壮大绿色可持续金融需求侧

如果没有形成绿色可持续金融的需求侧,绿色可持续金融将难以持续发展。基于此,集聚发展壮大绿色产业尤为重要。国家层面已经制定实施《关于加快建立健全绿色低碳循环发展经济体系的指导意见》,[①]对总体目标任务作了原则性规定,但细分行业和各个地方的目标任务还需要进一步具体明确。全国已有多个地方通过出台相关实施意见,规定了建立健全绿色低碳循环发展经济体系的具体目标、任务和举措。例如,2020年3月27日江苏省政府发布《江苏省政府关于推进绿色产业发展的意见》(苏政发〔2020〕28号),聚焦绿色产业发展主题,同时统筹传统产业绿色转型升级,提出了江苏推进绿色产业发展的新目标、新任务、新路径和新举措,明确了绿色产业发展的任务书、路线图,是推动江苏绿色产业高质量发展的指导性文件,也是我国省级层面较早对绿色产业发展做出超前谋划部署的政策性文件。

在2021年2月22日国务院印发《关于加快建立健全绿色低碳循环发展经济体系的指导意见》之后,有河北、甘肃、河南、陕西等地陆续发布相关实施意见。2021年4月29日,河北省人民政府办公厅发布《河北省人民政府

---

① 《国务院关于加快建立健全绿色低碳循环发展经济体系的指导意见》(国发〔2021〕4号),2021年2月2日。

关于建立健全绿色低碳循环发展经济体系的实施意见》,要求着力调整优化产业结构、能源结构、交通运输结构,全方位全过程推行绿色规划、绿色设计、绿色投资、绿色建设、绿色生产、绿色流通、绿色生活、绿色消费,使发展建立在高效利用资源、严格保护生态环境、有效控制温室气体排放的基础上,统筹推进高质量发展和高水平保护,建立健全绿色低碳循环发展的经济体系,确保实现碳达峰、碳中和目标;对单位 GDP 能耗下降、单位 GDP 二氧化碳排放下降、非化石能源消费占比、主要污染物排放总量减少等提出了相应的目标;对生产体系、流通体系、消费体系、基础设施、技术创新体系的绿色低碳循环发展提出了具体的目标和路径。2021 年 8 月 12 日,甘肃省人民政府印发《关于加快建立健全绿色低碳循环发展经济体系的实施方案》。2021 年 8 月 18 日,河南省人民政府印发《关于加快建立健全绿色低碳循环发展经济体系的实施意见》。2021 年 9 月 17 日,陕西省人民政府印发《加快建立健全绿色低碳循环发展经济体系若干措施》。

但上述政策文件总体上原则性强、路径和具体措施不够明确、操作性不强,需要在工业、交通、电力、建筑、农业等各领域,以及各地方进一步明确具体的目标、方向、任务、路径、举措等。

（二）加大宣传提升环境意识壮大绿色金融需求侧

通过融媒体、地铁等全媒体渠道加大对环境保护、绿色发展、绿色产品和绿色金融的宣传力度,倡导绿色低碳消费,提升全社会的环境意识。鼓励政府、企业、社会公众绿色采购,购买和使用环境友好、资源能源消耗低的产品和服务,例如环境标志产品、"三品一标"农产品、绿色能源、绿色建筑、新能源或低排放汽车,减少使用过度包装、一次性物品,促进全社会的绿色低碳消费、绿色低碳生活。通过绿色低碳消费支持绿色产业的发展,既可以壮大绿色金融需求侧、促进绿色金融发展,也可以推进建立健全绿色低碳循环经济发展体系。

三、以绿色金融支持建立健全绿色低碳循环发展经济体系

党的十九大报告提出,要"加快建立绿色生产和消费的法律制度和政策

导向,建立健全绿色低碳循环发展的经济体系"。在全球绿色化浪潮中,我国应完善绿色金融法律政策制度,积极利用绿色信贷、绿色证券、绿色保险、碳金融等绿色金融工具支持绿色生态农业、绿色制造业、绿色能源、绿色交通、绿色建筑等绿色产业,培育绿色动能,促进经济提质增效。[①] 从传统的减污治污(以点源污染为主)到第二代环境问题(以非点源污染为主)的应对,亟需法律规制、市场机制等多种手段相结合予以治理。[②]

(一)金融支持健全绿色低碳循环发展生产体系

一是以绿色金融支持工业绿色转型升级。推进能源消费总量和强度"双控"制度,加强温室气体和大气污染物协同控制,遏制高耗能高排放项目,支持开展工业领域节能、节水、资源综合利用和清洁生产技术改造,推行产品绿色设计,支持企业创建国家工业产品绿色设计示范企业。推进"散乱污"企业整治,鼓励企业和产业园区实施绿色化改造,扶持发展绿色产品和绿色供应链管理企业,支持建设国家级和省级绿色工厂、绿色园区。

二是以绿色金融支持绿色新兴产业。支持新一代信息技术、智能与新能源汽车、生物医药与健康、智能装备与机器人、轨道交通、新能源与节能环保、新材料与精细化工、数字创意等新兴产业和未来产业,培育形成若干具有较强国际竞争力的世界级先进制造业集群、绿色产业集群、战略性新兴产业集群。

三是以绿色金融推进农业绿色发展。支持发展生态种植、生态养殖,倡导精细生产,高效利用农业资源,推动传统农业转型升级。加强绿色食品、有机农产品的认证和管理,推进农业与旅游、教育、文化、健康等产业的深度融合,支持建设国家级、省级农业现代产业园。

四是以绿色金融支持发展绿色服务业。支持发展节能和环境服务业、生态旅游文化产业,支持创建绿色商场、绿色展馆、绿色酒店宾馆。

五是以绿色金融支持构建绿色供应链。支持企业开展绿色设计、选择

① 古小东:《完善政策制度设计促进"绿色金融"发展》,《广州日报》2020年1月13日。
② [美]迈克尔·柯利:《环境金融准则——支持可再生能源和可持续环境的金融政策》,刘倩、王遥译,东北财经大学出版社2017年版,第3—6页。

绿色材料、实施绿色采购、打造绿色制造工艺、推行绿色包装、开展绿色运输、做好废弃产品回收处理,实现产品全周期的绿色环保,支持创建国家级和省级的绿色供应链管理示范企业。

(二)金融支持健全绿色低碳循环发展流通体系

一是以绿色金融支持发展绿色交通物流。支持发展绿色物流业,实现仓储、运输、包装、配送物流供应链的绿色低碳发展。推动氢燃料电池汽车示范应用,提高新能源汽车的推广应用比例,鼓励建造节能环保新能源船舶。

二是以绿色金融支持完善再生资源回收利用体系。加强生活垃圾、建筑垃圾、废旧家电、废纸、废塑料、废旧轮胎、废金属、废玻璃、废旧动力电池等的分类回收利用和无害化处理,提升资源产出率和回收利用率。

三是以绿色金融支持发展绿色贸易。从严控制高污染、高耗能产品出口,大力发展高质量、高附加值的绿色产品贸易,提升高技术、高质量、高附加值产品出口的占比。

(三)金融支持健全绿色低碳循环发展消费体系

一是以绿色金融支持绿色采购和绿色消费。加强绿色采购制度建设,加大政府绿色采购力度,进一步扩大节能、环境标志等绿色产品采购范围,鼓励采购更高标准的节能节水、环保、循环、低碳产品。探索建立国有企业的绿色采购制度,引导国有企业优先采购和使用绿色产品和服务。加强对企业和居民采购绿色产品的引导,鼓励采取消费补贴、积分奖励、定点售卖的方式引导绿色消费。推动电商平台设立绿色产品销售专区。加强绿色产品和服务认证管理,完善认证机构信用监管机制。

二是以绿色金融支持绿色低碳生活方式。金融支持建设地铁等公共交通,支持建设生活垃圾分类处理系统和无害化处理设施。以积分奖励等措施鼓励社会公众采用地铁、公共交通等绿色出行方式。

(四)金融支持发展绿色基础设施和人居环境

一是以绿色金融支持推动能源体系绿色低碳转型。加快发展非化石能源,扩大天然气利用规模。大力提升光伏发电规模,因地制宜建设集中式光伏电站项目,鼓励发展屋顶分布式光伏发电,探索开展区域性屋顶分布式光伏开发试点示范。积极推进光伏建筑一体化建设。加快培育氢能、储能、智慧能源等新兴产业,推进广州开发区氢燃料电池产业园建设,加快推进智能电网产业园建设、内河船舶 LNG 动力改造。

二是以绿色金融支持绿色基础设施建设。在城镇环境基础设施建设方面,支持海绵城市建设,推进城镇污水处理设施和管网的全覆盖与提标改造,以及生活垃圾、餐厨垃圾、污泥的无害化资源化处置。在交通基础设施建设方面,将绿色低碳理念贯穿交通基础设施规划、建设、运营和维护全过程,积极打造绿色公路、绿色铁路、绿色机场,加强新能源汽车充换电、加氢等配套基础设施建设。

三是以绿色金融支持建设绿色生态社区,有序推进城市有机更新,优化人居环境。绿色生态社区是连接绿色生态建筑和绿色生态城市的中观尺度地表单元。在绿色低碳可持续的理念下,美国、英国等制定了相关的法律政策和评价标准,积极推广绿色生态社区的建设,既有利于节约资源能源,且环境舒适健康。对于现有规划设计落后、环境不佳、功能衰退的建筑社区,则考虑实施修复、保育、重建等,推荐城市有机更新。① 以绿色金融支持绿色低碳城市、绿色低碳城镇、绿色低碳园区、绿色低碳社区、近零能耗建筑试点示范建设,并予以购买人一定的购房贷款优惠利率补贴。以绿色金融支持城市更新改造,推动既有居住建筑的节能节水改造,分区分类推进城市的有机更新改造。

四、金融对绿色可持续项目的精准支持

加强对工业、交通、建筑、能源、环境基础设施等绿色项目进行分析研判并入库,无缝对接,实现金融对绿色可持续项目的精准支持。分析研判绿色

---

① 古小东、夏斌:《城市更新的政策演进、目标选择及优化路径》,《学术研究》2017 年第 6 期;古小东:《国内外绿色社区评价指标体系比较研究》,《建筑经济》2013 年第 11 期。

低碳循环发展生产体系的现状与金融需求,包括工业绿色升级、农业绿色发展、服务业绿色发展、绿色环保产业发展、产业园区建设、绿色供应链等。分析研判绿色低碳循环发展的流通体系的现状与金融需求,包括绿色物流、再生资源回收利用、绿色贸易等。分析研判绿色低碳循环发展的消费体系的现状与金融需求,包括绿色产品消费、绿色采购、绿色低碳生活方式等。分析研判基础设施绿色升级的现状与金融需求,包括能源体系绿色低碳转型、城镇环境基础设施建设升级、交通基础设施绿色发展、城乡人居环境改善等。分析研判绿色技术创新体系的现状与金融需求,包括鼓励绿色低碳技术研发、加速绿色科技成果转化等。

第三节　强化责任约束机制与改进激励动力机制

笔者认为,绿色可持续金融在实践中容易出现两种不良倾向:一是"叫好不叫座"、运行"肠梗阻"的问题;二是"鼓吹""漂绿""套利""泡沫"的问题。主要原因有三:一是政策的顶层设计尚在进一步完善中,尚需加强操作性并落地。二是金融供给者(商业银行、保险公司等金融机构)作为市场主体,有自身的商业利益、风险控制之考量。在没有政府补贴激励的情况下,如何促使其自愿开展绿色可持续金融? 三是金融需求者(包括企业和社会公众等)对绿色可持续金融的认知度不高,参与的积极性和监督性不强。换言之,我国绿色可持续金融"自上而下"的顶层政策推动意愿较强,而"自下而上"的绿色金融供给者和需求者的自发积极性和实施成效尚待进一步提升。

一、强化责任约束机制

(一)研究制定《绿色可持续金融发展条例》

在总结国家绿色金融创新试验区绿色金融的发展经验以及《深圳经济

特区绿色金融条例》《湖州市绿色金融促进条例》等地方立法经验的基础上，由国务院组织研究制定行政法规《绿色可持续金融发展条例》，明确相关政府部门的职责，规范金融机构、公司企业、中介服务等市场主体的权利义务，明确相关的金融产品服务、标准制定、评估认证、信息披露、保障监督、法律责任等内容，形成一定的约束力，促进绿色金融发展，推进生态文明建设以及"碳达峰碳中和""美丽中国"目标的实现。

在立法模式方面，选择"促进型立法"还是"管理型立法"是一个问题。"促进型立法"多为鼓励性条款，重在通过扶持、奖励、激励等方式促进发展，多为软法机制，不设法律和责任与罚则，也被称为"没有牙齿的法律"。《湖州市绿色金融促进条例》是促进型立法。《深圳经济特区绿色金融条例》在立法过程中，深圳市立法机关建议让绿色金融的立法拥有"牙齿"，但也有相关部门机构不主张将行政执法的内容写入深圳市的地方立法中。深圳市立法机关认为，金融属于强监管行业，如果中央驻地方金融监管部门愿意依据地方的立法进行监管则可以将此项权力授予中央驻地方金融监管机构，如果相关部门无此类想法，则可将行政执法权归于地方行政部门。深圳市立法机关在与全国人大法工委、"一行两局"沟通和协商后，最终将执法权划到地方金融监督管理局。国家赋予深圳地方金融监督管理局对持牌金融机构的执法权，属于《深圳经济特区绿色金融条例》的创新之一。

(二)完善"责任—压力—响应"制度，明确金融机构等主体义务责任

金融机构等主体义务责任规定主要有"硬法"(硬约束)和"软法"(软约束)两种。前者主要通过制定法律法规的形式，后者主要通过签署倡导性宣言、计划、原则、纲领等文件形式。也有学者研究指出，金融机构社会责任是一种多元化的责任，是经济责任、法律责任和道德责任的综合体，兼有"硬法责任"和"软法责任"的成分。法律责任依托国家强制实现，道德责任不涉及国家强制，软法责任介乎两者之间。[①]"硬法责任"是金融机构社会责任的底

---

① 蒋建湘:《企业社会责任的法律化》,《中国法学》2010 年第 5 期;蒋建湘:《企业社会责任的性质》,《政法论坛》2010 年第 1 期。

线,其提供的是一个刚性的制度框架,但存在一定的较为僵化以及缺乏灵活性和回应性的特点;"软法责任"是"硬法责任"的有效补充,其具有的引导和激励作用能够较好地弥补"硬法责任"的缺陷。①

美国《超级基金法》对金融机构的法律责任相关规定可以借鉴。以绿色信贷为例,"国家层面应适时修改《商业银行法》等相关法律,明确贷款金融机构对所投资放贷项目环境影响的法定审查义务,确立相关责任人的环境法律责任"。② 笔者认为,在明确规定贷款金融机构法律责任的同时,贷款金融机构的法律责任应有一定的边界,应规定贷款金融机构的尽职免责法律责任。贷款金融机构的法律责任应类似于《公司法》中董事、高级管理人对公司决策经营管理的"谨慎管理人"义务责任。

2022年6月1日中国银行保险监督管理委员会印发的《银行业保险业绿色金融指引》(银保监发〔2022〕15号)第18条、第19条和第20条明确要求银行保险机构应当加强授信和投资尽职调查、应当对拟授信客户和拟投资项目进行严格的合规审查以及应当加强授信和投资审批管理。但该文件属于部门规范性文件,并无法律责任的约束以及法律强制执行力。

2021年3月1日起施行的《深圳经济特区绿色金融条例》在第四章创设了绿色投资评估制度,要求金融机构建立绿色投资评估制度,对投资项目开展投资前评估和投资后管理,并明确需要进行绿色投资评估的项目规模、类型以及评估内容等。《条例》第32条规定,深圳经济特区内的投资项目符合下列情形之一的,提供金融产品和服务的金融机构应当依照本条例第三十三条至第三十五条的规定开展绿色投资评估:(一)项目总金额达到五千万元,且依法需要进行环境影响评价;(二)项目年温室气体排放量预期达到三千吨二氧化碳当量;(三)法律、法规规定需要开展绿色投资评估的其他情形。同时,根据"尽职免责"原则,《条例》规定对于已按规定开展绿色投资评

---

① 刘志云等:《新发展理念下中国金融机构社会责任立法问题研究》,法律出版社2019年版,第99—101页。

② 兴业银行绿色金融编写组:《寓义于利——商业银行绿色金融探索与实践》,中国金融出版社2018年版,第326页。

估的金融机构,其贷款或者股权投资的项目发生生态环境损害事件的,不予处罚;对于未按规定开展绿色投资评估的金融机构规定了相应的法律责任。但《深圳经济特区绿色金融条例》属于地方性立法且为经济特区立法,无法在其他地区适用,也难以在其他地区复制。

(三)构建"自上而下"与"自下而上"相结合的双运行机制

为解决绿色可持续金融实施发展的"肠梗阻"问题,需要构建"自上而下"与"自下而上"相结合的双运行机制。在加强顶层设计落实的同时,要高度重视地方的创新。这也是党中央、国务院开展绿色金融改革创新试验区建设的目标之一。

公共理性理论和市民社会理论的兴起,要求金融机构社会责任立法由单一主体转变为多元参与主体,参与模式由传统的"自上而下"模式转变为"自上而下"与"自下而上"的参与路径并行的多元参与模式,参与内容由封闭性转向开放性。[①] 在探索绿色可持续金融的地方创新时,既要落实中央部署要求,并结合地方实际;也要善于学习其他地方的先进做法,以及世界银行集团国际金融公司"赤道原则"、欧盟《可持续增长金融行动计划》《联合国负责任投资原则》等国际经验。

(四)加强资源环境法律责任制度的完善制定并严格执行

包括民事、行政、刑事责任在内的资源环境法律责任制度是绿色可持续金融制度得到良好实施的基础。应加强资源环境法律制度的完善制定并严格执行,形成全社会自觉遵守环境法律、保护生态环境的良好氛围。

美国政府非常重视资源环境保护方面的法治建设,20 世纪 70 年代以来,美国国会通过了近 30 部涉及水环境、大气污染、废物管理、污染场地清除等有关环境保护的法律,每部法律都对污染者或公共机构应采取的行动提出了严格的法律要求。特别值得注意的是,美国还规定了作为金融机构的银行对客户造成的环境污染在一定情形下应承担的责任。在完善的环境法

---

① 刘志云等:《新发展理念下中国金融机构社会责任立法问题研究》,法律出版社 2019 年版,第 131—136 页。

之下,美国又制定了多部促进绿色金融发展的法律法规,重点规范政府、企业和银行的行为并调节三方之间的关系。美国 1980 年《综合环境反应、补偿与责任法》(又名《超级基金法》)建立了一种新的民事责任体制,根据该体制政府能够从"潜在的责任人"(PRPs)那里重新找回恢复环境的费用。在实践中,甚至诸如银行等信用机构也可能确有民事责任,如果他们占有作为抵押品的被污染土地。这个责任是严格的、连带的和溯及既往的。① 美国银行之所以成为最早考虑环境政策金融的机构,就是与该法案的出台实施有关,一些银行甚至因该法案而破产。

在英国,依靠和运用法律手段特别是采用环境标准是该国环境控制体制的核心。其中《污染预防法》就规定了 9000 个工艺过程,凡是采用的企业都需要向环保部门申请,通过制定严格系统的技术标准和发放许可证的形式控制污染。英国施行的清洁生产和环保法律主要有《环境保护法》(1990年)、《污染预防法》(2001 年),以及《水资源法》《废弃物管理法》等,这些法律都涉及到绿色信贷的相关规定。

加拿大 1988 年出台的《环境保护法》经过 1999 年修订后,更强调从源头治理污染。现在加拿大工业界和商业界都认为是这部法律使得他们有了统一的标准来实施清洁生产,尽量不排废物,降低成本、增加利润、减少污染。实施清洁生产已成为企业的自愿行动。1995 年加拿大制定的《污染预防行动计划》要求:企业必须做污染预防计划,提交计划书(该计划书是企业贷款评估的重要依据),污染预防计划书的摘要送交环境部。摘要包括该企业的污染预防目标、如何预防污染、期限等内容。政府则通过宣传媒体、网站来向社会公告企业的污染预防计划书摘要,接受公众监督。②

二、加强行业自律并鼓励签署倡议性文件形成"软约束"

公共行动主体的行动主义(activism)再次表明,系统性变革需要集体行

① 夏少敏:《绿色信贷政策需要法律化》,《世界环境》2008 年第 3 期。
② 古小东:《绿色信贷的国际经验与启示》,《金融与经济》2010 年第 7 期。

动。私营部门参与者的先锋作用为更全面的措施铺设了道路,决策者的作用也变得越来越重要。这并没有削弱自愿性倡议的重要性,事实上,自愿性倡议有利于加强管理。[1]

源于国际法领域的现代软法(Soft Law),是指"不具有法律约束力但可能产生实际效果的行为规则"。[2] 具有"软法责任"的行业规范,在制定主体方面属于非政府性,在内容方面属于非强制性,所以能够吸纳社会的主流价值观和道德诉求,并通过非法律的"软法"行业规范将其具体化,从而更具有操作性。[3] 域外典型的有 2018 年 3 月欧盟委员会发布的《可持续增长金融行动计划》(Action Plan: Financing Sustainable Development)要求将可持续性纳入风险管理,以及联合国《负责任投资原则》(UN Supported Principles for Responsible Investment)要求投资者加强 ESG(Environmental, Social and Governance,环境、社会与公司治理)的审查。

行业自律、中介机构的参与以及 NGO 和媒体公众的监督机制对绿色可持续金融制度的良好实施发挥着重要的作用。以"赤道原则"为例,其产生既有来自于环境 NGO 等外部的压力,也有金融机构管理层希望降低环境金融风险和重视企业社会责任的原因。因此,在法律制度严格、环境责任主体明确的背景下,为避免承担环境责任以及信贷资金无法回收等风险,2003 年6 月美国花旗银行、英国巴克莱银行、荷兰银行和西德意志州立银行等 7 个国家的 10 家商业银行率先宣布接受赤道原则,自愿地将环境和社会因素纳入到自身的信贷管理和对企业的评估系统中。赤道原则并不是一个国际条约,接受这些原则的金融机构无需加盟,也无需签订协议,只需各自宣布已经或将要建立与该原则一致的内部政策和程序即可。[4]"赤道原则"的第六项规定了申诉机制:通过接受当地社区个人或团体的申诉,来确保借款方随

---

①　Luxembourg for Finance, *Luxembourg Sustainable Finance Roadmap*, Luxembourg, October 2018, pp. 13—14.

②　Francis Snyder, *Soft Law and Institutional Practice in the European Community*, in S. Martin (ed.), The Construction of Europe, Kluwer Academic Publishers, 1994, pp. 197—225.

③　姜明安:《软法的兴起与软法之治》,《中国法学》2006 年第 2 期。

④　古小东:《绿色信贷的国际经验与启示》,《金融与经济》2010 年第 7 期。

时了解项目对社会和环境的影响,并采取相关措施。第七项规定了独立审查:对于 A 类项目(在适当的情况下包括 B 类项目),借款方应聘请独立的社会或环境专家审查《评估报告》《行动计划》和磋商过程的相关文件。而《国际金融公司社会和环境可持续性政策》第四节(第 31—35 条)则明确规定设立合规顾问/调查官办公室(CAO),并独立于国际金融公司的管理层,接受世界银行集团总裁的直接领导。CAO 负责对受到国际金融公司资助项目影响之群体提出的投诉进行答复和解决,改善项目的社会和环境结果。此外,CAO 还负责监督对国际金融公司社会和环境绩效进行的审计工作。①

加强行业自律,完善发展绿色金融联盟,鼓励金融机构签署倡议性的宣言、计划、原则或者纲领等文件,进而形成"软约束"。鼓励政策性银行、商业银行、保险公司、证券公司、基金公司、投资公司等加入绿色金融联盟,签署不具有法律效力的公开倡议书或承诺书,积极履行社会责任,接受社会公众的监督。"这些社会规则是通过社会认可、讥讽、驱逐、声誉等予以执行"。②

三、改进激励方式并规范促进绿色可持续金融发展

目前我国内地的绿色金融属于政策推动型,各地对金融机构和企业(项目)的奖励或补贴力度不断加大,以此推动绿色金融发展。③ 然而,补贴是税收的反面,虽然理论上可以提供激励,但市场经济国家的实践表明,各种补贴被认为加剧了经济上的无效率。④ 耗资巨大的专项资金补贴,不一定符合保护纳税人利益的原则,也难以保证公共资金的成本效益。尽管在某些情形可能需要适当的补贴措施,但需要更科学合理的设计方案。建议从以下几个方面改进我国绿色金融的激励方式。

---

① 世界银行集团国际金融公司:《促进绿色信贷的国际经验:赤道原则及 IFC 绩效标准与指南》,中国环境科学出版社 2010 年版,第 3—13 页。
② R. A. Posnar, "Social Norms and the Law: An Economic Approach", *American Economic Review*, Vol. 87, No. 2, 1997, p. 366.
③ 古小东:《完善政策制度设计促进"绿色金融"发展》,《广州日报》2020 年 1 月 13 日。
④ [美]保罗·R. 伯特尼、罗伯特·N. 史蒂文斯:《环境保护的公共政策(第 2 版)》,穆贤清、方志伟译,上海人民出版社 2004 年版,第 73 页。

（一）主要通过税收方式予以激励

国家一方面要对绿色债券、气候债券、绿色投资等实施税收抵减等优惠措施，激发绿色投资主体（包括企业和个人）的积极性。同时要对绿色设备、绿色建筑等绿色产品实施税收抵减等优惠措施，提高绿色产品的吸引力，壮大绿色产品的需求侧。

为调动企业和金融机构的积极性，促进绿色产业和绿色金融的发展，各国实施了多种不同的激励政策。美国在环境经济政策中，对环境保护的项目进行发债融资，债券的利率比较低。在美国有很多其他金融机构设立了环保基金和优惠贷款来支持和鼓励环境保护事业的发展和运作。税收政策作为政府调节环保经济的有效杠杆，是美国政府采取的一项重要措施。例如美国联邦政府 1978 年出台的《能源税收法》，对购买太阳能和风能能源设备所付金额中头 2000 美元的 30% 和其后 8000 美元的 20%，可从当年须交纳的所得税中抵扣。美国亚利桑那州 1999 年颁布的有关法规中，对分期付款购买回收再生资源及污染控制型设备的企业可减销售税 10%。

在东德和西德未统一时期，民主德国对节能设施提供优惠贷款，贷款利益为 1.8%，而一般利率为 5%；联邦德国对能减轻环境污染的环保设施给予贷款，这种贷款利率低于市场利率，而偿还条件又优于市场条件。[①] 德国绿色信贷政策的一个最重要特征就是国家参与到了其中，德国复兴银行（KFW Bankengruppe）作为政策性金融机构，履行了不同于一般商业银行的职责，在环保领域既发挥经济界伙伴作用又扮演联邦政府环保目标的执行者并对企业可持续发展项目进行融资。项目融资时必须考虑项目的社会影响和环境保护方面内容，对于环境保护节能绩效好的项目，可以给予持续 10 年、贷款利率不到 1% 的优惠信贷政策，利率差额由德国政府予以贴息补贴。实际证明，国家利用贴息的形式支持环境保护节能项目的做法取得了很好的效果，国家利用较少的资金调动起一大批环境保护节能项目的建设和改造，"杠杆

---

① 曹凤中、李滇林：《国外环境保护的经济鼓励及优惠政策》，《国外环境科学技术》1991 年第 3 期。

效应"非常显著。同时,项目投资者也能够获取长期的低息贷款,而银行的利益也能够得到保障,形成了一个良性的投资信贷循环。

在日本,从事 3R 研究开发、设备投资、工艺改进等活动的各民间企业,根据不同情况分别享受政策贷款利率。日本政策开发银行的政策利率分为三级,各级利率分别为 1.85%、1.80%、1.75%;融资比例(贷款占投资经费比重)为 40%。对企业设置资源回收系统,由非赢利性的金融机构提供中长期优惠利率贷款。对实施循环经济的企业、项目,给予各种税收优惠。①

(二)严格规定相关的资助范围条件并公开资助信息

鉴于社会公众对绿色金融财政补贴机制的公开、公平、效益等存在一定的质疑,建议改进激励方式并严格规定相关的补贴范围条件,相关部门应定期对绿色企业名单、绿色项目名单、绿色金融奖励/补助补贴的名单和金额等信息在官方网站和微信公众号中公开公示。以绿色信贷为例,国外做法一般不直接对金融机构或企业补贴,而是对绿色项目/产品(例如绿色建筑、低排放汽车等)评估后,给予绿色项目/绿色产品的需求者/购买者(包括工商企业、社会公众、政府等)优惠利率(例如 1%—3%),利率差额由政府补贴,进而激励绿色项目/绿色产品的需求者购买使用绿色项目/绿色产品。"在德国,对于环保节能绩效好的项目,给予持续 10 年、贷款利率不到 1% 的优惠信贷政策,利率差额由中央政府予以贴息"。②

就绿色债券而言,可以借鉴我国香港地区的做法,明确并严格规定予以资助的范围和条件。对符合一定条件的绿色债券的发行费用和外部评审费用予以适当的资助,而不是直接对债券发行人予以资助。因为绿色债券利率普遍低于市场正常利率,期限也普遍更长,对于债券发行人而言已是较为有利,政府不宜再对发行人予以贴息。

(三)设立政策性的绿色投资银行并加大绿色信贷资金投放

总体而言,绿色项目具有风险较高、周期较长的特点,很多金融机构不

---

① 古小东:《绿色信贷的国际经验与启示》,《金融与经济》2010 年第 7 期。
② 兴业银行绿色金融编写组:《寓义于利——商业银行绿色金融探索与实践》,中国金融出版社 2018 年版,第 323 页。

太愿意投资绿色项目。而相关研究统计显示,政府财政等公共资金只能满足10%—15%的绿色项目投资需求,资金需求量大,因此需要私人资本参与发展绿色金融。目前,亚洲有两家主要的绿色投资银行(Green Investment Bank,GIB),分别是日本的绿色金融机构(GFO)以及马来西亚的绿色科技公司(GreenTech)。① 英国设立了绿色投资银行、德国设立了复兴信贷银行作为政策性银行开展绿色信贷融资业务,致力于推进绿色可持续发展。

我国的国家开发银行(China Development Bank)原为政策性金融机构,2015年国务院将其定位为开发性金融机构,近年开展了大量的绿色可持续金融业务。例如在2021年,发放长江大保护及绿色发展领域贷款4493亿元,发行"长江经济带发展""黄河流域生态保护和高质量发展"专题绿色金融债券各100亿元。② 但其并不是专门的绿色投资银行,绿色金融仅是其部分业务。

应借鉴英国、德国等国家的经验,由国家出资或政府基金出资等形式设立独立运营的、政策性的绿色投资银行,明确其重点投资领域(例如新能源等绿色低碳项目产业),以利率优惠等方式支持绿色项目产业,接受并遵循"赤道原则",确保其独立性和长期专注于绿色投资领域,并区别于商业银行和其他政策性银行。

国家层面还可以通过绿色低息再贷款的方式定向支持绿色项目,以及对绿色信贷实施定向降准的方式,加大绿色信贷的资金投放。③

第四节　完善绿色可持续金融的认证评估与监督机制

绿色可持续金融认定标准与评估认证是绿色金融激励的前提。如果绿

---

① 刘雅莹:《香港绿色金融发展》,《金融博览》2018年第12期。
② 国家开发银行:《国家开发银行2021年度报告》,2022年4月27日通过发布,第28页。
③ 古小东、郑泽华:《我国内地与香港绿色金融的激励政策研究》,《环境保护》2021年第14期。

色可持续金融标准宽松、认定不严格、环境信息披露不实,则将严重影响我国绿色金融体系运行的效率与质量。

一、完善绿色可持续金融的认证评估标准

要进一步完善绿色金融的标准认定,尽快实现标准的国际趋同与接轨。目前国际公认度和影响力较高的绿色金融标准主要有国际资本市场协会(ICMA)制定的《绿色债券原则》《气候转型融资手册》、气候债券倡议组织(CBI)推出的《气候债券标准》、欧盟委员会公布的《可持续金融分类体系》以及贷款市场协会(LMA)、亚太区贷款市场公会(APLMA)、美国银团与贷款交易协会(LSTA)共同制定的《绿色贷款原则》等。

2021年4月中国人民银行、发改委和证监会三部门联合发布的《绿色债券支持项目目录(2021年版)》尽管与2015年版相比有较大的修改,删除了2015年版中国际争议比较大的化石能源相关类别等项目,同时放松了2015年版中对于绿色建筑二星及以上的要求等内容。建议结合我国发布的《绿色债券支持项目目录(2021年版)》《绿色产业指导目录(2019年版)》和香港地区品质保证局2021年发布的"绿色和可持续金融认证计划"等文件,并参考借鉴欧盟委员会2021年发布的《欧盟可持续金融分类方案》等国际上影响力高的绿色金融标准,完善绿色可持续金融相关标准,重点推进电力、交通、建筑和工业领域的减碳、去碳。

二、完善绿色可持续金融的认证评估机制

在香港地区,香港品质保证局于2018年1月发布"绿色金融认证计划",该计划明确了绿色金融工具包括债券和贷款两大类,对绿色项目进行了分类,并规定了对绿色金融工具、绿色项目提供第三方认证服务的主体、认证流程以及认证要求等内容。2021年6月,香港品质保证局对"绿色金融认证计划"更新为"绿色和可持续金融认证计划",认证范畴由原来的"绿色"扩展为"绿色和可持续",覆盖了包括可持续发展表现挂钩、绿色和气候转型等不同议题的认证服务。此外,香港品质保证局于2021年9月25日和

2020 年 5 月 14 日分别推出了"绿色金融认证计划—绿色基金"和"绿色金融认证计划—ESG 基金",分别为"绿色基金"和"环境、社会和管治(ESG)基金"提供第三方的认证服务。

我国内地目前并没有明确规范的对绿色金融工具和绿色项目的第三方认证制度,导致绿色债券项目部分有"贴标"、部分"未贴标",绿色信贷项目也存在"漂绿""洗绿"的情形。我国应积极引导和鼓励国际上具有绿色认证资质的第三方权威机构对绿色产品服务进行认证,[①]并严格绿色金融业务第三方认证、评级、法务、审计等机构的认定审查责任。

三、提高绿色可持续金融的透明度

中国人民银行于 2021 年 7 月 21 日发布并实施的《金融机构环境信息披露指南》(JR/T 0227—2021)提供了金融机构在环境信息披露过程中遵循的原则、披露的形式、内容要素以及各要素的原则要求,其中披露内容包含年度概况、金融机构环境相关治理结构、金融机构环境相关政策制度、金融机构开展的环境相关产品与服务创新、金融机构环境风险管理流程、环境因素对金融机构的影响、金融机构投融资活动的环境影响、金融机构经营活动的环境影响、数据梳理校验及保护、绿色金融创新及研究成果和其他环境相关信息。该《指南》适用于在中华人民共和国境内依法设立的银行、资产管理、保险、信托、期货、证券等金融机构,但其属于金融行业推荐性标准。

我国地方立法方面,为解决目前我国环境信息披露程度低、标准不一等问题,《深圳经济特区绿色金融条例》第五章对环境信息披露作了较为详细的规定。《条例》第 39 条规定,下列主体应当自 2022 年 1 月 1 日起按照类别披露环境信息:(一)在深圳市注册的金融行业上市公司;(二)绿色金融债券发行人;(三)享受绿色金融优惠政策的金融机构。除前款规定的主体外,符合以下条件的,应当自 2023 年 1 月 1 日起披露环境信息:(一)总部或者分支机构在深资产规模五百亿元以上的银行;(二)资产管理规模一百亿元以

---

① 翁智雄、葛察忠:《论绿色金融的顶层设计及创新发展》,《环境保护》2016 年第 20 期。

上的公募基金管理人;(三)资产管理规模五十亿元以上的私募基金管理人;(四)资产管理规模一百亿元以上的机构投资者。此外,为准确贯彻《深圳经济特区绿色金融条例》的工作要求,并充分衔接中国人民银行发布的《金融机构环境信息披露指南》(JR/T 0227—2021)标准框架,2022 年 9 月 26 日深圳市地方金融监督管理局、中国人民银行深圳市中心支行、中国银行保险监督管理委员会深圳监管局、中国证券监督管理委员会深圳监管局联合印发了《深圳市金融机构环境信息披露指引》(深金监发〔2022〕37 号),从战略目标、治理结构、政策制度、环境风险管理、经营活动环境影响、投融资活动环境影响、能力建设、创新研究、数据质量管理等九个维度明确了金融机构环境信息披露的工作要求。深圳特区关于绿色金融的地方立法和政策文件具有一定的前瞻性、创新性和可操作性,但其仅适用于深圳市。

在绿色信贷领域,国际金融公司有关于信息披露的严格的政策,在其网站上提供了关于它的活动的广泛而全面的概述,包括投资指南和商业伙伴。国际金融公司也提供有限的项目信息在线查询,包括项目信息简介、环境评估和环境行动计划和环境审查概要。同时,有些出口信贷机构受国家信息自由法律的规定约束,必须披露更多的信息。除了对公司的贷款,为政府和国企所提供的贷款的细节也应公布。在管理混乱和不透明的国家中,透明度在阻止贷款被滥用方面至关重要。同时也给了这个国家的议会审查这些贷款的机会。①

应加强对政府和国有企业绿色债券的项目评估遴选、募集资金管理以及审核报告。以香港地区为例,香港地区通过政府绿色债券计划下发行绿色债券,为特区政府工务计划下符合改善环境、应对气候变化和转型至低碳经济体等理念的工程项目融资或再融资。所有绿色债券均须符合《政府绿色债券框架》所载的原则和条件。除了强调"募集资金用途、项目评估与遴选流程、募集资金管理和报告"四大核心要素外,还提出了提高透明度的两

---

① BankTrack, *Close the Gap—Benchmarking investment policies of international banks*, 2010, pp. 93—94.

项重点建议,即"绿色债券框架和使用外部评审"。在报告与外部评核方面,香港地区财库局会按年发表《绿色债券报告》,说明绿色债券的募集资金净额的分配情况。

(一)公布并说明绿色债券募集资金分配和使用情况

以香港地区的做法为例,香港地区财库局会按年发布《绿色债券报告》,详细公布并说明绿色债券募集资金分配和使用情况。一是按财政年度划分的绿色债券募集资金的分配情况。在《绿色债券报告2021》提到,在《绿色债券报告2020》中所述,首批绿色债券所募集的总资金78.29亿港元已全数分配予七个工务项目,项目分属《框架》所界定的四个不同合资格类别。44.53%及55.47%的资金分别为该七个项目在2018—2019及2019—2020年度的开支融资。截至2021年7月31日,2021年2月发行的绿色债券所募集的总资金193.04亿港元,已全数分配或预留予五个获首批绿色债券。部分资助的工务项目及另外七个最近被督导委员会核准为"合资格项目"并可获分配绿债资金的工务项目(新入选项目)。4.29%、9.00%及29.43%的资金分别为该12个项目在2018—2019、2019—2020及2020—2021年度的开支融资。余下57.28%的资金则预留为该等项目在2021—2022及2022—2023年度的开支融资。①　二是按合资格类别划分的绿色债券募集资金的分配情况。在《绿色债券报告2021》详细说明了四大类别(废物管理及资源回收、绿色建筑、水及废水管理、能源效益和节约能源)及其具体项目获得的绿色债券募集资金的分配金额和比例情况。例如,绿色建筑类别的两个项目(西九龙政府合署和启德发展区的税务大楼),共获得首批发行的绿色债券21.56亿港元(2.76亿美元),占总募集资金的27.53%。此外,还对按项目显示的资金使用情况、按绿色债券显示的资金使用情况进行了详细说明。②

(二)公布并说明获融资项目的详情及预期环境效益情况

以香港地区的做法为例,《绿色债券报告》详细公布并说明获融资项目

①　香港特区政府:《绿色债券报告2021》,2021年,第10页。
②　香港特区政府:《绿色债券报告2021》,2021年,第10—15页。

的详情及预期环境效益情况。例如,在"废物管理及资源回收"类别中,有机资源回收中心第 1 期项目(简称 O. PARK1)位于北大屿山小蚝湾,是香港首个有机资源回收中心。O. PARK1 采用厌氧分解技术把厨余转化为生物气(一种与天然气相近的可再生能源资源)以作发电,过程中产生的残余物可转化为副产品堆肥,用于园林绿化和农业用途。O. PARK1 已在 2018 年全面投入运作。项目的部分工程费用由首批政府绿色债券资助。根据最新评价,O. PARK1 每年可减少约 42000 公吨温室气体的排放,较《绿色债券报告2020》最初报告的 25000 公吨增加了 68%。

"废物管理及资源回收"类别的有机资源回收中心第 2 期(简称O. PARK2),位于新界北区的沙岭,是香港第二所有机资源回收中心。O. PARK2 采用厌氧分解技术把厨余转化为生物气以作发电,过程中产生的剩余物可转化为肥料,用于园林绿化和农业用途。O. PARK2 每日可处理300 公吨厨余。预计 O. PARK2 每天可产生约 30000 立方米生物气。除了供应自身的电力及热能需要,剩余的生物气会用作生产电力并输送至电力公司的电网。设施每年可产生约 2400 万度电,足够约 5000 户家庭使用。预计O. PARK2 于 2023 年启用后,可减少使用化石燃料发电和减少弃置有机废物至堆填区,从而香港每年可避免排放约 67000 万公吨的温室气体及减少约11 万公吨运往堆填区弃置的厨余。

在"绿色建筑类别"中,库务大楼项目获得香港绿色建筑议会的绿建环评新建建筑暂定金级认证,当中包括二氧化碳减排量达到约 29.11%(根据绿建环评暂定评估报告的评审结果)。玛丽医院第一期重建计划项目预计将获得香港绿色建筑议会的绿建环评新建建筑金级认证。项目的节能装置预计每年可节省 9.8% 的能源消耗量。东九文化中心项目获得香港绿色建筑议会的绿建环评新建建筑暂定金级认证,当中包括二氧化碳减排量达到约 13.2%(根据绿建环评暂定评估报告的评审结果)。

在"水及废水处理"类别中,沙头角污水处理厂第 1 期扩建工程重建工程能将污水处理量增加 3340 立方米至每日 5000 立方米,为预计约 2 万人提供服务,并预留空间以备日后能进一步将污水处理量增加 5000 立方米至每日 1 万立方米。兴建一条更大和更长的新海底排放管,可以提供足够容量排放更多经处理的净化水和提升以水流稀释净化水的效果。项目预计在 2025 年竣工,以应付该地区的发展需要和人口增长。项目预计将获得香港绿色建筑议会的绿建环评新建建筑金级认证。项目的节能装置预计每年可节省 15% 的能源消耗量。

在"能源效益和节约能源"类别中,启德发展区新增的区域供冷系统项目将带来显著的环保效益,并有助于缓解气候变化。估计在项目全面投入服务后,每年可节省约 5300 万度电力,相当于每年减少 37000 公吨二氧化碳排放。[①]

四、完善绿色可持续金融基础设施

绿色可持续金融的实施,需要金融机构做到信息收集充分、信息披露公开透明,并且金融机构与生态环境、自然资源等相关部门之间的信息沟通良好。在美国,各银行注意完善自身的信息技术系统,真正做到与社会环境部门数据共享,建立有效的信息沟通机制。日本瑞穗实业银行为实行"赤道原则"也成立了专门部门:可持续发展室,由 6 名人员构成,其中包括 3 名环境评审人员,还特别聘请了环境咨询专家。[②]

绿色金融的核心是解决绿色资产的资金可获得性问题。由于存在绿色资产确权难、信息不对称、融资难、融资贵、期限错配、流通性差等问题,导致绿色金融与绿色产业项目难以实现有效对接、精准支持。[③] 完善绿色金融信息平台、融资对接系统等绿色金融基础设施,充分利用"互联网""大数据""云计算"的优势,利用金融科技赋能绿色金融发展,解决绿色资产识别难、认证成本高、信息不对称数据统计的精确度、产业项目支持的精准度问题,同时可以强化绿色金融的风险防范与化解。

---

① 香港特区政府:《绿色债券报告 2021》,2021 年,第 17—28 页。
② 古小东:《绿色信贷的国际经验与启示》,《金融与经济》2010 年第 7 期。
③ 中国人民银行研究局:《绿色金融改革创新案例汇编》,中国金融出版社 2020 年版,第 159—163 页。

五、完善绿色可持续金融的监督机制

切实解决"漂绿""洗绿"等问题,加快我国绿色金融发展,实现碳中和目标,推进经济向绿色可持续转型,既需要加强行业自律,也需要完善监督机制。市场经济发达国家都非常重视非政府组织、媒体和公众等对环境政策、环境行为、环境执法和环境状况的全面监督,特别是非政府组织作为独立于政府和企业之外的第三种力量,发挥着反映民情和社会舆论监督的重要作用。对金融机构的监督内容不仅包括监督金融机构自身的环保状况和节能减排效果,还包括监督金融机构对环境不利、环境敏感的项目的融资状况以及对绿色产业的支持力度。

以加拿大为例,政府、社会团体及各社区均对全国的生态和环保状况密切关注。每年政府都通过每半年出版的《加拿大生态环境状况》杂志及网络信息,向全体公民免费发布生态环境状况的信息。政府部门介入融资的项目,必须进行公开咨询。同时建立政府行为和企业环境表现公开制度,公布政府的有关环保的方针和政策、城市发展和城市环境质量、重点流域水质等状况,鼓励公众监督政府和企业的环境行为,建立生态环境评估和巡察制度,通过权威媒体向社会公布结果。

在国际社会非政府组织的强大压力推动下,把可持续发展理念和相关政策纳入金融业已成为国际金融业的历史性潮流。世界银行、亚洲开发银行、国际金融公司及一些多国区域发展银行先后自愿制定、承诺和实施并不断更新其有关环境和社会保障政策。2003 年 1 月,非政府组织发布了《关于金融机构和可持续性的科勒维科什俄宣言》,提出了非政府组织希望金融机构遵守的 6 条原则,即可持续性、不伤害、负责任、问责度、透明度以及可持续市场和管理。这个宣言对"赤道原则"影响很大,后来实际上成了非政府组织衡量金融机构环境与社会问题的一个参考标准。①

---

① 古小东:《绿色信贷的国际经验与启示》,《金融与经济》2010 年第 7 期。

第五节 开展绿色可持续金融的效果评估与国际合作

一、对现行法律法规政策支持绿色可持续的有效性开展评估

在国家和地方层面应对现行法律法规政策支持绿色可持续的有效性开展评估,审查诊断现行法律法规政策对实现绿色可持续发展目标的障碍、导致市场失灵的原因并确定国家层面的应对措施。对财政法律法规政策的审查评估可包括:(1)审查支持绿色活动的财政干预和补贴的有效性;(2)审查不可持续活动的支出,如化石燃料补贴;或者(3)设计路线图以支持国家层面的长期战略计划。[①]

英国绿色金融特别工作组也建议进行一些结构性改革:从对绿色证券英镑发行人(sterling issuer)的激励,到与可持续性相关的披露,通过增加对非流动性资产类别的配置以促进长期投资,消除可持续投资的障碍,以及关于银行和保险公司的审慎制度。[②]

二、重视绿色可持续金融业务标准的细化

以绿色信贷业务为例,在实践中,完整的绿色信贷业务指南包括对环境问题与环境风险的界定、设定环保参数及如何达标、相关责任分配与实施、单笔交易环境风险决策等内容。美国汇丰银行1997—2001年间,制定集团环境政策;2002年发布环境风险标准;2003年采纳"赤道原则";2005—2006年制定能源、林业、化工、淡水净化等行业绿色信贷业务指南。英国巴克莱

---

① Luxembourg for Finance, *Luxembourg Sustainable Finance Roadmap*. Luxembourg, October 2018, p. 10.

② UK Green Finance Taskforce, *Accelerating Green Finance*: *A report to government*. greenfinanceinitiative. org/ wp – content/uploads/2018/04/Report – of – the – Green – FinanceTaskforce – 1. pdf, 2018.

银行也针对 10 多个环境敏感行业发布具体的绿色信贷业务指南,如医疗机构行业的废水废物处理标准、电信行业的循环利用标准等。①

"赤道原则"以及世界银行集团国际金融公司制定的社会和环境可持续性绩效标准(简称"绩效标准")与特定行业环境、健康和安全指南(EHS 指南)一起提供了一套基准框架和 62 个行业指引性文件。但"赤道原则"的适用范围有局限性,其仅适用于项目融资和咨询服务,二者在金融部门中仅占较小的市场份额,2009 年全球银团贷款市值为 2.257 万亿,而全球项目融资市场市值仅为 1797 亿美元。基于此,部分银行针对不同行业制定了详细的环境政策。例如,荷兰合作银行单独针对农业、渔业等制定了行业环境政策。就农业环境政策而言,该银行将七个关于农产品的供应链立场声明作为其信贷指南的附录。《荷兰合作银行动物福利声明》和《荷兰合作银行对基因技术的态度》等文件涵盖了有关动物福利和转基因使用的要素。这些文件构成了一个非常好的农业政策。②

日本瑞穗实业银行于 2003 年 10 月宣布采纳"赤道原则",并着手制定包括内部 38 个行业的实施细则的操作手册并建立内部操作流程。2004 年 10 月,编制完成《瑞穗实业银行赤道原则实施手册》,并将其应用于全球的项目融资和财务顾问活动。采纳和实施"赤道原则"使瑞穗实业银行的声誉和经营绩效得到显著提升,据统计,该行在国际项目融资排名由 2003 年的第 18 位上升至 2006 年第 3 位。③

三、加强绿色可持续金融规则制度的衔接与融合

以粤港澳大湾区绿色金融规则制度的衔接与融合为例。粤港澳大湾区是在"一国两制"框架下推动建设的,包括了广东省珠三角九市和香港地区、澳门地区,三地分属不同关税区域、不同法律体系、不同货币制度。同时,粤

---

① 郑冲:《绿色信贷:国际实践与借鉴》,《金融管理与研究》2008 年第 10 期。
② BankTrack, *Close the Gap— Benchmarking Investment Policies of International Banks* 2010, p. 25; 古小东:《绿色信贷制度的中外比较研究》,《生态经济》2012 年第 8 期。
③ 古小东:《绿色信贷的国际经验与启示》,《金融与经济》2010 年第 7 期。

港澳大湾区内的城市也处在不同的发展阶段,对制度规则的诉求也各有侧重,制定的规则制度差异性明显,本书提及的广州、深圳、香港三地绿色金融激励政策属于一个例证。建议从以下几个方面加强粤港澳大湾区绿色金融规则制度的衔接与融合。

首先,加快构建统一的大湾区绿色金融标准和绿色金融认证实施细则。结合我国内地发布的《绿色债券支持项目目录(2021年版)》《绿色产业指导目录(2019年版)》和香港地区品质保证局2021年发布的"绿色和可持续金融认证计划"等文件,并参考借鉴欧盟委员会2021年发布的《欧盟可持续金融分类方案》等国际上影响力高的绿色金融标准,研究构建统一的大湾区绿色金融相关标准,重点推进电力、交通、建筑和工业领域的减碳、去碳。结合香港品质保证局2021年发布的"绿色和可持续金融认证计划"等文件,制定构建统一的大湾区绿色金融认证实施细则。

其次,研究构建相对统一的绿色金融激励政策。结合香港金融管理局于2021年5月4日公布的《"绿色和可持续金融资助计划"指引》以及广州深圳关于绿色金融的激励政策,研究构建相对统一的绿色金融激励政策。设立粤港澳大湾区绿色金融资助基金,用于资助大湾区符合条件资格的绿色债券发行人的发债支出及外部评审服务费用,以及符合条件资格的绿色贷款借款人的外部评审服务费用。[①]

四、开展绿色可持续金融的国际合作

积极开展交流合作,加强与联合国环境规划署、世界银行集团、欧盟等的合作,吸收借鉴国际先进绿色金融发展规则和经验。例如2019年6月,欧盟委员会技术专家组(TEG)连续发布《欧盟可持续金融分类方案》《欧盟绿色债券标准》《自愿性低碳基准》三份报告,在应对气候变化、实现可持续发展目标上,欧盟迈出至关重要一步。

鼓励我国金融机构、地方金融组织和其他组织加入国际绿色金融相关

---

① 古小东、郑泽华:《我国内地与香港绿色金融的激励政策》,《环境保护》2021年第14期。

组织。支持国际绿色金融相关组织在我国设立各类工作机构。加强粤港澳大湾区绿色金融交流与合作,建设粤港澳大湾区绿色金融合作平台。就粤港澳大湾区而言,广州、深圳、香港、澳门等地金融各有优势和特色,应加强互补合作、协同发展,创新机制体制,联动资金、市场和规则,建设有重要国际影响力的广深港澳绿色金融走廊,实现碳中和目标,建设美丽湾区、美丽中国。

本章结合前文研究,对我国绿色可持续金融法律政策提出了完善构建的建议。一是明确并丰富绿色可持续发展金融的目标内涵,包括绿色低碳循环发展目标和可持续发展目标。二是扩大绿色可持续金融的供给与需求,包括细化绿色金融发展的目标任务并加大绿色金融供给、壮大绿色可持续金融的需求、以绿色金融支持建立健全绿色低碳循环发展经济体系、强化金融对绿色可持续项目的精准对接与支持。三是强化责任约束机制与改进激励动力机制,包括由国务院制定《绿色可持续金融发展条例》、强化责任约束机制、加强行业自律并鼓励签署倡议性文件形成"软约束"、改进激励方式并规范促进绿色可持续金融发展。四是完善绿色可持续金融的认证评估与监督机制,包括完善绿色可持续金融的认证评估标准、完善绿色可持续金融的认证评估机制、提高绿色可持续金融的透明度、完善绿色可持续金融基础设施、完善绿色可持续金融的监督机制。五是加强绿色可持续金融的效果评估与国际合作,包括对现行法律法规政策支持绿色可持续的有效性开展评估、重视绿色可持续金融业务标准的细化、加强绿色可持续金融规则制度的衔接与融合、开展绿色可持续金融的国际合作。

参考文献

一、中文文献

(一)中文著作

安国俊等:《国内外绿色基金发展研究》,中国金融出版社 2018 年版。

董战峰等:《中国环境经济政策改革与实践(2011—2015)》,中国环境出版集团 2019 年版。

龚宇阳:《污染场地管理与修复》,中国环境科学出版社 2012 年版。

湖州市国家绿色金融改革创新试验区建设工作领导小组办公室:《绿色金融在湖州》,中国金融出版社 2021 年版。

贾爱玲:《环境责任保险制度研究》,中国环境科学出版社 2010 年版。

贾峰等:《美国超级基金法研究:历史遗留污染问题的美国解决之道》,中国环境出版社 2015 年版。

雷立钧:《碳金融研究——国际经验与中国实践》,经济科学出版社 2015 年版。

梁吉义:《绿色低碳循环农业》,中国环境出版社 2016 年版。

刘俊海:《新公司法的制度创新:立法争点与解释难点》,法律出版社 2006 年版。

刘连煜:《公司治理与公司社会责任》,中国政法大学出版社 2001 年版。

刘志云等:《新发展理念下中国金融机构社会责任立法问题研究》,法律出版社 2019 年版。

马骏:《中国绿色金融发展与案例研究》,中国金融出版社 2016 年版。

马骏:《国际绿色金融发展与案例研究》,中国金融出版社 2017 年版。

邱慈观:《可持续金融》,上海交通大学出版社 2019 年版。

史英哲:《中国绿色债券市场发展报告(2019)》,中国金融出版社 2019 年版。

孙晓霞:《绿色产业政策》,中国环境出版社 2016 年版。

汪劲等:《环境正义:丧钟为谁而鸣》,北京大学出版社 2006 年版。

王遥、马庆华:《地方绿色金融发展指数与评估报告(2019)》,中国金融出版社 2019 年版。

王小江:《绿色金融关系论》,人民出版社 2017 年版。

吴坚、赵宇翔等:《中国林业生物安全法律法规、政策与管理研究》,中国林业出版社 2012 年版。

兴业银行绿色金融编写组:《寓义于利——商业银行绿色金融探索与实践》,中国金融出版社 2018 年版。

叶汝求、任勇、[德]厄恩斯特·冯·魏茨察克:《中国环境经济政策研究——环境税、绿色信贷与保险》,中国环境科学出版社 2011 年版。

游春等:《绿色保险制度研究》,中国环境科学出版社 2009 年版。

张华、张旭美、赵刚:《绿色制造》,中国环境出版社 2017 年版。

中国科学院武汉文献情报中心、生物安全战略情报研究中心:《生物安全发展报告——科技保障安全》,科学出版社 2015 年版。

中国人民银行研究局:《中国绿色金融发展报告 2019》,中国金融出版社 2020 年版。

中国人民银行研究局:《绿色金融改革创新案例汇编》,中国金融出版社 2020 年版。

朱家贤:《环境金融法研究》,法律出版社 2009 年版。

朱信凯等:《中国绿色金融发展研究报告 2020》,中国金融出版社 2020 年版。

郑涛:《生物安全学》,科学出版社 2014 年版。

北京市统计局:《北京统计年鉴 2016》,中国统计出版社 2016 年版。

北京市统计局:《北京统计年鉴 2019》,中国统计出版社 2019 年版。

北京市统计局:《北京统计年鉴 2020》,中国统计出版社 2020 年版。

广州市统计局:《广州统计年鉴 2016》,中国统计出版社 2016 年版。

广州市统计局:《广州统计年鉴 2017》,中国统计出版社 2017 年版。

广州市统计局:《广州统计年鉴 2018》,中国统计出版社 2018 年版。

广州市统计局:《广州统计年鉴 2019》,中国统计出版社 2019 年版。

广州市统计局:《广州统计年鉴 2020》,中国统计出版社 2020 年版。

国家统计局:《中国统计年鉴 2016》,中国统计出版社 2016 年版。

国家统计局:《中国统计年鉴 2019》,中国统计出版社 2019 年版。

国家统计局:《中国统计年鉴 2020》,中国统计出版社 2020 年版。

上海市统计局:《上海统计年鉴 2016》,中国统计出版社 2016 年版。

上海市统计局:《上海统计年鉴 2019》,中国统计出版社 2019 年版。

上海市统计局:《上海统计年鉴 2020》,中国统计出版社 2020 年版。

深圳市统计局:《深圳统计年鉴 2016》,中国统计出版社 2016 年版。

深圳市统计局:《深圳统计年鉴 2019》,中国统计出版社 2019 年版。

深圳市统计局:《深圳统计年鉴 2020》,中国统计出版社 2020 年版。

(二)中文译作

[美]保罗·R.伯特尼、罗伯特·N.史蒂文斯:《环境保护的公共政策(第 2 版)》,穆贤清、方志伟译,上海人民出版社 2004 年版。

[美]卡里·克劳辛斯基、尼克·罗宾斯:《绿色金融:可持续投资的国际经验》,于雅鑫、李鉴墨译,东北财经大学出版社 2017 年版。

[美]丹尼尔·A.科尔曼:《生态政治:建设一个绿色社会》,梅俊杰译,上海译文出版社 2006 年版。

[美]蒂莫西·比特利:《绿色城市主义——欧洲城市的经验》,邹越、李吉涛译,中国建筑工业出版社 2011 年版。

[美]德内拉·梅多斯等:《增长的极限》,李涛、王智勇译,机械工业出版

社 2013 年版。

〔美〕马克·墨比尔斯等:《ESG 投资》,范文仲译,中信出版集团 2021 年版。

〔美〕迈克尔·柯利:《环境金融准则——支持可再生能源和可持续环境的金融政策》,刘倩、王遥译,东北财经大学出版社 2017 年版。

〔加〕卜正民:《挣扎的帝国:元与明》,潘玮琳译,中信出版社 2016 年版。

〔加〕马克·撒迦利亚:《海洋政策:海洋治理与国际海洋法导论》,邓云成、司慧译,海洋出版社 2019 年版。

〔瑞〕托马斯·思德纳:《环境与自然资源管理的政策工具》,张蔚文、黄祖辉译,上海三联书店、上海人民出版社 2005 年版。

(三)中文论文

蔡文灿:《环境金融法初论》,《西部法学评论》2012 年第 1 期。

曹凤中、李滇林:《国外环境保护的经济鼓励及优惠政策》,《国外环境科学技术》1991 年第 3 期。

曹和平:《绿色金融的两级市场和三重含义》,《环境保护》2015 年第 2 期。

常凯:《经济全球化与企业社会责任运动》,《工会理论与实践》2003 年第 4 期。

陈林龙:《发挥香港比较优势 捕捉绿色金融机遇》,《中国银行业》2019 年第 10 期。

陈胜、冯守尊:《赤道原则:商业银行项目融资的行业基准——来自萨哈林 2 号油气项目终止的启示》,《中国发展观察》2009 年第 6 期。

冯晓雁:《世纪之交的卢森堡金融市场》,《国际金融》1999 年第 11 期。

高波:《推动转型金融在我国实施有必要性》,《清华金融评论》2021 年第 11 期。

古小东:《绿色信贷的国际经验与启示》,《金融与经济》2010 年第 7 期。

古小东:《公司社会责任的理论迷思与立法比较》,《商业时代》2010 年第 3 期。

古小东:《绿色信贷制度的中外比较研究》,《生态经济》2012 年第 8 期。

古小东:《绿色社区评价指标体系的构建与应用研究》,中国科学院研究生院博士学位论文 2012 年。

古小东:《国内外绿色社区评价指标体系比较研究》,《建筑经济》2013 年第 11 期。

古小东:《环境保护法中的金融机制——以土壤立法为例》,《金融与经济》2015 年第 7 期。

古小东、刘秀明:《绿色信贷制度在建设美丽幸福中国的应用研究》,《环境与可持续发展》2013 年第 6 期。

古小东、刘秀明:《我国商业银行绿色信贷的现状、问题与对策》,《海南金融》2014 年第 1 期。

古小东、郑泽华:《我国内地与香港绿色金融的激励政策》,《环境保护》2021 年第 14 期。

古小东、夏斌:《我国推行合同能源管理的问题与对策研究》,《企业经济》2012 年第 3 期。

古小东、夏斌:《城市更新的政策演进、目标选择及优化路径》,《学术研究》2017 年第 6 期。

蒋建湘:《企业社会责任的法律化》,《中国法学》2010 年第 5 期。

蒋建湘:《企业社会责任的性质》,《政法论坛》2010 年第 1 期。

姜明安:《软法的兴起与软法之治》,《中国法学》2006 年第 2 期。

李华友等:《绿色信贷加快德国转入绿色发展轨道》,《环境保护》2010 年第 7 期。

李顺骅:《卢森堡、马德拉、开曼三个离岸金融地的税收考察》,《涉外税务》1997 年第 3 期。

刘雅莹:《香港绿色金融发展》,《金融博览》2018 年第 12 期。

刘健:《20 世纪法国城市规划立法及其启示》,《国外城市规划》2004 年第 5 期。

卢雁、唐士亚、吴瑕:《香港绿色金融的政府主导发展模式及其启示》,

《亚太经济》2021 年第 5 期。

世界银行集团国际金融公司:《促进绿色信贷的国际经验:赤道原则及 IFC 绩效标准与指南》,中国环境科学出版社 2010 年版。

田丹宇、高诗颖:《〈欧洲绿色新政〉出台背景及其主要内容初步分析》,《世界环境》2020 年第 2 期。

王博璐、陆文钦:《制定转型金融管理框架建议》,《中国金融》2021 年第 11 期。

翁智雄、葛察忠:《论绿色金融的顶层设计及创新发展》,《环境保护》2016 年第 20 期。

吴昌华:《欧盟引领全球绿色金融发展进入新阶段》,《可持续发展经济导刊》2021 年第 5 期。

夏少敏:《绿色信贷政策需要法律化》,《世界环境》2008 年第 3 期。

许林玉:《欧洲绿色协议:经济和社会转型,以实现改善气候的雄心》,《世界科学》2021 年第 11 期。

姚华:《卢森堡为什么能够成为国际金融中心》,《国际金融》1995 年第 2 期。

杨健健:《目标驱动视角下的可持续金融内涵及欧盟实践》,《清华金融评论》2022 年第 1 期。

于东智、周大勇、郝明杨:《绿色金融在香港:优势、措施及在港中资金融机构着力点》,《中国银行业》2020 年第 7 期。

郑冲:《绿色信贷:国际实践与借鉴》,《金融管理与研究》2008 年第 10 期。

庄贵阳、朱仙丽:《〈欧洲绿色协议〉:内涵、影响与借鉴意义》,《国际经济评论》2021 年第 1 期。

索尼·卡普尔:《绿色新政:欧洲走出危机的长期性、可持续计划》,申森译,《南京林业大学学报(人文社会科学版)》2014 年第 3 期。

(四)中文报告公报

广东金融学会:《广东省绿色金融产品汇编——广州篇》,2021 年 10 月

9 日。

国家开发银行:《国家开发银行 2021 年度报告》,2022 年 4 月 27 日。

联合国环境规划署:《可持续消费的政策因素》,1994 年。

商务部国际贸易经济合作研究院、中国驻卢森堡大使馆经济商务处、商务部对外投资和经济合作司:《对外投资合作国别(地区)指南——卢森堡(2020 年版)》,2020 年 11 月。

中共中央、国务院:《粤港澳大湾区发展规划纲要》,2019 年 2 月 18 日。

水利部:《2015 年中国水资源公报》,2016 年。

水利部:《2019 年中国水资源公报》,2020 年。

上海市水务局:《2015 年上海水资源公报》,2016 年。

上海市水务局:《2019 年上海水资源公报》,2020 年。

深圳市水务局:《2019 年深圳市水资源公报》,2020 年。

广州市水务局:《2015 年广州市水资源公报》,2015 年。

广州市水务局:《2019 年广州市水资源公报》,2020 年。

全国绿化委员会办公室:《2015 年中国国土绿化状况公报》,2016 年。

全国绿化委员会办公室:《2019 年中国国土绿化状况公报》,2020 年。

住房和城乡建设部:《2015 年城市建设统计年鉴》,2016 年。

住房和城乡建设部:《2019 年城市建设统计年鉴》,2020 年。

环境保护部:《2015 中国环境状况公报》,2016 年。

生态环境部:《2019 中国生态环境状况公报》,2020 年。

北京市生态环境局:《2019 年度北京市生态环境状况公报》,2020 年。

深圳市环境保护局:《2015 年度深圳市环境状况公报》,2016 年。

深圳市生态环境局:《2019 年度深圳市生态环境状况公报》,2020 年。

上海市环境保护局:《2015 年上海市环境状况公报》,2016 年。

上海市生态环境局:《2019 年上海市生态环境状况公报》,2020 年。

广州市环境保护局:《2015 年广州市环境状况公报》,2016 年。

广州市生态环境局:《2019 年广州市环境质量状况公报》,2020 年。

香港特区政府:《香港特别行政区政府绿色债券框架》,2019 年 3 月

28 日。

香港特区政府:《绿色债券报告 2021》,2021 年。

香港特区环境局:《香港资源循环蓝图 2013—2022》,2013 年发布。

香港特区环境局:《香港资源循环蓝图 2035》,2021 年 2 月发布。

香港特区环境局:《香港清新空气蓝图》,2013 年 3 月发布。

香港特区环境局:《香港清新空气蓝图 2013—2017 进度报告》,2017 年 6 月发布。

香港特区环境局、运输及房屋局、食物及卫生局、发展局:《香港清新空气蓝图 2035》,2021 年 6 月发布。

香港特区环境局:《生物多样性策略及行动计划 2016—2021》,2016 年 12 月发布。

香港特区环境局:《香港气候行动蓝图 2030 +》,2017 年 1 月;

香港特区环境局:《香港都市节能蓝图 2015—2025 +》,2015 年 5 月发布。

香港特区环境局:《香港电动车普及化路线图》,2021 年 3 月发布。

香港特区绿色和可持续金融跨机构督导小组:《香港的绿色和可持续金融策略计划——共建更绿和更可持续未来》,2020 年 12 月。

香港品质保证局:《绿色金融认证计划之条款及条件》,2019 年 9 月 23 日。

香港品质保证局:《绿色贷款"评定易"条款及条件》,2020 年 11 月 16 日。

国际资本市场协会(ICMC):《绿色债券原则》(Green Bond Principles) 2021 年 6 月。

国际资本市场协会(ICMC):《社会责任债券原则》(Social Bond Principles),2021 年 6 月。

国际资本市场协会(ICMC):《可持续发展债券指引》(Sustainability Bond Guidelines),2021 年 6 月。

国际资本市场协会(ICMC):《可持续发展挂钩债券原则》(Sustainability

–Linked Bond Principles），2020 年 6 月。

（五）中文网站与报纸

陈茂波：《香港特区政府财政司司长动议二读〈2021 年拨款条例草案〉的演辞》，https：//www. budget. gov. hk/2021/chi/speech. html.

香港金融管理局网站，https：//www. hkma. gov. hk/.

香港特区税务局网站，https：//www. ird. gov. hk/.

香港品质保证局. http：//www. hkqaa. org/.

艾丽斯·汉考克、哈维尔·埃斯皮诺萨：《欧洲议会否决部分气候提案，欧盟绿色议程遭遇挫折》，《英国金融时报》2022 年 6 月 9 日。

古小东：《完善政策制度设计 促进"绿色金融"发展》，《广州日报》2020 年 1 月 13 日。

黄俊溢：《环保 PPP 下一轮投资热点在土壤治理》，《中国经济时报》2015 年 6 月 5 日。

迈赫林·汗、萨姆·弗莱明：《欧盟将推迟决定是否把核能和天然气归为绿色能源》，《英国金融时报》2021 年 10 月 20 日。

迈赫林·汗：《科学家抨击欧盟给天然气和核能贴上"绿色"能源标签》，《英国金融时报》2022 年 1 月 21 日；迈赫林·汗、丹尼尔·董贝：《欧盟可持续金融规则或面临法律挑战》，《英国金融时报》2022 年 1 月 24 日。

迈赫林·汗、萨姆·弗莱明：《欧盟将推迟决定是否把核能和天然气归为绿色能源》，《英国金融时报》2021 年 10 月 20 日。

王晓真：《〈欧洲绿色协议〉勾勒路线图》，《中国社会科学报》2019 年 12 月 18 日。

杨苏红：《多元文化铸就国际金融中心》，《上海金融报》2008 年 3 月 7 日。

二、英文文献

（一）英文著作

Eric Cowan. *Topical Issues in Environmental Finance*，Research paper commissioned by the Asia Branch of the Canadian International Development Agency (CIDA), International Development Research Centre, Ottawa, Canada, 1998.

Evert Vedung, *Public Policy and Program Evaluation*, New Brunswick, NJ: Transaction Publishers, 1997.

Francis Snyder, *Soft Law and Institutional Practice in the European Community*, in S. Martin (ed.), The Construction of Europe, Kluwer Academic Publishers, 1994.

Glavovic, B. Ocean and Coastal Governance for Sustainability: Imperatives for Integrating Ecology and Economics. in M. Patterson and B. Glavovic (Ed.). *Ecological Economics of the Oceans and Coasts*, Edward Elgar, Cheltenham, UK, 2008.

Lennart J. Lundqvist. *Implementation from Above: The Ecology of Power in Sweden's Environmental Governance*. Gothenburg: University of Gothenburg, Department of Political Science. 2000.

Marcel Jeucken, *Sustainable Finance and Banking: The Financial Sector and the Future of the Planet*, The Earthscan Publication Ltd., London, UK, 2001.

Rechel Carson. *Silent Spring*, Houghton Mifflin Company, Boston, United States. 1962.

Scott J. Callan and Janet M. Thomas, *Environmental Economics & Management: Theory, Policy and Application*. Stamford, CT: Cengage Learning, 2013.

(二) 英文论文

Boyer, M., and J. Laffont. "Environmental Risks and Bank Liability Policy", *European Economic Review*, Vol. 8, 1997.

Greaves, D., et al., "Environmental Impact Assessment: Gathering Experience from Wave Energy Test Centres in Europe", *International Journal of Marine Energy*, Vol. 14, 2016.

Kate E. Jones, Nikkita G. Patel, Marc A. Levy et al. "Global Trends in

Emerging Infectious Diseases". *Nature*, Vol. 451, No. 7181. 2008.

Lennart J. Lundqvist, "Implementation from Above: The Ecology of Power in Sweden's Environmental Governance", *Governance: An International Journal of Policy, Administration and Inisitutions*, Vol. 14, No. 3, 2001.

Marcel Boyer and Jean – Jacques Laffont, "Environmental Risks and Bank Liability", *European Economic Review*, Vol. 41, No. 8, 1997.

McCauley, Douglas J., et al., "Marine Defaunation: Animal Loss in the Global Ocean", *Science*, Vol. 347, 2015.

R. A. Posnar, "Social Norms and the Law: An Economic Approach", *American Economic Review*, Vol. 87, No. 2, 1997.

Simas, T., et al., "Review of Consenting Processes for Ocean Energy in Selected European Union Member States", *International Journal for Marine Energy*, Vol. 9, 2014.

Sumaila, U. Rashid, et al., "Fishing for the Future: an Overview of Challenges and Opportunities", *Marine Policy*, Vol. 69, 2016.

(三) 英文报告与网站资料

Annex I illustrates the crucial role of the EU taxonomy for the various measures set out in this Action Plan.

Annex II clarifies the timeline and sequencing of key measures set out in this Action Plan.

B. Oberle, S. Bringezu, S. Hatfield – Dodds, S. Hellweg and B. Zhu, *Global Resources Outlook* 2019: *Natural Resources for the Future We Want (A Report of the International Resource Panel)*, United Nations Environment Programme, 2019.

BankTrack, *Close the Gap— Benchmarking Investment Policies of International Banks*, 2010.

Council of the EU, *Council Agrees on the Carbon Border Adjustment Mechanism (CBAM)*, Brussels, Mar. 15, 2022. https://www. consilium. europa. eu/

en/press/press – releases/2022/03/15/carbon – border – adjustment – mecha-
nism – cbam – council – agrees – its – negotiating – mandate/.

David Malin Roodman and Nicholas Lenssen, *A Building Revolution*: *How
Ecology and Health Concerns Are Transforming Construction*, Worldwatch Paper
124. Worldwatch Institute, Washington, DC; 1995.

EC Financial Stability, Financial Services and Capital Markets Union, *Re-
newed Sustainable Finance Strategy and Implementation of the Action Plan on Fi-
nancing Sustainable Growth*, https://ec. europa. eu/info/publications/sustain-
able – finance – renewed – strategy _ en, First published on 8 March 2018 (last
update on: 5 August 2020).

EU, *The European Green Deal*, 2019.

EU, Annex to the Communication on the European Green Deal Roadmap –
Key actions, 2019.

European Commission, *Action Plan*: *Financing Sustainable Growth*, Brus-
sels, March 8, 2018 COM (2018) 97 final.

European Commision, '*Fit for 55*': *delivering the EU's 2030 Climate Tar-
get on the way to climate neutrality*, Document 52021DC0550, Brussels, Jul. 14,
2021. https://eur – lex. europa. eu/legal – content/EN/TXT/? uri =
CELEX:52021DC0550.

EU Technical Expert Group on Sustainable Finance, *Taxonomy*: *Final re-
port of the Technical Expert Group on Sustainable Finance*, March 2020, https://
ec. europa. eu/info/sites/default/files/business_economy_euro/banking_and_fi-
nance/documents/200309 – sustainable – finance – teg – final – report – taxono-
my_en. pdf.

EU taxonomy for sustainable activities, https://ec. europa. eu/info/business
– economy – euro/banking – and – finance/sustainable – finance/eu – taxonomy
– sustainable – activities_en.

EU taxonomy – PRI welcomes adoption of first climate delegated act. https://www. unpri. org/policy – reports/eu – taxonomy – pri – welcomes – adoption – of – first – climate – delegated – act/9153. article.

Financial Stability, Financial Services and Capital Markets Union. *Renewed sustainable finance strategy and implementation of the action plan on financing sustainable growth.* https://ec. europa. eu/info/publications/sustainable – finance – renewed – strategy_en, First published on 8 March 2018 (last update on: 5 August 2020).

GIIN, "what – is – impact – investing", https://thegiin. org/impact – investing/need – to – know/#what – is – impact – investing.

Luxembourg for Finance, *Sustainable Finance*, Luxembourg, October 2020.

Luxembourg for Finance, *Sustainable Finance in Action*, Luxembourg, September 2019.

PRI. *European Commission releases action plan for financing sustainable growth*, https://www. unpri. org/news – and – press/european – commission – releases – action – plan – for – financing – sustainable – growth – /2855. article (8 March 2018).

UK Green Finance Taskforce, *Accelerating Green Finance: A report to government.* greenfinanceinitiative. org/wp – content/uploads/2018/04/Report – of – the – Green – FinanceTaskforce – 1. pdf, 2018.

UN, Sustainable Development Goals, https://www. un. org/sustainabledevelopment/zh/sustainable – development – goals/.

UN Environment. *The Financial System We Need: Aligning the Financial System With Sustainable Development.* www. unepinquiry. org/wp – content/uploads/2015/11/ The_Financial_System_We_Need_EN. pdf. 2015.

UNEP Finance Initiative, *Luxembourg Sustainable Finance Roadmap*, Luxembourg, October 2018.

UNPRI, EU taxonomy – PRI welcomes adoption of first climate delegated act. https://www. unpri. org/policy – reports/eu – taxonomy – pri – welcomes –

adoption – of – first – climate – delegated – act/9153. article.

U. S. Congressional Budget Office, *Analyzing the Duration of Cleanup at Sites on Superfund's National Priorities List*, Washington DC: U. S. Congressional Budget Office, March 1, 1994.

后　记

　　本人对绿色金融的关注和研究始于 2010 年,当时我在中国科学院研究生院攻读环境科学专业的博士学位,至今已有十二年。因我是经济法学专业硕士研究生毕业,后攻读博士学位的研究方向是资源环境与可持续发展,绿色信贷制度恰是经济金融与资源环境可持续发展相结合交叉的产物,于是撰写了一篇小论文《绿色信贷的国际经验与启示》并刊发于《金融与经济》2010 年第 8 期。后陆续撰写并在相关刊物发表了一些论文,并于 2015 年申报的教育部人文社科研究青年基金项目"发达国家环境金融法律政策研究及中国的选择"获得批准立项。

　　2016 年 8 月 31 日中国人民银行等七部委联合印发的《关于构建绿色金融体系的指导意见》是一个非常重要的政策导向。2017 年 10 月 18 日,党的十九大报告进一步强调了生态文明建设的重要性。自此之后,我国绿色金融的发展及其相关的研究如雨后春笋。随着全球对气候变化、资源环境等问题的持续热切关注,我国于 2020 年明确提出了"碳达峰碳中和"目标,此后我国关于绿色金融的研究更甚。

　　本人也一直在关注和进行绿色可持续金融法律政策的研究,部分研究成果已在相关刊物发表,撰写的相关决策咨询报告也获得省领导批示以及相关部门的采纳应用。但因本人承担了较多其他课题研究等工作,时间精力等原因导致本书的初稿于 2021 年年底才完成,后陆续修改完善至今交稿出版。本书在内容上属于经济金融、资源环境、法律政策的交叉研究,有一定的难度；且国家乃至国际上对绿色可持续金融的法律政策还在探索完善之中，政策性强、变化快，也在一定程度上加大了研究的难度。

绿色可持续是全球发展的趋势，金融是经济的血脉，长效机制需要通过法律予以保障。基于此，我相信，尽管本书即将出版，绿色可持续金融法律政策仍将不断完善，其研究也将持续深化。

学术研究不易，跨学科交叉研究更加不易。风雨兼程，一路走来，感恩我的亲人和师友。

2022 年 12 月于广州越秀山下

责任编辑:刘敬文

封面设计:王红菊

图书在版编目(CIP)数据

绿色可持续金融法律政策研究／古小东著. —北京:人民出版社,2022.12

ISBN 978 - 7 - 01 - 025337 - 4

Ⅰ.①绿… Ⅱ.①古… Ⅲ.①金融法 - 研究 - 中国

Ⅳ.①D922.280.4

中国版本图书馆 CIP 数据核字(2022)第 254236 号

绿色可持续金融法律政策研究

LÜSE KE CHIXU JINRONG FALÜ ZHENGCE YANJIU

古小东　著

人民出版社 出版发行

(100706　北京市东城区隆福寺街 99 号)

中煤(北京)印务有限公司印刷　新华书店经销

2022 年 12 月第 1 版　　2022 年 12 月北京第 1 次印刷

开本:710 毫米×1000 毫米 1/16　印张:22

字数:338 千数

ISBN 978 - 7 - 01 - 025337 - 4　定价:60.00 元

邮购地址 100706　北京市东城区隆福寺街 99 号

人民东方图书销售中心　电话(010)65250042　65289539